长江大学人文社科研究发展基金资助

国家社会科学基金项目（12BJY105）研究成果

我国食品价格波动周期及平抑机制研究

马敬桂 李 静 等◇著

中国社会科学出版社

图书在版编目（CIP）数据

我国食品价格波动周期及平抑机制研究/马敬桂等著.—北京：中国社会科学出版社，2018.10
ISBN 978-7-5203-3181-4

Ⅰ.①我… Ⅱ.①马… Ⅲ.①食品—物价波动—研究—中国 Ⅳ.①F768.2

中国版本图书馆 CIP 数据核字（2018）第 214966 号

出 版 人	赵剑英
责任编辑	卢小生
责任校对	周晓东
责任印制	王 超
出　　版	中国社会科学出版社
社　　址	北京鼓楼西大街甲 158 号
邮　　编	100720
网　　址	http：//www.csspw.cn
发 行 部	010-84083685
门 市 部	010-84029450
经　　销	新华书店及其他书店
印　　刷	北京明恒达印务有限公司
装　　订	廊坊市广阳区广增装订厂
版　　次	2018 年 10 月第 1 版
印　　次	2018 年 10 月第 1 次印刷
开　　本	710×1000　1/16
印　　张	15
插　　页	2
字　　数	227 千字
定　　价	66.00 元

凡购买中国社会科学出版社图书，如有质量问题请与本社营销中心联系调换
电话：010-84083683
版权所有　侵权必究

前　言

　　食品是生活的基本消费品。食品价格水平关系千家万户，连接并影响着众多产业。国家在实现经济目标的各种政策引导下，能否保证食品价格相对稳定是关系国计民生、保持社会经济平稳发展的大事。面对当前我国食品价格中存在的食品供给结构不合理、食品价格形成机制不完善、食品价格受外部冲击影响较大等问题，这里就我国食品价格机制改革谈几点看法，写在前面，以示补充和强调。

　　第一，以供给侧结构性改革为引领，调整优化食品有效供给结构。提供优质充足、结构合理、符合市场需求的食品有效供给既是保障食品市场基本稳定的基础和关键，也是我们这样一个人口大国思考和处理一切事情的基础。食品主要源于农业，要加快转变农业发展方式，大力调整农产品结构，以提升发展中高端优质产品为重点，鼓励和引导优质增量，满足日益增加的中高收入阶层个性化和差异化的消费需求；不断优化现有存量，保障大众市场需求；积极主动地减少低质产品供给，淘汰过剩产能，节约保护资源，做到有增有保有减。对于像蔬菜、猪肉这些季节性、周期性显著的产品要特别予以关注。防止食品价格大起大落，谨防价格持续走低。要以新供给引领创造新需求，增加新消费，形成消费新生态。

　　第二，树立大食物安全观，加快食品加工业的发展。从我国的现实和发展趋势来看，食物安全比粮食安全更重要。这不仅表现在随着我国经济发展水平和居民收入的不断提高，居民的消费结构发生了显著改变，粮食消费占整个食物消费的比重已不足一半，而且从食物安全战略观角度来看，更有利于我们调整经济结构和农业结构,更有利于保护水土资源和生态环境。建设美丽家园离不开科学的消费理念和食物结构。要努力改善我国"粮猪农业"的结构状态,大力发展畜牧业,努力增加草食型牛、羊肉及禽蛋奶的供给。对在我国具有广阔种植范围和市场需求的马铃薯等薯类作物实施粮补支持政策,优化完善粮食结构。加快我国食品加工业的发展,提高农产品加工转化率,大力支持农产品精深加工,打通农产品全产业链。积极发展主食产业化,努力改善居民的食物结构和消费方式。

第三,改革价格补贴方式,完善农业支持保护政策。对作为具有公共资源性和战略性物资的食用农产品,实施价格支持和保护政策是国际社会的通行办法。在保持现有支持政策连续性和稳定性的基础上,提高补贴力度和精准度,逐步扩大"绿箱"政策实施规模和范围,减少生产性补贴,扩大生态性补偿,加强农业保险服务。坚持市场定价和政府补贴相结合,实行价补分离,分品种、品质实行优质优补,多种多补、少种少补、不种不补,使补贴向重点产品、重要地区和规模经营者倾斜,发挥补贴的导向性。实行补贴责任分级,中央补品种、全局,地方补品质、特色,调动和发挥地方政府积极性,提高补贴的效能。逐步建立起产品质量优异、结构合理、市场丰富、保障有力,符合我国国情较高价格水平的食品价格体系制度。我国现在实行的有些农产品价格保护政策出发点是好的,希望起到保护农业和农民收入的作用,但实际结果却不尽如人意,甚至误导和扭曲了市场。比如,粮食的最低收购价客观上将粮食价格锁定在一定的价格水平,价格的涨跌幅度受到限制。不仅农民从中获得的收益有限,而且掩盖了农产品的真实价值,抑制了农产品价格。

第四,密切关注外部冲击对国内食品价格波动的影响,完善进出口调节机制。准确把握和科学研判外部冲击的路径、力度以及冲击所产生的波动周期,对一些像中长期国际原油价格和美国实际有效汇率变动等长期或直接的冲击影响应顺势而为,调整价格,这次时机不可错失。对有些短期或间接的冲击影响可以实施反向调节,稳定或减少价格波动。多种形式开展海外合作,建立海外优质食品生产基地，用好国际国内两个市场和两种资源。大力培育优质大豆新品种，提高单位面积产量，努力发展大豆原料替代新产品，适时调整大豆补贴政策，逐步扭转大豆过度依赖进口的状况。充分运用世界贸易组织规则，加强进口食品管理，灵活调整关税配额，有效掌控非配额管制的粮食替代品进口，控制减少饲料粮的大量进口。

本书是在笔者主持完成的国家社会科学基金项目"我国食品价格波动周期及平抑机制研究"（12BJY105）研究报告的基础上扩充形成的。著作集中了课题组成员有关课题研究的前期和阶段性成果的主要内容和基本观点，凝结了大家的辛勤劳动和智慧。在此，笔者要感谢安徽大学经济学院李静博士，中南财经政法大学党委宣传部马迪思编辑，中国社会科学院经济研究所楠玉博士后，浙江科技学院经管学院黎东升教授，长江大学经济学院何蒲明教授、魏君英教授、孔令成博士、余家凤教授、王伶副教授等为课题研究和著作完成付出的辛勤劳动和贡献；感谢从课题申报、项目研究到著作完成期间直接参与课题工作的研究生黄普、易芷娟、文长存、刘盼、黄永、李双双、叶卓英、叶峰、谢娟等同学为课题研究和著作完成付出的辛勤劳动；感谢各位专家和朋友在课题调研、修改过程中给予的帮助和提出宝贵建议；感谢长江大学科发院和长江大学经济学院的领导、同事的关心和大力支持；感谢中国社会科学出版社经济与管理出版中心主任卢小生编审为著作的早日出版付出的辛勤劳动和帮助。

本书在研究和写作过程中参考和借鉴了国内外许多学者的相关成果，我们在书中大都标注、列出，在此表示衷心的感谢。由于项目从前期准备、立项研究到书稿完成历时六年多，有些章节和问题研究的数据起止时间会略有差别。限于作者水平有限，有些问题还不够全面深入，有待于进一步研究完善，书中难免存在一些不足之处和错误，敬请各位批评指正。

马敬桂

2018 年 3 月

目 录

第一章　导论 1

　　第一节　研究背景及意义 1
　　第二节　相关文献综述 4
　　第三节　研究方法和研究内容 16

第二章　理论基础和主要分析模型 17

　　第一节　经济波动和经济周期 17
　　第二节　价格波动理论 19
　　第三节　主要分析模型 25

第三章　影响食品价格波动的因素研究 31

　　第一节　食品价格波动的一般成因 31
　　第二节　食品价格波动的因素实证研究：确定性因素和
　　　　　　随机因素 34
　　第三节　我国食品价格波动的货币因素动态分析 51
　　本章小结 63

第四章　食品价格波动的属性特征和周期性研究 66

　　第一节　食品价格波动属性特征的统计性描述 66
　　第二节　食品价格波动属性特征的实证分析 73
　　第三节　食品价格波动的周期分解 79

本章小结 …………………………………………………………… 86

第五章　我国粮食价格波动及对 CPI 的冲击效应研究 ………… 88
　　第一节　我国粮食价格波动的周期性 ……………………………… 88
　　第二节　我国粮食产量、价格对 CPI 的冲击及地区差异 …… 106

第六章　我国生猪价格波动问题研究 ……………………………… 123
　　第一节　我国生猪价格波动周期及特征 ………………………… 124
　　第二节　仔猪价格与生猪价格波动关系研究 …………………… 133
　　第三节　生猪价格对我国 CPI 影响的实证分析 ………………… 142

第七章　食品价格波动对经济发展的影响效应研究 ……………… 153
　　第一节　食品价格波动经济效应的国际实例 …………………… 153
　　第二节　食品价格波动对农业生产和农民收入的影响 ………… 155
　　第三节　食品价格、城乡恩格尔系数差异对通货膨胀的
　　　　　　冲击效应 …………………………………………………… 163

第八章　食品价格波动对居民消费行为影响研究 ………………… 182
　　第一节　食品价格波动对居民消费行为影响 …………………… 182
　　第二节　食品价格波动对居民消费预期判断的调查分析 …… 191

第九章　食品价格波动的平抑机制及建设 ………………………… 208
　　第一节　充分的市场供求竞争机制是食品价格的
　　　　　　决定机制 …………………………………………………… 208
　　第二节　合理的价格形成机制是食品价格稳定的基础 ………… 210
　　第三节　灵活的货币流通机制是食品价格稳定的关键 ………… 212
　　第四节　主要食品储备机制是食品价格稳定的重要
　　　　　　调节机制 …………………………………………………… 214
　　第五节　完善的价格预警机制是食品价格稳定的重要

　　　　　预防机制 …………………………………………… 215
　第六节　健全的风险防范机制是食品价格稳定的重要
　　　　　保障机制 …………………………………………… 217
　第七节　理性消费预期是食品价格稳定的重要因素 ……… 218

参考文献 ………………………………………………………… 220

第一章 导论

第一节 研究背景及意义

2008年，国际粮食价格飙升引发了众多国家的粮食危机，在非洲多个国家如科特迪瓦、喀麦隆、塞内加尔等相继发生"粮食骚乱"，全球有超过1亿人陷入饥饿困境。此次危机引发了世界各国的高度关注，多个国家的领导人、国际货币基金组织总裁和世界银行行长都对高粮价发出了严重警告。当时出席国际货币基金组织和世界银行春季例会的各国财政部长宣称，全球粮食短缺和食品价格飙升已成为比次贷危机引发的全球金融和资本市场动荡更为严重的威胁。联合国粮食计划署执行干事乔塞特·希兰表示，食品价格上涨已经引发一场"无声的海啸"。世界银行行长佐立克警告，食品价格上涨可能意味着削减贫困努力的成果会"倒退七年"。[①] 然而，就在国际社会不断的警告声中，2011年1月，全球食品价格除肉类价格保持稳定外，其他食品价格均大幅上扬。到2011年2月，联合国粮食和农业组织（以下简称粮农组织）食品价格指数平均值达到236，成为自1990年粮农组织开始监测食品价格以来的最高值（见图1-1）。尽管食品价格在2011年下半年稳步下降，但2011年的

---

① 彭珂珊：《2008年全球粮食危机和中国粮食问题观察》，《粮食问题研究》2008年第4期。

平均指数仍然比先前最高值的2008年的200点还要高出20多个百分点。危机引起了人们的深思，生物燃料说、自然灾害说、农产品成本说、垄断资本操纵说等各种原因解释和分析不断。然而，2012年以来受国际石油价格大幅下降及全球经济疲软等因素影响，国际食品价格指数又开始持续走低，食品供给和食品价格问题成为上至国际社会和各个国家领导人，下至普通民众和消费者普遍关注的问题。

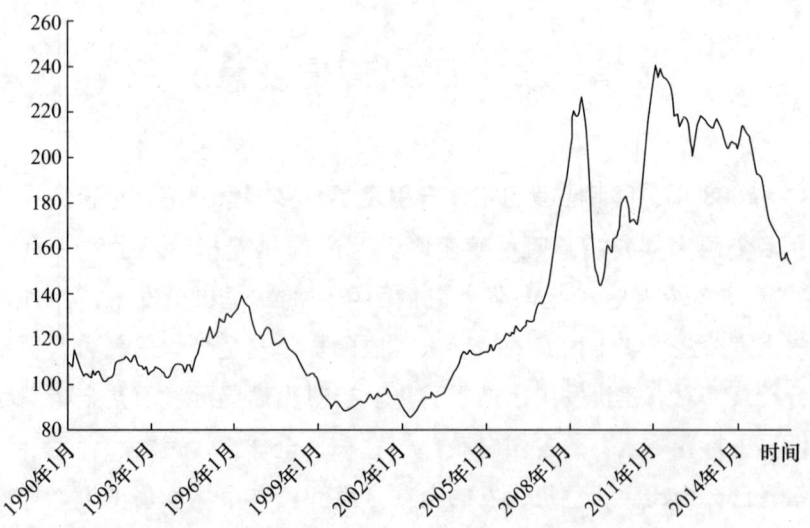

图1-1 粮农组织食品价格指数（1991年1月至2015年11月）

资料来源：联合国粮食和农业组织网。

受国际食品价格变化影响和我国经济运行因素作用，我国食品价格指数在2008年2月达到123点，成为1995年下半年以来的高点。在2011年7月达到114点，成为2008年下半年以来的另一高点（见图1-2）。此间，"豆你玩""蒜你狠""姜你军""猪指数"等词语一度在百姓中广为流行。国家统计局的统计数据显示，2012年9月，我国食品价格同比上涨2.5%，影响居民消费价格总水平同比上涨约0.79个百分点。其中，鲜菜价格上涨11.1%，影响居民

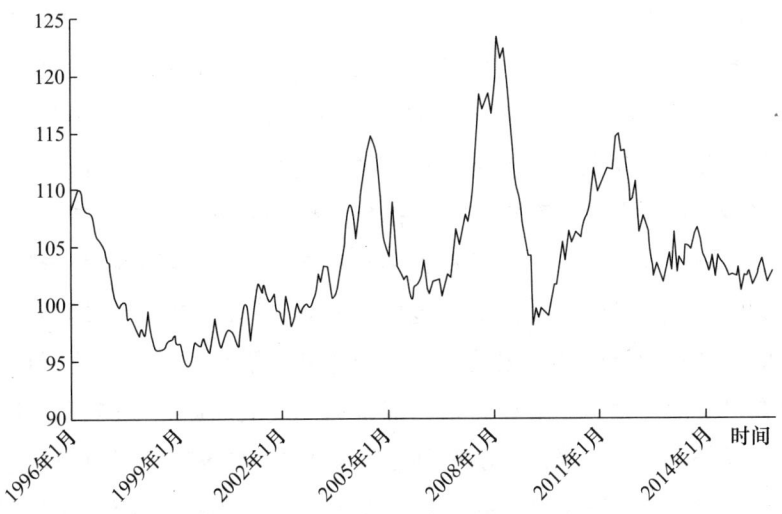

图1-2 中国食品价格指数（1996年1月至2015年11月）

资料来源：历年《中国统计年鉴》。

消费价格总水平上涨约0.30个百分点；鲜果价格上涨7.2%，影响居民消费价格总水平上涨约0.13个百分点；水产品价格上涨4.5%，影响居民消费价格总水平上涨约0.11个百分点；粮食价格上涨3.7%，影响居民消费价格总水平上涨约0.11个百分点；油脂价格上涨4.1%，影响居民消费价格总水平上涨约0.05个百分点；肉禽及其制品价格下降6.0%，影响居民消费价格总水平下降约0.48个百分点。此后，我国食品价格出现持续走低的趋势。特别是2015年秋收以来，我国水稻、小麦和玉米三大主粮市场价格出现不同程度的下跌，其中，玉米价格跌幅高达30%。关税配额国内外粮价出现倒挂现象。这次食品价格走低受全球经济疲软、国际能源价格大幅下降的影响，也与国内的一些经济因素有关。第一，食品供给结构不合理。一方面中低端产品供给过剩，另一方面高品质安全产品供给明显不足，许多国内完全有能力生产的国外中高端产品市场销售旺盛。同时，我国农产品加工转化率低，深加工用粮占总产量的比重远远低于发达国家的比重。我国城镇居民饮食消费中工业化食品只占1/3,而发达国家高达80%—90%。第二,食品价格形成机制不完善。首先,在市场经济条件下,食品价格主要由市场决定,这是必然要求。然而,现在的有些食品价格并不能反映其实际价值,比如,现在的粮价水平由于种粮成本快速上涨,农民几乎没有多少收益。其次,现在实行的粮食补贴等主要农产品支持保护政策,补贴的面广分散、项目种类多、重点不突出,政策的综合协调性不强,执行烦琐,不能很好地体现不同地区的实际、不同品种品质的差别。而且像粮食的最低收购价这种政策客观上将粮食价格锁定在一定的价格水平上,价格的涨跌幅度受到限制,不能很好地反映市场需求状况,因此,农业补贴政策改革势在必行。如何科学认识和把握食品价格波动规律,发挥食品价格的市场决定作用,保持食品价格的基本稳定是摆在我们面前的一个现实问题。

食品价格水平是影响居民生活水平众多指标中最重要的经济指标。国家在追求经济目标的各种政策引导下,能否保证食品价格相对稳定是关系国计民生、保持国民经济平稳较快发展的重要环节。因此,研究食品价格变动及其规律对我国制定相关政策具有重要的现实意义。本书从分析我国食品价格变动特点出发,通过深入分析食品价格变动本身内在性质以求发现其变动的内在规律。在此基础上,研究各种因素对我国食品价格变动的冲击效应和冲击路径,从实证的角度为我国平抑食品价格波动提供理论和政策依据。

第二节 相关文献综述

食品价格问题是当今国际社会普遍关注的热点问题。关于食品价格方面研究,根据现有文献来看,国内学者大都集中于农产品价格及其相关理论的研究,并取得积极进展,为政府决策提供了积极的政策支持。

有的研究是基于农产品价格对经济的影响。胡华平和李崇光（2010）[①]通过对四类主要农产品市场的实证分析表明，纵向市场联结越松散（契约型），非对称垂直价格传递特征越微弱；纵向市场联结越紧密（层级型），非对称垂直价格传递特征越明显。程国强等（2008）[②]分析表明，猪肉价格上涨对CPI具有明显的推动作用，不同品种农产品之间的价格波动存在传导性和同步性，具有"多米诺骨牌效应"。有的则研究当前农产品价格的发展变化态势。徐雪高（2008）[③]认为，农产品生产的周期波动必然带来农产品价格的周期波动，农产品价格周期波动是一种必然现象。税尚楠（2008）[④]分析了影响农产品价格波动的短期因素和决定其长期趋势的动因，认为促成近年来农产品价格暴涨的主要因素是用粮食生产能源创造了新的需求，如果继续扩张用粮食生产能源，世界农产品价格长期下降的趋势将逆转并继续在高位上运行。

也有从农产品价格变动的成因进行分析。刘艺卓（2010）[⑤]实证分析了人民币汇率变动对中国农产品进口价格和国内价格的传递效应。方松海和马晓河（2008）[⑥]认为，本次涨价发端于猪肉等部分农产品局部的供需缺口，整体涨价能量来自经济高增长和货币"溢出效应"，生产成本和比较收益的变化是涨价的根源，而国际市场行情及国际上的投机行为也加剧了涨价过程。孔祥智和李圣军

[①] 胡华平、李崇光：《农产品垂直价格传递与纵向市场联结》，《农业经济问题》2010年第1期。

[②] 程国强等：《新一轮农产品价格上涨的影响分析》，《管理世界》2008年第1期。

[③] 徐雪高：《新一轮农产品价格波动周期的特征、机理和影响》，《财经研究》2008年第8期。

[④] 税尚楠：《世界农产品价格波动的新态势：动因和趋势探讨》，《农业经济问题》2008年第8期。

[⑤] 刘艺卓：《汇率变动对中国农产品的价格的传递效应》，《中国农村经济》2010年第1期。

[⑥] 方松海、马晓河：《当前农产品价格上涨的原因分析》，《农业经济问题》2008年第6期。

(2008)① 认为，人民币的缓慢升值并没有对我国农产品贸易产生明显的冲击。

但是，在国内专门研究食品价格的文献则不多，且研究较晚，这或许与食品价格是一个市场化很高的价格指数而我国的市场化改革是一个渐进的过程，同时与我国编制发布食品价格指数较晚有关。在国际社会，联合国粮食和农业组织是联合国系统内最早的常设专门机构。为了实现其宗旨，粮农组织致力于收集、分析、解释、传播与营养、粮食和农业有关的信息，专门编制世界食品价格指数，对各国以及国际社会在粮农领域内应采取的行动提出建议。2014年，粮农组织表示，在21世纪中期之前，全球粮食必须增产60%，否则将面临严重的粮食短缺。

关于食品价格的研究，从现有的国内外文献来看，主要可以归纳为以下四个方面：

一 影响食品价格波动因素研究

影响食品价格的因素种类较多，由于受自然因素、经济因素、政策因素以及国内外因素的影响易于波动。国外学者加纳（Garner，1989）②、科迪（Cody，1991）和米尔斯（Mills，1991）③ 认为，由于存在期货市场，食品商品交易往往效率很高，食品价格波动很灵活，因此，把期货作为影响食品价格波动的影响因素。平迪克和罗腾伯格（Pindyck and Rotemberg，1990）④、Hua（1998）⑤ 等认为，造成食品商品价格波动的来源更多地在于宏观经济或货币因素的变

---

① 孔祥智、李圣军：《人民币升值对农产品进口的影响的实证分析》，《经济理论经济管理》2008年第4期。

② Garner, A. C., "Commodity Prices: Policy Target or Information Variable", *Journal of Money, Credit and Banking*, 1989 (21), pp. 508 – 514.

③ Cody, B. J., Mills, L. O., "The Role of Commodity Prices in Formulating Monetary policy", *Review of Economic and Statistic*, 1991 (7), pp. 201 – 271.

④ Pindyck, R., Rotemberg, J., "The Excess Comovement of Commodity Prices", *Economic Journal*, 1990 (9), pp. 51 – 64.

⑤ Hua Pink, "On Primary Commodity Prices: The Impact of Macroeconomic Monetary Shocks", *Journal of Policy Modeling*, 1998, 20 (9), pp. 767 – 790.

动，即宏观或货币变量改变导致食品商品价格波动。贝克曼等（Beckmann et al.，2014）[1] 使用因子向量自回归模型证实了全球货币流动性对G7及欧洲国家粮食价格的影响。贾斯特（Just，1989）认为，利率与通货膨胀对可储存农产品以及生产性资产储存行为变动的影响，从而影响食品价格。[2] 布拉姆布哈特和克里斯蒂安森（Brahmbhatt and Christiaensen，2008）[3] 分析了东亚地区的食品价格上涨，认为不断增加的生物能源需求是食品价格上涨的重要原因。Lagi等（2011）[4] 研究表明，投机和玉米转化为酒精两个因素是食品价格上涨的主要原因。

国内学者刘素荣（2008）[5] 认为，中国正是由于农业生产的成本有所升高导致农产品涨价从而使食品价格上涨。赵昕东和王小叶（2014）[6] 通过建立随机波动时变参数（SV—TVP）模型的研究同样表明，自1994年以来我国四次食品价格大幅上涨均以农资价格上涨推动为主。卢锋和彭凯翔（2002）[7] 验证了我国粮价上涨和通货膨胀的因果关系，名义粮价的剧烈波动是由于通货膨胀预期导致的社会大规模存粮造成的，从而说明通货膨胀预期对食品价格波动的影

---

[1] Beckmann, J. Belke, A., Czudaj, R., "The Importance of Global Shocks for National Policymakers Rising Chal Lenges for Sustainable Policies", *The World Economy*, 2014, 37 (8), pp. 1101 – 1127.

[2] Just, R., "Modeling the Interactive Effects of Alternative Set of Policies on Agricultural Prices", Winters, A., Sapsford, D., *Primary, Commodity Prices Economic Models and Policy*, London: Cambridge University Press, 1989.

[3] Brahmbhatt, M., Christiaensen, L., "Rising Food Prices in East Asia: Challenges and Policy Options", *World Bank Working Paper*, 2008.

[4] Lagi, M., Bar, Yam Y., Bertrand, K. Z. et al., "The Food Crises: A Quantitative Model of Food Prices Including Speculators and Ethanol Conversion", *ArXiv Series Papers* No. 1109.4859, 2011.

[5] 刘素荣：《对当前食品价格上涨的理性思考》，《价格理论与实践》2008年第5期。

[6] 赵昕东、王小叶：《什么决定中国食品价格变动：供给抑或需求》，《财经研究》2014年第11期。

[7] 卢锋、彭凯翔：《中国粮价与通货膨胀关系（1987—1999）》，《经济学》（季刊）2002年第4期。

响。赵如（2007）① 运用成本理论和供求理论探究了我国食品价格上涨的原因，认为成本推动、供求失衡以及全球经济的影响是我国食品价格大幅上涨的主要动因。薛慧敏（2008）② 从多个角度分析了我国食品价格上涨的原因，认为国际市场价格的带动、成本推动、美元贬值和供给不足是我国现阶段食品价格攀升的主要原因。黄季焜（2008）③ 认为，国际能源价格上涨和生物质燃料发展是推动世界和中国食品价格上涨的根本原因。张文朗和罗得恩（2010）④ 的研究表明，中国食品价格上涨因素，从中期来看，需求压力的作用更为重要。王振霞（2011）⑤ 认为，现阶段我国食品价格的上涨在很大程度上是经济增长和城市化进程的特征之一，是多种因素共同作用的结果。郑风田（2011）⑥ 则认为，美国滥发货币供给是影响国际食品价格上涨的原因。李静等（2012）⑦ 研究表明，影响食品价格变动因素较多，包括国际市场输入型传导、市场涨价预期、节日需求、翘尾影响、耕地面积逐步减少、农业生产成本变动、国内货币超发、自然灾害以及政府的政策措施和投机行为等。

二 食品价格波动机制和属性特征研究

食品价格不仅占我国 CPI 权重很大，而且与相关产品联动性较强。熊文静（2008）⑧ 应用 VAR 模型分析了食品价格指数与 CPI 的关系，发现食品价格指数与 CPI 之间存在正向相关关系。赵昕东和

---

① 赵如：《食品价格上涨原因的经济学分析》，《商场现代化》2007 年第 12 期。
② 薛慧敏：《多角度透析食品价格上涨》，《中国民营科技与经济》2008 年第 6 期。
③ 黄季焜：《食品价格、通货膨胀和对策》，《中国金融》2008 年第 12 期。
④ 张文朗、罗得恩：《中国食品价格上涨因素及其对总体通货膨胀的影响》，《金融研究》2010 年第 9 期。
⑤ 王振霞：《我国食品价格波动原因及价格稳定机制研究》，《财贸经济》2011 年第 9 期。
⑥ 郑风田：《为何全球食物价格狂涨？》，"三农中国"，http://www.snzg.cn，2011 年 2 月 8 日。
⑦ 李静等：《我国食品价格波动属性及平抑机制选择》，《农业技术经济》2012 年第 7 期。
⑧ 熊文静：《CPI 与食品价格关系及趋势研究》，《中国集体经济》2008 年第 2 期。

耿鹏（2010）①认为，食品价格对CPI影响即期就达到最大，而且食品价格对CPI影响符合蛛网理论。但是，食品价格对通货膨胀率变动贡献较小，当期为20%，长期为10%。苏桂芳和臧楠（2011）②的研究发现，食品价格对非食品价格具有非线性的价格传导性。崔冶（2011）③提出了食品价格与非食品价格的成本推动、结构性推动和通胀预期三种传导途径，并运用向量自回归模型（VAR）的实证检验显示，食品价格与非食品价格的传递作用是存在的，食品价格的上涨会对非食品价格造成同向的冲击，并且这种冲击具有稳定的持续效应。马敬桂等（2011）④检验表明，食品价格增长率和GDP增长率具有一致的变化趋势，它们之间存在长期稳定关系；发现货币供给对食品价格具有显著正向冲击。李静等（2011；2012）⑤进一步分析了我国食品价格波动的属性特征，研究表明，从较长时期看，我国食品价格总体上是沿着确定的均衡增长路径平衡运行且波动呈现一定程度的周期。李静等（2013）⑥、黎东升等（2014）⑦通过研究随机因素对我国食品价格波动的冲击效应显示，国内自然灾害事件对食品价格波动具有显著的直接冲击效应。

同时，有一些学者对国内和国外价格之间的关系，通过锁定某

---

① 赵昕东、耿鹏：《中国通货膨胀成因分解研究》，《数量经济技术经济研究》2010年第10期。

② 苏桂芳、臧楠：《食品与非食品价格的长期均衡关系与短期非线性调整》，《财经研究》2011年第2期。

③ 崔冶：《中国食品与非食品间的价格传导机制：理论和实证分析》，《上海金融》2011年第10期。

④ 马敬桂、李静、樊帆：《货币供给冲击对我国食品价格水平的动态影响研究》，《农业技术经济》2011年第4期。

⑤ 李静、熊航：《我国食品价格变动的属性特征——基于1996—2010年季度数据实证分析》，《经济管理》2011年第9期；李静、黎东升、楠玉：《我国食品价格波动属性及平抑机制选择》，《农业技术经济》2012年第7期。

⑥ 李静、楠玉：《我国食品价格波动冲击路径的随机因素分析》，《经济经纬》2013年第2期。

⑦ 黎东升、李静、马敬桂：《国内外随机事件对中国食品价格波动影响研究》，《农业经济问题》2014年第3期。

种具体的食品，如小麦、大豆、玉米等，对国际和国内价格相关性进行研究，其中多数研究都关注于期货市场商品价格之间的相互关系。具体包括：吴虹生（2004）[①] 对中国和美国豆类农产品期货商品的关联性进行考察，研究结果显示，不同国家的两个市场具有相关性，且价格之间存在互相影响；司继文等（2004）[②] 基于肯达尔·陶（Kendall Tau）统计量和 Copula 函数研究了我国的大豆期货市场和日本、美国的大豆期货市场的相关性结构变化，同时考虑了日元兑美元汇率的变化，研究结果证实，三个国家的期货市场之间在不同程度上存在尾部相关性。周应恒和邹林刚（2007）[③] 的实证研究结果与其他学者一致，指出中国、美国和日本的大豆期货市场之间确实存在整合关系，同时进一步指出，在全球食品价格定价中，美国的大豆期货市场始终处于主导地位。王锐等（2011）[④] 对国内和国外食品价格的关联性也进行了研究。与此同时，也有一些学者从国际市场角度出发，通过采用定性分析方法，从而得出一些较为宏观的结论。如薛慧敏（2008）[⑤] 基于多个视角考察了我国食品价格上涨的原因，研究结果显示，供给不足、成本推动、美元贬值和国际市场价格的引导成为当前我国食品价格攀升的主要诱因。

三 食品价格对居民消费和福利的影响研究

就基本经济学原理而言，食品价格上涨对不同居民消费行为和福利影响不同，主要是基于两方面原因。第一，不同收入水平居民的恩格尔系数存在差异。由微观经济学原理可知，居民收入水平越高，则恩格尔系数越低，也即收入水平高的居民，其用于食品消费

[①] 吴虹生：《中美豆类农产品期货的关联关系研究》，《黑龙江对外经贸》2004 年第 7 期。

[②] 司继文、蒙坚玲、龚朴：《国内外期货市场相关性研究》，《华中科技大学学报》（城市科学版）2004 年第 4 期。

[③] 周应恒、邹林刚：《中国大豆期货市场与国际大豆期货市场价格关系研究——基于 VAR 模型的实证分析》，《农业技术经济》2007 年第 1 期。

[④] 王锐、陈倬：《国内外食品价格关联性研究》，《价格月刊》2011 年第 8 期。

[⑤] 薛慧敏：《多角度透析食品价格上涨》，《中国民营科技与经济》2008 年第 6 期。

支出占收入的比重较低。当面临食品价格上涨压力时，不同收入水平居民的承受力存在差异。第二，不同收入水平居民的食品消费需求价格弹性存在差异。基于此，当面临食品价格上涨时，不同收入层次居民消费行为变化也不同，因此，面对食品价格上涨时，不同居民福利变化也会存在差异。国内外相关文献也对这一问题进行了研究。国外学者就食品价格上涨影响居民消费行为和福利的研究较少，但相关研究多数采用需求模型对这一问题进行研究（Ackah et al., 2007[①]; Tefera, 2012[②]; Magana – Lemus, 2013[③]）。食品价格上涨对发展中国家的影响远远大于发达国家，因为收入水平越低，食品消费支出就会越高，也即恩格尔系数越高。因此，与发展中国家尤其是一些非洲国家长期受食品价格上涨因素困扰相比，发达国家由于食品消费支出占比较小，如卡佩哈特和理查森（T. Capehart and J. Richardson, 2008）[④] 指出，美国2007年这一比例为11.6%，故相关研究多数以发展中国家作为研究对象展开。Tefera（2012）[⑤] 以埃塞俄比亚1994—2009年农村家庭面板数据为分析对象，通过建立QUAIDS模型并运用补偿变量算法，对食品价格上涨给埃塞俄比亚农村家庭福利带来的影响进行研究。研究结果发现，商品价格上涨对不同居民群体影响不同，一些家庭会因农产品价格上涨而获益，如自给自足家庭、农产品净销售家庭和农产品净购买家庭，而另外一些从事农业或非农业的贫困家庭则会面临福利受损，需要通

[①] Ackah, C., Appleton, S., "Food Price Changes and Consumer Welfare in Ghana in the 1990s", *CREDIT Research Paper*, University of Nottingham, 2007.

[②] Tefera, N., "Welfare Impacts of Rising Food Prices in Rural Ethiopia: A Quadratic Almost Ideal Demand System Approach", IAAE Triennial Conference with Number 124861, 2012.

[③] Magana – Lemus, D. et al., "Welfare impacts of Increasing Food Prices in Mexico: An Application of Unrestricted Engel Curves and LA/EASI Demand System", SAEA Annual Meeting in Its Series 2013 Annual Meeting with Number 143057, 2013.

[④] Capehart, T., Richardson, J., "Food Price Inflation: Causes and Impacts", *Congressional Research Service*, Library of Congress, 2008.

[⑤] Tefera, N., "Welfare Impacts of Rising Food Prices in Rural Ethiopia: A Quadratic Almost Ideal Demand System Approach", IAAE Triennial Conference with Number 124861, 2012.

过政府救助才能弥补福利损失。Ackah 等（2007）[①] 通过采用将 AIDS 模型线性化处理的方式，对 20 世纪 90 年代加纳人的食品消费行为进行研究。研究结果显示，食品价格上涨带来的福利损失比较结果为，低收入者的福利损失要高于高收入者。更进一步地，Magana – Lemus（2013）[②] 通过 EASI 需求系统，详细度量出食品价格上涨对墨西哥不同收入群体福利影响的量化关系，研究结果指出，主要食品价格的上涨引起家庭福利损失，其中高收入家庭食品消费福利损失仅为低收入农村家庭福利损失的一半左右。Huang（1999）[③] 通过实证研发方法，分析了 35 种具体食品的价格变化情况，研究发现，食品价格的相对变化会对消费者 28 种营养素的摄入量产生影响。

国内学者黄春燕等（2013）[④] 研究表明，粮食、油脂、肉禽及其制品、蛋类、水产品、干鲜瓜果六类细分食品价格上涨将使城镇居民的生活水平显著下降。

有一些研究指出，食品价格的变化会带来消费行为的进一步改变。同海梅等（2013）[⑤] 认为，食品价格呈现不断上涨趋势，必然会影响到居民生活成本的增加，由此导致人们的消费模式及社会行为模式发生变化。赵昕东和汪勇（2013）[⑥] 通过研究食品价格上涨对城镇居民消费行为影响时发现，我国食品消费占收入的比例远远

[①] Ackah, C., Appleton, S., "Food Price Changes and Consumer Welfare in Ghana in the 1990s", *CREDIT Research Paper*, University of Nottingham, 2007.

[②] Magana – Lemus, D. et al., "Welfare impacts of Increasing Food Prices in Mexico: An Application of Unrestricted Engel Curves and LA/EASI Demand System", SAEA Annual Meeting in Its Series 2013 Annual Meeting with Number 143057, 2013.

[③] Huang, K. S., "Effects of Food Prices and Consumer Income On Nutrient Availability", *Applied Economics*, 1999 (31), pp. 367 – 380.

[④] 黄春燕、蒋乃华：《食品价格上涨、生活水平下降与政策方案选择》，《农业经济问题》2013 年第 12 期。

[⑤] 同海梅、陆迁、董志丽：《城镇居民对食品价格上涨的承受力研究——以天津市滨海新区为例》，《消费经济》2013 年第 5 期。

[⑥] 赵昕东、汪勇：《食品价格上涨对不同收入等级城镇居民消费行为与福利的影响》，《中国软科学》2013 年第 8 期。

高于发达国家，食品价格出现大幅上涨会严重影响到城镇居民实际购买力，进而影响到他们消费数量与消费结构。黄春燕、蒋乃华（2011）[①]认为，食品价格上涨将使城镇居民的支出增加，且收入越高，增量越大。吴林海等（2010）[②]研究了影响消费者额外价格支付意愿与支付水平的主要因素，他们研究认为，消费者对食品可追溯体系的认知度不高且有38%的消费者不愿意支付额外价格，而承担额外价格的30%及以下是具有支付意愿的95.8%的消费者的选择。

由于不同收入阶层的恩格尔系数（家庭食品支出占消费总支出的比重）不同，因此，食品价格波动对不同收入阶层的影响方式和影响程度也不同。祁京梅和张令奇（2011）[③]研究发现，食品价格上涨对中低收入群体，特别是低收入群体的负面影响大于对高收入群体的负面影响，而且食品价格涨幅越高，对中低收入群体的负面影响越大。赵昕东和汪勇（2013）[④]运用二次几乎完美需求系统（QUAIDS）模型和补偿变量法，实证分析了食品价格上涨对不同收入等级城镇家庭消费行为与福利的影响。结果表明，面对食品价格上涨，低收入家庭倾向于维持原有食品消费数量而减少其他商品消费数量。而高收入家庭倾向于减少一些高档食品消费而维持其他商品消费数量。另外，食品价格上涨对低收入家庭福利的影响程度高于高收入家庭，以食品价格上涨20%为例，低收入家庭福利损失9.05%，

[①] 黄春燕、蒋乃华：《价格上涨、收入差距扩大与食品支出不平等——基于城镇居民的实证分析》，《农业经济问题》2011年第9期。
[②] 吴林海、徐玲玲、王晓莉：《影响消费者对可追溯食品额外价格支付意愿与支付水平的主要因素——基于Logistic、Interval Censored的回归分析》，《中国农村经济》2010年第4期。
[③] 祁京梅、张令奇：《物价上涨对不同收入群体的影响》，《中国金融》2011年第7期。
[④] 赵昕东、汪勇：《食品价格上涨对不同收入等级城镇居民消费行为与福利的影响》，《中国软科学》2013年第8期。

而高收入家庭福利损失仅仅为 5.91%。马敬桂等（2014）[①] 运用 SVAR 方法分析表明，食品价格对农村居民恩格尔系数的正冲击要大于通货膨胀对农村居民恩格尔系数的冲击。

吴蓓蓓等（2012）[②] 分析了不同收入家庭食品消费结构及消费行为的差异，发现与中等收入家庭和高收入家庭相比，低收入家庭对乳品、油脂类和肉类等动物性食品的消费支出弹性相对敏感，同时，当收入和价格同比例变化时，城镇居民家庭更愿意增加对肉类、蛋类和乳品的消费。马敬桂等（2015）[③]、李静（2015）[④] 在对食品价格对居民消费行为影响的研究表明，食品价格波动容易引起居民的预期。前期食品价格的微弱上涨可以刺激居民的当期消费；但是，食品价格的持续上涨导致居民对未来经济形势持悲观态度，直接引发居民的消费信心下降，从而减少未来的消费支出。

四 食品价格的调控研究

关于食品价格的宏观调控，学者观点不一。世界银行（2008）[⑤] 讨论了面对不断上涨的食品价格时，各国政府和世界组织应该共同做出的政策选择。宋淑平（2007）[⑥] 认为，对食品价格的检测预警非常重要。应加强主管部门对食品价格监督力度、壮大食品价格监测队伍、构建完善的食品价格监测预警系统等来调控我国食品价格未来变动。赵庆和徐路（2008）[⑦] 认为，可以通过调控货币政策和财政政策来稳定食品价格。刘素荣（2008）[⑧] 从农业生产的成本角

[①] 马敬桂、黄普：《食品价格、城乡恩格尔系数差异对通货膨胀的冲击效应分析》，《统计与决策》2014 年第 9 期。

[②] 吴蓓蓓、陈永福：《基于收入分层 QUAIDS 模型的广东省城镇居民家庭食品消费行为分析》，《中国农村观察》2012 年第 4 期。

[③] 马敬桂、李静：《食品价格波动对居民消费行为影响研究》，《统计与决策》2015 年第 22 期。

[④] 李静：《价格波动与居民消费预期判断》，《农业经济学刊》2015 年第 1 期。

[⑤] World Bank, "Rising Food Prices: Policy Options and World Bank Response", Background note for the Development Committee, Washington D. C., 2008.

[⑥] 宋淑平：《反思食品价格的监测预警》，《中国统计》2007 年第 10 期。

[⑦] 赵庆、徐路：《当前我国通货膨胀的成因及特点》，《经济师》2008 年第 2 期。

[⑧] 刘素荣：《对当前食品价格上涨的理性思考》，《价格理论与实践》2008 年第 5 期。

度出发,认为控制食品价格变动应从食品价格变动的源头即农业生产成本开始。樊纲(2008)[①]认为,该涨就涨,食品价格上涨将有利于农民收入提高。林毅夫(2008)[②]认为,解决食品价格上涨问题最好的办法应由市场调节来决定。

如何改善食品价格上涨带来的居民福利恶化,从理论和政策层面来看,最直接、有效的措施是抑制食品价格上涨,提高居民的收入水平,同时,政策制定者还可以选择采取价格补贴或收入补贴的方式来帮助城镇居民应对价格上涨对福利产生的损失。但就这些措施的实施,取决于是否会扭曲市场和符合经济发展水平及能力。赵继东(2007)[③]认为,考虑食品价格对农民收入的影响,如果大幅度提高食品价格,不仅城镇居民难以承受,而且给整个经济环境和人民生活带来不良影响。张文刚(2008)[④]分析了我国食品价格上涨的利弊,认为食品价格上涨有利有弊,但利大于弊。也有一些学者指出,这种干预方式需要明确界定干预的范围和具体食品的种类(于冷等,2012)。[⑤]马敬桂等(2015)[⑥]提出,要建立食品供求与价格的短期调控机制和应急预案,避免食品价格的暴涨暴跌,稳定居民消费的心理预期。同时,要进一步完善社会补偿机制,加大对低收入群体的价格补贴、转移支付的力度,确保居民,特别是低收入群体在食品价格大幅波动时能满足基本生活需要。

[①] 樊纲:《食品价格该涨就涨》,《江西食品工业》2008年第2期。
[②] 林毅夫:《粮价上涨的最好解决办法是市场调节》,《江西食品工业》2008年第2期。
[③] 赵继东:《食品价格上涨 农民增收多少》,《中国统计》2007年第8期。
[④] 张文刚:《食品价格上涨的利弊分析》,《黑龙江金融》2008年第2期。
[⑤] 于冷、吕新业:《大宗农产品价格调控的目标与措施研究》,《农业经济问题》2012年第9期。
[⑥] 马敬桂、李静:《食品价格波动对居民消费行为影响研究》,《统计与决策》2015年第22期。

第三节　研究方法和研究内容

一　研究方法

（一）综合采用多学科的理论进行交叉分析

本书充分运用发展经济学、农业经济学、货币金融学、行为经济学、计量经济学和统计学等学科的基本理论进行交叉分析，多视角地考察我国食品价格变动成因以及对我国经济的影响。

（二）运用定性分析与定量分析相结合的方法

定性分析主要采用文献理论归纳与总结，定量分析主要采用协整分析、VAR 模型、SVAR 模型、VEC 模型、ARMA 模型、Probit 模型以及应用多元统计分析方法，从而达到研究的科学性和准确性。

（三）采用动态研究方法

本书避开以往静态和比较静态分析方法的缺点，通过把趋势变量加入系统中，把时间变量作为系统中一个影响因素进行分析。

二　研究内容

本书共分九章。第一章阐明本书研究的背景及意义、国内外相关文献综述、研究的方法、内容及创新之处。第二章主要介绍研究的基本理论和分析模型。第三章在概述食品价格波动一般成因的基础上，分别对食品价格波动的确定性因素、随机性因素以及货币因素进行实证分析，揭示它们之间的内在联系和规律性。第四章分析我国食品价格变化的数据特征、趋势属性特征和变动周期情况，揭示我国食品价格波动的周期性。第五章主要分析我国粮食价格波动的周期及对 CPI 的冲击的地区差异。第六章分析我国生猪价格波动的特征及对 CPI 的影响。第七章分析食品价格波动对我国经济和通货膨胀的影响。第八章主要运用调查数据分析个人对外部环境的主观判断对消费愿意影响的机制。第九章主要分析我国食品价格波动的平抑机制的内涵、结构框架及建设建议。

第二章 理论基础和主要分析模型

第一节 经济波动和经济周期

"波动"是物理学领域的词汇，是指物体有规律的上下反复的运动过程，后被引入经济学领域。波动与周期，作为物理学上的名词是内涵不同的概念。"波动"是能量传递的一种形式，意指振动传播的过程。"周期"主要是一个时间概念，是指物体或物理量完成一次振动或振荡所需要的时间，又泛指在事物运动变化过程中重复某些特征时，其连续两次出现所经过的时间。把波动与周期借用到经济学上，它们的含义也相应地存在差异。经济波动是一种更为广泛的概念，它不是一个时间意义上的概念，它是指经济运行中的一种振荡行为。经济周期更强调一个循环过程。[①] 因此，经济波动的概念要比经济周期广泛，波动既可以呈现出周期性，也可以不呈现出周期性。

经济波动是宏观经济学研究的主要问题之一。经济波动在其运动过程中会交替出现扩张与收缩、繁荣与萧条等现象。经济波动的原因受多方因素影响，按照经济波动形态是否具有一定规律性，可分为周期性和非周期性的波动。经济波动的因素可分解为长期趋势、周期波动、季节波动和随机波动四种。长期趋势代表经济指标

---

① 谭砚文：《中国棉花生产波动研究》，博士学位论文，华中农业大学，2004年，第18页。

或经济变量在一定时间内的基本趋势和发展水平;周期波动是指经济指标或经济变量围绕长期趋势上下波动并周而复始运动的过程,一个周期波动一般经历高峰、下行阶段、谷底、上行阶段;季节波动是指经济指标随着季节的交替而发生相应的改变;随机波动也称不规则波动,是由随机方式或偶然因素引起的冲击波动,这些因素具有不规律性、偶发性特点,但其出现会对经济运行产生强烈的冲击,如政治局势、战争、自然灾害等。[①]

经济周期是经济变量或指标在经济运行过程中其某种特征反复出现的时间间隔。一个经济周期通常分为繁荣、衰退、萧条和复苏四个阶段。经济学家按照经济周期持续的时间长短,将经济周期划分为基钦周期,又称短周期;朱格拉周期,又称中周期;库兹涅茨周期,又称中长周期及康德拉基耶夫周期,又称长周期。关于经济周期的原因,传统的经济周期理论认为,经济中存在引起波动的内在力量;实际经济周期理论(RBC)认为,经济周期的成因不在于经济体系内部,而是来自外部因素,外部因素的扰动(如技术方面的冲击)是导致经济周期理论的根本原因;货币主义者和新古典经济学家把经济波动主要归结为错误导向的货币政策的结果;理性预期理论认为,经济周期波动的原因在于公众心理反应的周期变化;而新凯恩斯主义者把经济波动看作来源于经济内部和外部的各种原因。

由于历史的原因,"经济周期"与"经济波动"在理论研究和实践中也往往被通用,曼昆曾在他所著的《经济学原理》中写道,经济中的波动常被称为商业周期。萨缪尔森就将经济周期描述为是国民总产出、总收入、总就业量的波动。高鸿业认为:"所谓经济周期(又称商业周期或商业循环),是指国民总产出、总收入和总就业的波动。"[②]但不管怎么定义,更多趋于共识的是,经济周期性

[①] 孙秀玲:《中国生猪价格波动机理研究》,博士学位论文,中国农业大学,2015年,第16页。

[②] 高鸿业主编:《西方经济学(宏观部分)》,中国人民大学出版社2010年版,第566页。

波动是多方因素作用的结果，既有内在传导机制的作用，也有外部冲击的多重影响。本书研究食品价格波动的周期性，我们借鉴上述传统的一些理论方法。

第二节 价格波动理论

一 价格形成理论

（一）供给—需求决定理论

供需决定理论最早是由英国的政治经济学家马尔萨斯（Malthus，1812）在总结斯密关于劳动决定价值理论中交换思想的基础上提出的。马尔萨斯认为，生产费用在自然价格和市场价格形成过程中只起着辅助性的作用，而供给和需求间的相对关系则在其中发挥着关键性的作用。马尔萨斯为了更好地论证和阐释供需相对关系对价格的决定作用，提出了需求强度的概念。需求强度反映了消费者对商品的渴望程度，需求强度高表明消费者对商品的渴望程度高，即消费者愿意为获得该商品而支付较大的代价，则此时形成的商品价格会较高。如果需求强度增加则表示消费者对商品的渴望程度提高，也即消费者愿意为获得该商品而支付更大的代价，商品的价格也会随之上升。简言之，如果消费者对商品的渴望程度高，则表明其购买该商品愿意支付的价格也高；如果消费者对购买该商品的渴望程度降低，则其愿意为该商品支付的价格也会降低，形成的市场价格或自然价格也会降低。与此同时，市场价格或自然价格的高低也会对消费者的需求强度产生影响。当某种商品的市场价格或自然价格上升时，消费者的需求强度会减弱；反之亦然。食品价格市场是完全市场化市场，供求机制起决定性作用。

（二）均衡价格理论与价格形成机制

阿尔弗雷德·马歇尔（Alfred Marshall，1890）在研究价格机制的基础上深入分析了市场中商品的供给、需求与价格形成等各因素间联动的变化关系。在市场经济运行条件下，价格机制的形成体现了市场供给、需求与价格之间的相互影响和相互制约的关系。价格机制包括价格形成、价格运行和价格调节三个环节，这三个环节的共同配合在市场配置经济资源的过程中起着主导作用。换言之，市场经济的有效运行关键依赖于价格机制作用的良好发挥。当商品价格发生波动时，市场的供给和需求关系就会发生改变，生产者和消费者自身的经济行为会随之而改变，使资源在各个经济部门间流动，达到重新配置的效果，消费者的消费计划或消费模式也会随之而做出相应的调整，使资源在整个市场中实现合理配置。总之，价格机制的运行就像一只"看不见的手"，参与并改变着市场中经济资源的调配以及消费者的消费行为。

价格会对商品的需求和供给产生影响，同时需求和供给的变化也决定了价格的形成与波动。根据均衡价格理论的观点，对于某种商品而言，当市场中厂商供给的数量与消费者需求的数量相等时，市场就会呈现出相对稳定静止的状态，实现完全出清，即达到市场均衡。这种相对稳定的状态是由面临相同价格条件的供给方和需求方从各自利益出发彼此博弈的结果。当达到这种均衡状态时，供需相对稳定，价格也会处于相对稳定的状态，即为均衡价格。

二 价格波动理论

（一）适应性预期理论

所谓适应性预期，是指消费者以过去一段时间的价格水平为依据推测未来的价格水平，而且消费者在对未来价格水平进行推测时仅仅只考虑之前价格水平及其变动情况，其他因素不予考虑。最早关于适应性预期的研究及其应用是埃德蒙·菲尔普斯（Edmund Phelps，1958）通过在研究菲利普斯曲线的过程中引入适应性预期，进而考察其对经济波动的影响。具体而言，如果价格在很长一段时间一直保持低迷状态，则依据适应性预期理论，消费者就会推断并认为价格在下一时期依然会持续低迷。需求和成本驱动价格变化的因素为短期冲击因素，因此，价格理论认为，由于需求和成本提高而引发的价格上涨是价格波动的短期行为。由此可见，价格持久保持某种状态，如价格会表现出持续攀升的态势等，可以由适应性预期理论进行解释。价格持续上升现象的发生是由于消费者适应性预期而引发的，依据过去的价格水平及其变化情况，不断地对其经济行为进行修正，从而使价格水平能持续保持上升的发展态势。具体而言，当过去的一段时间价格一直保持上升趋势时，消费者就会依据这一信息，对下一阶段的价格水平变化进行预测，认为未来价格水平仍然会继续上升，由此可见，他们会要求增加其工资收入、利息收入及其他资源收入，当这些收入真正实现了上涨，此时商品价格的上涨也会成为必然，最终会实现预期与现实的一致。

（二）理性预期理论

约翰·布思（John Booth，1961）认为，适应性预期理论存在诸多不足，由此提出了理性预期理论。其实，理性预期与适应性预期的关键不同在于对未来价格进行预测的依据不同。适应性预期理论的核心观点认为，价格变化具有时间延续性的特征，同时消费者对未来价格进行预测时也会着重考虑到这种延续性。但同时适应性预期理论的局限性也体现在对价格的这种延续性作用的过于强调，而忽略了其他因素对价格波动的影响。与此相反，理性预期理论认为，消费者在对未来价格水平进行预测时，不仅会考虑过去一段时间价格水平及其变动情况，同时还会考虑其他可能影响价格波动的因素，包括政府实施的各项政策等；并且理性预期理论充分强调消费者的理性特征，认为其在对未来价格进行预测时，能够充分、有效地掌握各种信息，并在此基础上考察这些因素对未来价格波动可能的影响，进而对未来的价格走势进行预测。由此可见，理性消费者对价格的预期往往与经济理论对未来价格的判断保持一致。理性消费者在对价格进行准确预期的前提下，会进一步根据对未来价格的预期来调整自己的议价，比如对工资、利息及地租等收入议价的调节，以此抵销价格波动带来的不利影响。这样一来，政府制定的试图对价格进行调控的政策措施实际上是失灵的，不会对消费者产生任何影响。因为理性消费者可以完全、准确地掌握政府政策调控信息并对这些政策的实施可能对价格产生的影响进行预测,从而改变自己对收入的议价并通过调整自己的经济行为来规避这些政策措施对自己产生的不利影响。

(三)内部传递与外部冲击理论

瑞典经济学家维克·塞尔(Wick Sell,1898)最早在经济周期波动理论基础上试图对价格波动进行解释,他认为,引起价格波动的因素主要包括价格系统内部传递和价格系统外部刺激两个方面。后来,英国经济学家阿瑟·庇古(Pigou,1930)在此观点的基础上,分别从两个方面对引起价格波动的因素进行了进一步的探索,指出诱发价格波动的因素包括两个方面:首先是价格系统内部结构的原因,阐释了一个初始外部冲击通过价格系统的某一个环节对整个价格系统产生的影响;其次是价格系统外部冲击,主要反映外部冲击因素影响价格系统某一个环节的具体机制。随后,约翰·马里斯·克拉克(J. M. Clark,1955)基于庇古的观点,进一步将价格波动区分为主动响应型波动和被动驱动型波动,并将引起价格波动的原因归纳为起源动力和系统响应。20世纪80年代以来,新凯恩斯主义的代表人物斯蒂格利茨(J. E. Stiglits)、曼昆(N. G. Mankiw)、布兰查德(O. J. Blanedhard)、罗默(D. Romer)等认为,经济系统中存在可以把外在的冲击进行扩大,进而引发经济波动的机制,且这种机制可以持续相当长的时间。根据这种观点,干扰的根源虽然是外生的,但是,经济系统存在一些内生力量,使因干扰产生的波动加剧并持续下去。[1]这种外生因素和内生因素的综合便成为现代经济周期理论的一个新特点。

国内学者对经济波动或价格波动的研究集中于20世纪80年代中后期,包括刘树成(1987)、胡鞍钢(1986)等。他们运用国外

---

[1] 谭砚文:《中国棉花生产波动研究》,博士学位论文,华中农业大学,2004年,第23页。

周期理论中内部传递与外部冲击理论，对我国价格波动情况进行了研究，得出了中国经济周期波动是由内部传导机制和外部冲击共同作用的基本结论。本章将运用供求和市场均衡理论，从内生传导和外生冲击角度分析影响食品价格波动的因素。

(四) 蛛网理论

蛛网理论，又称蛛网模型，是利用弹性理论来考察价格波动对下一个周期产量影响的动态分析，它是用于市场均衡状态分析的一种理论模型。1930年由美国的舒尔茨、荷兰的J.丁伯根和意大利的里奇各自独立提出。由于价格和产量的连续变动用图形表示犹如蛛网，1934年英国的卡尔多将这种理论命名为蛛网理论。

在新古典经济学中，蛛网模型引进时间变化的因素，通过对属于不同时期的需求量、供给量和价格之间的相互作用的考察，用动态分析方法论述生产周期较长的商品产量和价格在偏离均衡状态以后的实际波动过程及其结果。蛛网模型考察的是生产周期较长的商品，而且生产规模一旦确定则不能中途改变，市场价格的变动只能影响下一周期的产量，而本期的产量则取决于前期的价格。因此，蛛网模型的基本假设是商品本期的产量决定于前期的价格。由于决定本期供给量的前期价格与决定本期需求量（销售量）的本期价格有可能不一致，会导致产量和价格偏离均衡状态，出现产量和价格的波动。

传统蛛网模型的基本假定是：商品的本期产量 Q_t^s 决定于前一期的价格 P_{t-1}，即供给函数为 $Q_t^s = f(P_{t-1})$，商品本期的需求量 Q_t^d 决定于本期的价格 P_t，即需求函数为 $Q_t^d = f(P_t)$。蛛网理论主要包括发散型蛛网、收敛型蛛网以及封闭型蛛网，划分的主要依据是需求弹性和供给弹性之间的大于、小于和等于两种关系的不同而形成的。

蛛网模型揭示了商品产量与市场价格之间的波动关系，假如商品价格完全是由市场供求机制确定的，那么蛛网理论可以认为是一种内生波动理论；如果产品价格是市场供求以外的因素确定的，则蛛网理论可以看作一种外生波动理论。农产品由于生产周期长，完全符合蛛网模型考察的商品的必备条件。由于农业生产周期长，农产品本期的生产决策依据往往是前期的市场价格，这就形成农产品价格波动的蛛网模型现象。

三 价格传导机制

商品价格是由市场上成本和需求两个因素决定的。商品价格的高低不仅取决于商品生产本身的技术和市场供求状况，还取决于该商品上游成本的高低。一般来说，下游产品的价格受上游产品成本影响很大，产品上游成本高，该产品成本大，价格就高；上游成本低，该产品成本小，价格就低。价格传导是指在产品和部门内在关联基础上，上游产品价格传导到下游产品价格变化及影响。价格波动传导既包括垂直价格传导也包括空间价格传导。价格传导机制主要表现为成本推进型价格传导和需求拉动型价格传导。成本推进型价格传导即由上游产品价格变化引起中游和下游产品价格变化，而需求拉动型价格传导则由下游产品价格变动引导上游产品价格。然而，在现实经济生活中，价格传导的表现更为复杂。食品与相关食品由于存在一定的传导关系和路径，食品价格波动存在显著的价格传导效应。

四 价格调控理论

政府对商品价格的调控大多是对市场失灵的应对。按照西方经济学理论的假设，整个市场是完全竞争的，即每个商品生产者和消费者都能够及时从市场上获取最全面、最完备的信息，所有市场上的资源均是产权明晰的，每个经济行为人都能够完全理性地选择自己的最优决策。这样，市场中每个经济行为人的决策都不会对他人产生额外的影响，资源配置实现最优，整个市场达到帕累托最优的一般均衡状态，即不存在任何帕累托改进的可能。此时，整个市场就会呈现完全出清的状态，实现供需均衡，对应的商品价格即为均衡价格。

然而，使整个市场实现完全出清的关键假设条件，即完全竞争市场的假设在现实中很难实现，由于每个生产者所拥有的资源、经营能力等存在差异，同时，政府出于政策干预目的等，使整个市场很难实现完全竞争，垄断、垄断竞争等不完全竞争状态成为市场的常态。与此同时，造成市场不完全竞争的原因还包括制度不完善甚至缺失，使很多资源不能明晰产权，时常会伴随有外部性问题的发生；同时，由于不同经济行为人获取信息的能力存在差异以及市场中信息平台的搭建有很多不完善之处，使每个经济行为人不能全面获取市场信息，这样，整个市场由于无法满足资源实现帕累托最优配置所需要的市场环境和条件，往往会造成资源错配的现象，也就会造成市场失灵。正是由于市场失灵的产生，表明通过市场机制实现自发调节的作用是不完善的，不能对资源实现完全有效的配置，因此，需要政府通过制定一系列的市场干预措施来对市场失灵进行矫正，以完善对市场内资源的有效配置。政府干预措施正是作为市场自发调节机制的辅助手段来对市场进行干预，从而实现资源合理、有效配置的目的。

粮食是最重要的食品，它不仅是人们生活的必需品，而且具有准公共品性质，生猪生产的生猪疫病防控体系也具有公共品性质，这类产品单纯由市场机制提供远远小于帕累托最优状态。为对市场失灵进行必要的矫正，保障市场供给和效率，政府的调控就成为必要，农业的支持保护也成为一种普遍的政策措施。

第三节 主要分析模型

本书研究中使用了多种计量分析方法，这里介绍其中几种主要的分析模型。

一 多元线性回归模型

多元线性回归模型是计量经济模型中最基础的模型，其主要是研究多个解释变量对被解释变量（只有一个）进行影响的线性分析模型，具体表达式为：

$$Y_i = \beta_0 + \beta_1 X_{1i} + \beta_2 X_{2i} + \cdots + \beta_k X_{ki} + \mu_i \quad i = 1, 2, \cdots, n$$

式中，k 为解释变量的个数，β_j（$j=1, 2, \cdots, k$）称为回归系数（或偏回归系数），表示在其他解释变量保持不变的情况下，X_i 每变化 1 个单位，Y_i 均值的变化程度，μ_i 为随机扰动项，且假定 $\mu_i \sim N(0.02)$。本书将使用该模型对食品价格波动确定性因素的短期效应、食品价格波动的随机因素以及食品价格波动对居民消费行为影响进行分析。

二 向量自回归模型

向量自回归模型（VAR）通常用于多变量时间序列系统的预测和描述随机扰动对变量系统的动态影响，其实质是向量自回归移动平均（VARMA）模型的简化，后者因参数过多而很少应用。最一般的 VAR（P）模型如下：

$$y_t = A_1 y_{t-1} + \cdots + A_p y_{t-p} + B_1 x_1 + \cdots + B_r x_r + \varepsilon_t$$

式中，y_t 是 m 维内生变量向量；x_t 是 d 维外生变量向量；$A_1 \cdots A_p$ 和 $B_1 \cdots B_r$ 是待估计的参数矩阵，内生变量和外生变量分别有 p 和 r 阶滞后期；ε_t 是随机扰动项，同期之间可以相关，但不能有自相关和模型右边的变量相关。同时，VAR 模型要求序列数据是平稳的，而且变量之间互为因果关系。因此，在使用 VAR 模型时，先要对数据进行平稳性检验和因果关系检验，同时，VAR 模型的滞后阶数也需要严格的界定。通常情况下，利用 ADF 检验去验证数据的平稳性，使用格兰杰因果关系检验考察变量之间的因果关系。至于 VAR 模型合适滞后阶数的选择，往往采用 AIC 准则、SC 准则来确定。本书使用 VAR 模型对食品价格波动确定性因素的中长期效应、我国食品价格波动的货币因素动态进行分析。

三 ARMA 模型

ARMA 模型由博克斯和詹金斯（Box and Jenkins）创立，亦称 B—J 方法。其本来是用来短期预测的一种研究方法，但由于该模型是研究依赖于时间 t 某些时间序列的一组随机变量，它可以对时间序列进行描述，从而知道其变动过程，即所谓模型识别，从而更本质地认识时间序列的结构与特征。因此，可以通过 ARMA 模型识别出的 AR 模型做差分变换，进而通过分析差分变换后 AR 模型的结构与特征，在此基础上，研究我国食品价格相邻时期的相互关系。ARMA 模型表述为：

$$y_t = \varphi_1 y_{t-1} + \varphi_2 y_{t-2} + \cdots + \varphi_p y_{t-p} + \mu_t - \theta_1 \mu_{t-1} - \theta_2 \mu_{t-2} - \cdots - \theta_q \mu_{t-q}$$
(2.1)

式中，p 和 q 被称为滞后项，φ_1，φ_2，$\cdots$，φ_p 为自回归系数，θ_1，θ_2，$\cdots$，θ_q 为移动平均系数，其均是模型待估计参数。由于式（2.1）分别滞后 p 期和 q 期，因此式（2.1）可以表示为 ARMA（p，q）。

一般来说，ARMA(p，q) 模型可以分解为 AR(p) 模型和 MA(q) 模型。AR(p) 模型表示为：

$$y_t = \varphi_1 y_{t-1} + \varphi_2 y_{t-2} + \cdots + \varphi_p y_{t-p} + \mu_t \quad (2.2)$$

式中，μ_t 为相互独立的白噪声序列。

MA(q) 模型表示为：

$$y_t = \mu_t - \theta_1 \mu_{t-1} - \theta_2 \mu_{t-2} - \cdots - \theta_q \mu_{t-q} \quad (2.3)$$

对于 ARMA(p，q) 模型分解为 AR(p) 模型和 MA(q) 模型可以通过模型识别过程实现。考虑到 AR 模型是线性方程估计，相对于 ARMA 模型的非线性估计容易，且参数意义便于解释，故实际建模时常希望用高阶的 AR 模型替换相应的 MA 模型和 ARMA 模型。因此，可以用较高阶的 AR 模型替换相应的 MA 模型和 ARMA 模型。由于要反映相邻时间变量间的内在联系（斥力或引力），因此，需要研究变量差分形式的相关关系，所以，把式（2.2）转化为下式：

$$\Delta y_t = \varphi_1 \Delta y_{t-1} + \varphi_2 \Delta y_{t-2} + \cdots + \varphi_p \Delta y_{t-p} + \mu'_t \quad (2.4)$$

式中，自回归系数 φ_1，φ_2，$\cdots$，φ_p 的符号可以反映一阶差分形式相邻价格间的相关性，数值为正则表明正相关（引力），数值为负则表明负相关（斥力），表现在食品价格变动属性上即为微调功能。本书使用 ARMA 模型对食品价格的波动属性特征进行分析。为研究我国食品价格相邻价格间的内在联系，将对数据进行差分处理，因此，研究数据选取为我国食品价格增长率一阶差分形式。

四 向量误差修正模型

向量误差修正模型（VEC）是由约翰森（Johansen，1995）和享德利（Hendry，1995）等将协整概念应用到 VAR 模型拓展而成，其本质上是包含协整约束条件的 VAR 模型。对 P 阶 VAR 模型：

$$y_t = A_1 y_{t-1} + \cdots + A_p y_{t-p} + B_1 x_1 + \cdots + B_r x_r + \varepsilon_t \quad (2.5)$$

式中，y_t 是 m 维非平稳 $I(1)$ 序列；x_r 是 d 维确定型变量；ε_t 是信息向量。经过变形，可将其改写为：

$$\Delta y_t = \sum_{i=1}^{p-1} \Gamma_i \Delta y_{t-i} + \Pi y_{t-1} + B x_t + \varepsilon_t \quad (2.6)$$

式中，$\Pi = \sum_{i=1}^{p} A_i - I_m$，$\Gamma_i = \sum_{j=i+1}^{p} A_j$，则式（2.6）即为向量误差修正模型 VEC 模型。由于各变量为非平稳序列，经过一阶差分的内生变量向量中各序列都是平稳的，所以，只有构成 Πy_{t-1} 的各变量都是 $I(0)$ 时，才能保证信息是平稳过程。因此，可得 $0 < R(\Pi) = r < m$，此时，存在两个 $m \times r$ 矩阵 α 和 β，使：

$$\Pi = \alpha \beta' \quad (2.7)$$

式中，两个分解矩阵的秩都是 r。将式（2.7）代入式（2.6）后不难发现，$\beta' y_{t-1}$ 中每行都有一个 $I(0)$ 组合变量，即每一行都是使变量 $y_{1,t-1}$，$y_{2,t-2}$，…，$y_{m,t-1}$ 具有协整关系的一种线性组合形式，因此，β′决定了协整关系的个数与形式，它的秩 γ 就是与线性无关的协整向量的个数，它的每一行构成一个协整向量。另外，矩阵 α 称为调整参数矩阵。通过向量误差修正模型的实证结果，可以得出协整关系的表达式，进而可以精确地确定食品价格波动对农业生产和农民收入的影响。

五 Probit 模型

Probit 模型是二元离散选择模型的一种，其重点关注的是因变量响应的概率（因变量取 0 或 1）。考虑如下二元选择模型：

$$P(y_i = 1 \mid X_i, \beta) = 1 - F(-\beta_0 - \beta_1 x_1 - \cdots - \beta_k x_k)$$
$$= 1 - F(-X'_i \beta)$$

式中，X_i 为解释变量向量（包括常数项），F 是连续的概率分布函数，其值介于 0—1。通常，二元离散选择模型的类型由分布函数决定，此处假定其服从标准正态分布，采用 Probit 模型进行估计。需要说明的是，通过 Probit 模型估计的参数不能被解释为自变量对因变量的边际效应，而应该如下解释：系数估计值 $\hat{\beta}_i$ 衡量的是因变量取 1 的概率会因自变量变化而如何变化，$\hat{\beta}_i$ 为正表明解释变量增加会引起因变量取 1 的概率提高，$\hat{\beta}_i$ 为负数则表明相反的情况。本书使用 Probit 模型对食品价格波动对居民消费预期判断的进一步研究进行分析。

六 结构向量自回归模型

结构向量自回归模型（SVAR）是一种对 VAR 模型进行结构性分解的方法，其最大特征在于对 VAR 模型施加了具有经济理论背景的约束条件，进而可以识别出具有特定经济特征的外生冲击。P 阶 SVAR（p）的一般表达式如下：

$$C_0 y_t = \Gamma_1 y_{t-1} + \Gamma_2 y_{t-2} + L + \Gamma_p y_{t-p} + u_t \tag{2.8}$$

式中：

$$C_0 = \begin{bmatrix} 1 & -c_{12} & \cdots & -c_{1k} \\ -c_{21} & 1 & \cdots & -c_{2k} \\ \vdots & \vdots & \vdots & \vdots \\ -c_{k1} & -c_{k2} & \cdots & 1 \end{bmatrix}$$

$$\Gamma_i = \begin{bmatrix} \gamma_{11}^{(i)} & \gamma_{12}^{(i)} & \cdots & \gamma_{1k}^{(i)} \\ \gamma_{21}^{(i)} & \gamma_{22}^{(i)} & \cdots & \gamma_{2k}^{(i)} \\ \vdots & \vdots & \vdots & \vdots \\ \gamma_{k1}^{(i)} & \gamma_{k2}^{(i)} & \cdots & \gamma_{kk}^{(i)} \end{bmatrix}, \; i = 1, 2, \cdots, p \quad u_t = \begin{bmatrix} u_{1t} \\ u_{2t} \\ \vdots \\ u_{kt} \end{bmatrix}$$

可以将上式写成以下滞后算子形式：

$$C(L) y_t = u_t, \quad E(u_t u'_t) = I_k \tag{2.9}$$

式中，$C(L) = C_0 - \Gamma_1 L - \Gamma_2 L^2 - \cdots - \Gamma_p L^p$，$C(L)$ 是滞后算子 L 的 $k \times k$ 的参数矩阵，$C_0 \neq I_k$。如果 C_0 是一个下三角矩阵，则 SVAR

模型称为递归的 SVAR 模型。而且，如果矩阵多项式 $C(L)$ 可逆，可以表示出 SVAR 的无穷阶的 VMA(∞)形式：

$$y_t = B(L)u_t \qquad (2.10)$$

式中：

$B(L) = C(L)^{-1}$

$B(L) = B_0 + B_1 L + B_2 L^2 + \cdots$

$B_0 = C_0^{-1}$

式（2.10）通常称为经济模型的最终表达式，因为其中所有内生变量都表示为 u_t 的分布滞后形式。而且结构冲击 u_t 是不可直接观测得到，需要通过 y_t 各元素的响应才可观测到。可以通过估计式（2.10），转变简化式的误差项得到结构冲击 u_t。

本书使用该模型，分析通货膨胀、食品价格与城乡居民恩格尔系数差异之间的动态影响关系，解释城市和农村不同的通货膨胀形成机制，并得出相关结论。

第三章 影响食品价格波动的因素研究

按照国家法律规定：食品是指各种供人食用或者饮用的成品和原料以及按照传统既是食品又是药品的物品，但不包括以治疗为目的的物品。食品国家标准 GB/T15901—1994《食品工业基本术语》将"一般食品"定义为"可供人类食用或饮用的物质，包括加工食品、半成品和未加工食品，不包括烟草或只作药品用的物质"。国际食品法典委员会（CAC）CODEXSTAN1：1985《预包装食品标签通用标准》对"一般食品"的定义是"指供人类食用的，无论是加工的、半加工的或未加工的任何物质，包括饮料、胶姆糖，以及在食品制造、调制或处理过程中使用的任何物质；但不包括化妆品、烟草或只作药物用的物质"。本书研究的食品价格是指国家统计局统计的居民消费价格指数中的食品类价格。

第一节 食品价格波动的一般成因

食品作为人们基本生活的必需品，它具有种类多、数量大，交易分散频繁，市场化程度高等特点。在市场经济条件下，影响食品价格变动因素很多，概括起来，主要有以下七个方面：

一 农业生产成本的不断上涨

近年来，农业生产成本不断上涨，而农业生产的比较收益却不断下降，打击了农民生产的积极性。由于前几年价格的走低，2007年的食品价格上涨具有明显的恢复性和补偿性。随着农业劳动力、农业生产资料等生产成本上升,农产品价格长期低迷,农业生产比较效益呈现不断下降的趋势,价格上涨是补偿农产品生产收益。农业生产成本不断上涨主要表现在两个方面:其一,物质成本的上升。煤、石油、天然气等能源价格和化肥、农药、塑料薄膜等农业生产资料价格的上涨,抬高了农业投入品价格。土地流转承包费用的逐步提高,则提高了土地成本。① 其二,人力成本的上升。我国经济现已进入"刘易斯拐点",劳动力供给由过剩转向局部和结构性短缺。劳动力供求关系的失衡,成为推动劳动力价格上涨的直接动力。另外,为了提高消费在 GDP 中的比重,促进经济增长方式转变,我国在城市要逐步建立职工工资正常增长机制,在农村要逐步形成务农收入稳定增长机制,这两种机制也是导致劳动力价格上涨的重要因素。前一种机制直接增大了农村劳动力的机会成本,后一种机制也会间接地导致劳动力价格的提高。可以说,农业生产成本的提高,是推动食品价格上涨的一个长期性因素。

二 城乡居民人口结构变化

随着城市化、工业化进程的推进,我国每年有大量的农村人口向城市转移,致使城乡人口结构发生了较大的变化。国家统计局《中国统计年鉴》数据显示,1995 年,我国城镇人口约 3.51 亿,占总人口的比重为 29.04%;到 2013 年,我国城镇人口达到约 7.31 亿,占总人口比重上升到 53.73%。在新增的 3.80 亿城镇人口中,部分为城镇人口自然增长,大部分为进城务工的农民。常年外出打工的农民已经由食品生产者兼消费者转为纯粹的消费者,极大地增加了城市食品需求。

三 脆弱的食品供给体系

随着我国城市化速度不断加快,我国农村耕地面积逐渐减少。其中,城市种菜用地不断减少,只占原耕地面积的 30%—50%。同时,

---

① 范德军:《五大因素使食品价格持续上涨》,《上海证券报》2011 年 2 月 14 日第 6 版。

现存的农业耕地质量等级偏低。我国18.26亿亩耕地面积中,农田灌溉面积达到8.77亿亩,仅占全部耕地面积的48%。我国农业的生产能力大于1000千克/亩的耕地,只占全部耕地面积的6.09%。同时,农业就业人口的减少、农业投入不足和生产力水平不高也制约了农产品的有效供给(王振霞,2011)。[①] 这些问题表现出我国农业生产和农产品供应体系的脆弱性,从而制约食品的有效供给。

四 流通体制与市场建设滞后

与发达国家相比,我国的物流成本较高。2011年第一季度,全社会物流总费用占GDP的17.9%,2010年,全年社会物流总费用占GDP的17.8%,这个数据比发达国家高出1倍。物流成本过高也是推动我国食品价格大幅上涨的重要原因之一。王振霞(2011)[②] 总结了以下几个原因:第一,我国大型的农产品产地批发市场建设不足,造成流通成本过高;第二,城市食品流通市场建设不完善,流通费用较高;第三,流通环节过多,层层加价,不合理收费过多。

五 国际因素

在经济全球化背景下,国际农产品价格上涨,成为国内食品价格上涨的外部动因,直接构成输入型通货膨胀的压力。受美欧元贬值、全球粮食库存下降、主要农产品出口国受到减产、国际炒家投机炒作等多重因素影响,2010年国际农产品价格一路走高,全球食品价格指数连续7个月上涨,2011年1月已达231,创粮农组织自1990年开始记录国际食品价格成立以来的新高。而2011年引致国际农产品价格上涨的因素并没有向有利的方向转化。还必须看到,国际农产品价格不仅具有商品属性,还具有金融属性。在国际农产品的全球化、金融化深入发展的今天,农产品的定价机制更加复杂化,农产品的价格不但与农产品供求关系密切相关,而且要受制于国际投机资金作用下的农产品衍生交易价格的变化。在全球粮食生

[①] 王振霞:《我国食品价格波动原因及价格稳定机制研究》,《财贸经济》2011年第9期。

[②] 同上。

产形势日趋严峻、主要农产品库存紧张、发达国家定量宽松的货币政策导致流动性过剩、投机资金炒作加剧等因素的综合作用下，国际农产品面临着价格逐步走高的国际经济环境。这种外部因素对我国食品价格上涨已经并且还将继续在很大程度上发挥一个牵制作用（李静，2011）。[①]

六 技术冲击

技术进步导致的劳动生产率提高从而形成的引起食品价格变动技术冲击。技术冲击反映了由技术进步、知识积累等引起的劳动生产率的永久提高，每一次的技术变动都会对经济变量和经活动产生不可磨灭的效应。当然，技术进步必然会对食品价格产生一定的冲击效应。

七 自然灾害和全球经济危机冲击

当考虑自然灾害事件和全球经济危机事件对国内食品价格波动冲击时，李静（2011）利用差分分解模型实证分析表明，国内自然灾害事件对食品价格波动具有直接显著效应，而国外自然灾害事件对食品价格冲击效果不显著。全球经济危机对食品价格波动具有间接冲击效应，它是通过影响国内经济和价格水平间接冲击食品价格波动，而且显著。[②]

第二节 食品价格波动的因素实证研究：确定性因素和随机因素

一 食品价格波动的确定性因素

（一）数据说明和模型设定

食品价格波动是多种因素共同作用的结果，既有确定性因素，也有随机因素。这一部分我们着重考察影响食品价格波动的确定性

---

① 李静、熊航：《我国食品价格变动的属性特征——基于1996—2010年季度数据实证分析》，《经济管理》2011年第9期。

② 同上。

因素，关于影响食品价格波动的随机因素将在下一节进行深入阐述。影响食品价格波动的确定性因素包括内部因素和外部冲击因素。其中，冲击食品价格波动具有较大权重的内部因素主要包括货币供给、实际产出、CPI、农产品成本；冲击食品价格波动具有较大权重的外部因素主要包括美国实际有效汇率、国际食品价格波动、国际原油价格以及人民币实际有效汇率。[①]

样本选取为1996年第一季度至2010年我国食品价格增长率季度的数据。研究数据来源于国际货币基金组织《国际金融统计》、国家统计局和农业部统计。由于模型采用季度数据，因此，需要对数据进行调整。首先，对国际食品价格、原油价格、货币供给量、国内食品价格进行季度调整；其次，对食品价格指数和原油价格指数用美国实际有效汇率调整得到真实油价和真实食品价格指数；最后，计算各变量的增长率。

由于时间序列存在多重共线性和序列相关性，我们选择如下建模思想：一方面采用变量的差分形式，另一方面选取各个变量合适的滞后期。在不排除变量的情况下，变量的差分形式可以在很大程度上减少多重共线性；选取各个变量合适的滞后期，一方面可以动态分析，反映各个影响因素的滞后效应；另一方面合适的变量滞后期可以在较大程度上减少序列相关性。因此，我们选择如下模型：

$$\Delta FOOD\_rate_t = C + \sum_{i=1}^{m} \beta_i \Delta FOOD\_\Delta rate_{t-i} + \sum_{i=0}^{m} \phi_i \Delta GDP\_rate_{t-i} +$$

$$\sum_{i=0}^{m} \varphi_i \Delta CPI\_rate_{t-i} + \sum_{i=0}^{m} r_i \Delta GRI\_rate_{t-i} +$$

$$\sum_{i=0}^{m} \psi_i \Delta DM2\_rate_{t-i} + \theta(L) \Delta X_t^T + \mu_t$$

式中，X^T为控制变量向量，$\theta(L)$为控制变量滞后项参数。控制变量包括美国实际有效汇率、国际食品价格、国际原油价格以及

[①] 楠玉、李静：《国内外因素冲击与我国食品价格波动》，《国际商务》（对外经贸大学学报）2013年第5期。

人民币实际有效汇率。为了便于研究，有关变量引入方式和变量的定义如表3-1所示。

表3-1　　　　　　　　　变量引入方式的计量含义

变量名称		符号	说明
食品价格增长率滞后一期		ΔFOOD_rate（-1）	反映前期食品价格对当期食品价格波动影响
国内重大自然灾害		DUM1	单独引入，以反映国内重大自然灾害事件的直接冲击
国外重大自然灾害		DUM2	单独引入，以反映国外重大自然灾害事件的直接冲击
国际经济危机		DUM3	单独引入，以反映国际经济危机事件的直接冲击
国内重大自然灾害×GDP×CPI		DUM1×GDP_rate×CPI_rate	交互项引入，以反映国内重大自然灾害事件的间接冲击
国外重大自然灾害×GDP×CPI		DUM2×GDP_rate×CPI_rate	交互项引入，以反映国外重大自然灾害事件的间接冲击
国际经济危机×GDP×CPI		DUM2×GDP_rate×CPI_rate	交互项引入，以反映国际经济危机事件的间接冲击
控制变量	国际食品价格增长率	ΔINFOOD_rate	（1）分析冲击食品价格波动的外部因素，同时也可以说明模型的稳健性；（2）其滞后变量用来减少随机干扰项的序列相关性及其对食品价格冲击的滞后效应
	国际食品价格滞后一期	ΔINFOOD_rate（-1）	
	国际原油价格增长率	ΔOIL_rate	
	国际原油价格滞后一期	ΔOIL_rate（-1）	
	人民币实际有效汇率	ΔREER_rate	
	人民币实际有效汇率滞后一期	ΔREER_rate（-1）	
	美国实际有效汇率	ΔUREER_rate	
	美国实际有效汇率滞后一期	ΔUREER_rate（-1）	

（二）实证结果与分析

根据上述建模思想，选择各个变量合适的滞后期，模型的回归结果见表3-2。根据表3-2回归结果所显示的LM检验概率，可知各个模型不存在序列相关性，因此，模型设定是正确的。具体检验结果及分析如下：

表3-2　　　　　　　　模型估计结果

符号	模型1	模型2	模型3	模型4	模型5
$\Delta FOOD\_rate$ (-1)	-0.613* (-4.04)	-0.621*** (-4.21)	-0.718*** (-4.93)	-0.579*** (-4.19)	-0.520*** (-3.44)
$\Delta DM2\_rate$	-3.290** (-2.36)	-3.741*** (-2.99)	-2.221** (-2.13)	-3.379*** (-3.07)	-3.937*** (-3.28)
$\Delta DM2\_rate$ (-1)	2.076 (1.59)	2.079* (1.97)	2.390** (2.24)	3.324*** (2.88)	2.920** (2.32)
ΔGDP_rate	0.344 (0.11)	0.243 (0.09)	0.091 (0.04)	-0.018 (-0.01)	-1.168 (-0.46)
$\Delta AGRI\_rate$	-77.32* (-1.96)	-94.330* (-1.84)	-143.07** (-3.33)	-158.76*** (-3.29)	-96.70* (-1.98)
$\Delta AGRI\_rate$ (-1)	-33.50 (-0.57)	-47.005 (-0.94)	-62.55 (-1.50)	-83.50* (-1.81)	-18.35 (-0.38)
$\Delta CPI-rate$	0.140 (0.06)	—	—	—	—
$\Delta INFOOD\_rate$	—	—	-120.07** (-2.35)	—	—
ΔOIL_rate	—	—	-28.83** (-3.05)	—	—
ΔOIL_rate (-1)	—	—	-11.65 (-1.09)	—	—
$\Delta REER\_rate$	—	—	—	179.73*** (3.40)	—

续表

符号	模型1	模型2	模型3	模型4	模型5
$\Delta REER\_rate$ (-1)	—	—	—	80.93 (1.50)	—
$\Delta UREER\_rate$	—	—	—	—	95.01** (2.32)
R^2	0.538	0.525	0.764	0.672	0.606
调整的 R^2	0.396	0.423	0.666	0.571	0.485
p	0.0631	0.2182	0.1061	0.0525	0.1096

注：***表示1%的显著性水平，**表示5%的显著性水平，*表示10%的显著性水平。

从模型1回归结果可以看出，除食品价格增长率和货币供给增长率变量显著外，其余变量均不显著。当把 CPI 增长率变量剔除之后，模型2估计结果表明，除 GDP 增长率和其滞后1期不显著外，其他变量都显著。这说明，尽管采取变量的差分形式，CPI 增长率和其他变量还存在多重共线性。模型3是加入国际原油价格和国际食品价格控制变量的估计结果，从模型3的估计结果可以看出，模型3的参数估计的显著性和符号方向相对模型2并没有发生变化，这说明模型估计的结论是稳健的。同时也可以看出，当期的国际原油价格和当期的国际食品价格对国内食品价格冲击效应显著。模型4和模型5是加入人民币实际有效汇率和美国实际有效汇率增长率控制变量的估计结果。根据模型4和模型5估计显示，所有参数估计的显著性和符号方向也没有发生变化，同时，当期人民币实际有效汇率增长率和当期美国实际有效汇率增长率变量系数显著，但是，滞后一期的人民币实际有效汇率增长率系数不显著。

根据表3-2的回归结果得出几点结论：

（1）滞后1期食品价格增长率、当期和滞后1期的货币供给增长率、当期的农产品价格增长率对食品价格冲击效应显著，但是，GDP 增长率对食品价格不产生影响。

(2) 由于 CPI 和其他解释变量存在高度共线性，因此，其对食品价格的冲击效应不能显著地体现出来。

(3) 国外因素中，当期的国际原油价格增长率、当期的国际食品价格增长率、当期人民币实际有效汇率增长率和当期美国实际有效汇率增长率对食品价格冲击都会产生显著影响。

(三) 中长期进一步分析

上述分析仅仅考察了变量间的结构特征，体现的是短期效应。为了具体比较各个冲击因素对食品价格的影响程度和冲击路径，下面将用 VAR 模型进行中长期分析。P 阶 VAR(p) 模型表述如下：

$$y_t = A_1 y_{t-1} + \cdots + A_p y_{t-p} + B x_i + \varepsilon_t$$

式中，y_t 是 m 维非平稳 I(1) 序列；x_t 是 d 维确定型变量；ε_t 是信息向量。由于 VAR 模型要求变量数据为平稳的，ADF 单位根检验表明，除货币供给增长率非平稳外，其余变量水平数据都是平稳的，但货币供给增长率一阶差分在 5% 的显著性水平下是平稳的。因此，我们采取货币供给增长率变量的一阶差分形式。同时，由于样本限制，因此，需要选择合适的滞后阶数。滞后阶数选择表明，对于国内因素所组成的系统，我们滞后 1 期；对于国外因素组成的系统，我们选择滞后 4 期。

图 3-1 为滞后 1 期国内主要因素组成的系统的脉冲响应函数图。从图 3-1 可以看出：

(1) 前期食品价格对当期食品价格冲击影响随时间逐渐减少，从刚开始的正向冲击转变为负向冲击，并且在第 2 期达到负向最大，之后开始递减到 0。

(2) 货币供给对食品价格冲击影响随时间呈现先递增后递减态势，并一直保持正向冲击效应，且在第 6 期冲击效应达到最大，第 10 期为 0。

(3) 农产品价格和 CPI 对食品价格冲击具有类似于货币供给对食品价格冲击的路径，即呈现先递增后递减态势，并一直保持正冲击效应。但是，农产品价格对食品价格正向冲击效应在第 4 期最大，到第 8 期为 0，而 CPI 对食品价格正向冲击效应在第 2 期最大，到第 7 期为 0。

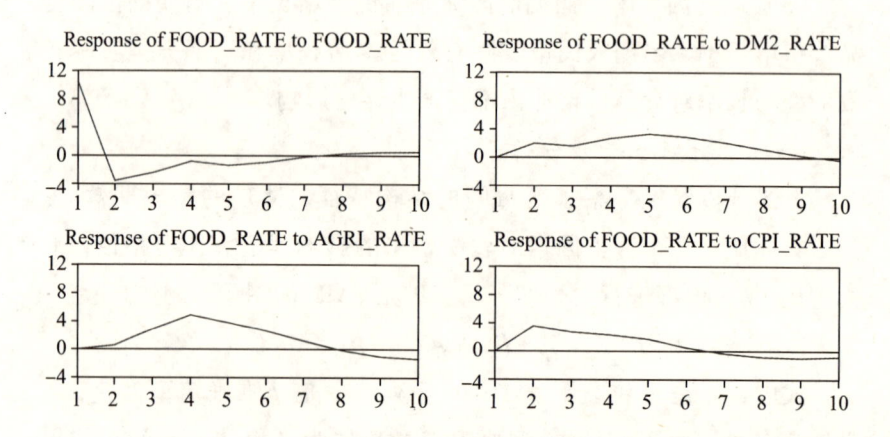

图 3-1　滞后期主要国内因素组成的系统的冲击脉冲响应

图 3-2 为滞后 4 期国外主要因素组成的系统的脉冲响应函数图，从图 3-2 中可以看出：

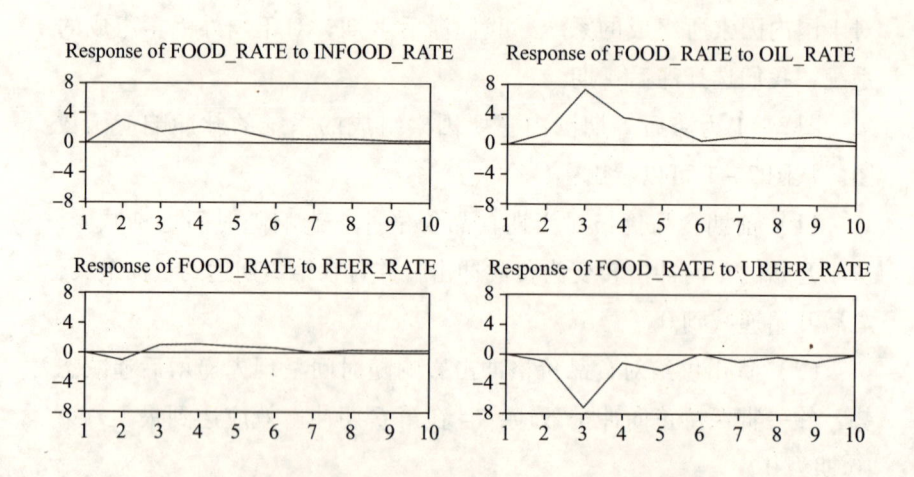

图 3-2　滞后期主要国外因素组成的系统的冲击脉冲响应

（1）国际食品价格对食品价格一直保持正向冲击，尽管这种正向冲击效应有所递减，但持续存在，并且在第 2 期达到最大。

（2）国际原油价格对食品价格也一直保持正向冲击，且持续影响，但在第 3 期达到最大。

（3）从中长期来看，人民币实际有效汇率对食品价格冲击效应一直保持较稳定，尽管在第 2 期出现负向冲击，但是很快转向正向冲击。

（4）根据美国实际有效汇率对食品价格中长期冲击路径来看，其冲击效应不具有短期的特征，上述结构分析表明，美国实际有效汇率对食品价格具有正影响，但是，从中长期来看，其冲击效应一直为负值。

在脉冲响应分析的基础上，表 3-3 是预测方差分解的结果。方差分解可以进一步比较各因子对食品价格冲击程度，从表 3-3 可以看出：

表 3-3　　　　各因子对食品价格的影响程度百分比

期数	主要国内因素				主要国外因素			
	FOOD_ rate (-1)	DM2_ rate	AGRI_ rate	CPI_ rate	INFOOD_ rate	OIL_ rate	REER_ rate	UREER_ rate
1	0.000000	0.000000	0.000000	0.000000	0.000000	0.000000	0.000000	0.000000
2	0.000796	0.804689	5.995608	18.06153	7.541927	1.760983	0.824902	0.787184
3	0.000678	0.686631	24.89479	15.84043	4.940293	24.21092	0.883557	22.54413
4	0.000691	1.547547	30.26509	16.20457	6.287674	27.43796	1.318530	21.28780
5	0.000670	2.259573	32.47147	15.70171	6.870832	28.56360	1.486445	21.51331
7	0.000660	3.000426	33.32708	15.46734	6.885974	28.46354	1.607328	21.41741
10	0.000666	3.055776	33.25635	15.63532	6.935488	28.81992	1.702041	21.49925
13	0.000668	3.182294	33.20999	15.70263	6.926648	28.82810	1.743686	21.49407
16	0.000668	3.180961	33.27538	15.70337	6.924957	28.81726	1.773475	21.48815
19	0.000669	3.187681	33.28754	15.73382	6.930697	28.81067	1.790574	21.48556
20	0.000669	3.187239	33.30301	15.73352	6.933213	28.80986	1.795267	21.48633

（1）国内冲击因素：刚开始，CPI 对食品价格冲击在所有变量比重中最大，但是，在滞后第 3 期，农产品价格的比重变为最大，保持 33% 分值。排名第二的为 CPI，其刚开始就很显著，在国内因素中，荷载最大，但在滞后第 2 期开始回落，但一直保持在 15% 的水平。排名第三的是货币供给因子，其在前 5 期出现递增态势，从 0 增加到 3% 左右，随后对食品价格冲击的贡献份额保持稳定，平均为 3%。最后，前期食品价格在所有因子中比重最小，几乎不到 1%。

（2）外部冲击因素：所有外部冲击因素在滞后第 3 期对食品价格的影响基本保持稳定。在滞后第 3 期之前，占所有变量比重最大的为国际食品价格价格，其次为国际原油价格，再次为人民币实际有效汇率，最后为美国实际有效汇率。但是，在滞后第 3 期以后，所有主要国外因素对食品价格冲击比重发生改变，国际原油价格超过国际食品价格，成为在所有变量方差比中最大影响因子，其所占比重为 29% 左右；其次为美国实际有效汇率，在 21% 左右；再次为国际食品价格，在 7% 左右；最后为人民币实际有效汇率，仅 1.7% 左右。

综上所述，食品价格波动冲击的一般化事实分析表明，冲击中国食品价格的国内因素中首先为中长期的农产品价格，其次为 CPI 以及中长期的货币供给，但是，前期的食品价格对当期食品价格影响较小。外部因素中，主要为国际原油价格，其次为美国实际有效汇率和国际食品价格，最后为人民币实际有效汇率。特别是中长期的国际原油价格是影响食品价格最重要外部冲击因素，而长期的美国实际有效汇率对食品价格冲击显著。

（四）主要结论

通过考察主要国内外因素对我国食品价格波动的冲击效应。得出以下几点主要结论：

（1）GDP 增长率对食品价格影响不显著，中国的快速经济增长并不对食品价格变动产生显著影响。

(2) 从中长期来看，在考察主要国内冲击因素中，冲击效应最大的为中长期的农产品价格，其次为 CPI 以及中长期的货币供给，但是前期的食品价格对当期食品价格影响较小。

(3) 在冲击食品价格的外部因素中，首先为国际原油价格，其次为美国实际有效汇率和国际食品价格，最后为人民币实际有效汇率。特别是中长期的国际原油价格是影响食品价格最重要外部冲击因素，而长期的美国实际有效汇率对食品价格冲击显著。

二 食品价格波动的随机因素分析

（一）国内外随机事件

冲击我国食品价格波动的随机因素主要包括两种：一是外部随机因素的输入型价格传导；二是国内随机事件。因此，考察食品价格波动随机冲击因素需要引入这两类因素。所谓随机因素，是指未能事先预见和无规律可循，它一方面影响生产中的投入产出，另一方面改变了生产者和消费者的预期。在现实中，影响食品价格波动的随机因素很多，但真正具有显著冲击效应的是一些重大的随机事件。[①] 因此，这里主要考察这两类随机因素中的三种随机事件：国内重大自然灾害事件、国外重大自然灾害事件和国际经济危机事件。表 3-4 为 20 世纪 80 年代以来的国内外重大自然灾害事件和经济危机事件发生情况及其持续时间。

表 3-4　　　　　　国内和国际重大自然灾害和经济危机事件

时间	国内自然灾害事件	国外自然灾害事件	时间	全球经济危机
1983 年	北方连续大旱	埃塞俄比亚粮食危机	1987 年	黑色星期一
1985 年	辽河大水	埃塞俄比亚粮食危机持续期	1990 年	日本泡沫经济危机
1990 年 6 月	—	伊朗西北部发生里氏 7.7 级地震	1990—1999 年	日本泡沫经济危机持续期

---

① 黎东升、李静、马敬桂：《国内外随机事件对中国食品价格波动影响研究》，《农业经济问题》2014 年第 3 期。

续表

时间	国内自然灾害事件	国外自然灾害事件	时间	全球经济危机
1998年10月	南方地区大水	飓风"米奇"登陆中美洲	—	—
1999年8月	南方地区大水持续期	土耳其西部发生里氏7.4级地震	—	—
2002年	非典	—	—	—
2003年12月	非典影响的持续期	伊朗东南部发生里氏6.5级地震	—	—
2004年12月	—	印度洋海啸	1994年	墨西哥金融危机
2005年8月	—	"卡特里娜"飓风	1994—1995年	墨西哥金融危机持续期
2005年10月	—	南亚大地震	1997—1998年	亚洲金融危机
2006年	四川地区大干旱	南亚大地震持续期	1998—1999年	亚洲金融危机持续期
2007年11月	长江中下游干旱	"锡德"风暴	2007年	美国次贷危机
2008年1月	南方九省大暴风雪	"锡德"风暴持续期	2008—2011年	美国次贷危机持续期
2008年5月	汶川大地震	"纳尔吉斯"重创	—	—
2009年9月	云南、贵州、广西干旱	"纳尔吉斯"重创持续期	—	—
2009年11月	北方暴雪	—	2009年	欧洲债务危机
2010年4月	玉树地震	海地、智利地震	2009年至今	欧洲债务危机持续期
2010年10月	玉树地震持续期	巴基斯坦洪灾、俄罗斯森林火灾	—	—
2011年3月	—	日本地震	—	—

资料来源：《中国减灾》杂志、中经网和《全球政治与安全报告》。

（二）模型设定和变量说明

随机因素对食品价格冲击方式有两种：一是直接冲击，国内外自然灾害事件和经济危机事件直接冲击食品价格波动。因此，在建模时，它是作为一个独立变量被引入模型中。二是间接冲击，它们通过影响农产品的供给、产出以及价格水平等因素，间接地影响食品价格波动。因此，在建模时，以和其他变量交互形式引入模型中。

基于时间序列存在多重共线性和序列相关性，我们借鉴上面的建模方式，在模型中引入变量的一阶差分和变量合适的滞后期。一是采用变量的差分形式，可以在不排除变量的情况下能减少变量间的多重共线性。二是选取各个变量合适的滞后期，这有两点好处：第一，可以动态分析，反映各个影响因素的滞后效应；第二，合适的变量滞后期选择可以在较大程度上减少序列相关性。因此，选择如下模型：

$$\Delta Food\_rate_t = c + \sum_{i=1}^{m} a_i \Delta Food\_rate_{t-i} + \sum_{i=0}^{n} \beta_i DUM_t^T \times \Delta GDP\_rate_{t-i} \times \Delta CPI\_rate_{t-i} + \lambda DUM_t^T + \theta(L)\Delta X_t^T + \mu_t$$

式中，$Food\_rate$ 为食品价格增长率，GDP_rate 为实际 GDP 增长率，CPI_rate 为消费价格变动增长率，DUM^T 即为本书所考察的随机因素的虚拟变量向量，包括国内自然灾害事件、国外自然灾害事件和经济危机事件。考虑到模型的稳健性和考察外部确定性因素对我国食品价格的影响，我们在模型中引入一系列控制变量。X 即为控制变量向量，主要包括国际食品价格、国际原油价格、人民币实际有效汇率和美国实际有效汇率。

（三）随机事件变量赋值

由于随机事件变量 DUM^T 是定性变量，在实证分析时需要取值。与一般虚拟变量取值方式不同，如表 3 - 1 所示，国内外自然灾害事件和全球经济危机事件的影响具有持续性，它对经济变量的影响也具有滞后性,因此不能把这里所考察的随机事件简单地取值1和0。基于这里所考察随机事件发生的时间,在事件发生的当年取值为1,然后根据事件发生的时间滞后情况,赋值逐期减少,但是,对于如果没有发生事件的年份均取值为0。这就是所谓的逐期边际递减赋值方法。具体方式如下:

$$\text{随机事件取值}\begin{cases} \left[1, \dfrac{t-1}{t}, \dfrac{t-2}{t}, \cdots, \dfrac{1}{t}\right]^T & \text{随机事件在某年发生并持续}t\text{期} \\ 0 & \text{其他时间} \end{cases}$$

(3.1)

比如,美国次贷危机在2007年发生,并持续到第5年,我们在2007年取值为1,然后随着时间滞后赋值逐期减少,则美国次贷危机随机事件取值向量为 $[1, 4/5, 3/5, 2/5, 1/5]^T$,但在没有发生该事件的年份均取值为0。

由于传统虚拟变量取值方法是在事件发生的当期取值为1,其他时间取值为0。按照传统方式,美国次贷危机随机事件取值为:2007年取值为1,其他时间为0。由此可见,这样的赋值方法无法准确地刻画随机事件对经济变量影响的持续性和滞后性,因而在实证分析中就会出现偏误。我们将采用式(3.1)虚拟变量赋值方法进行分析。

(四)计量检验与分析

根据上述模型设定和实证方法,本书按逐期边际递减赋值方法,模型估计结果见表3-5。首先检验不引入控制变量的回归结果,由表3-5第(1)列可以看出,模型整体拟合较好,同时,LM检验概率为0.7547,这表明模型设定不存在序列相关性。根据第(1)列回归结果,在5%的显著性水平下,滞后一期的一阶差分形式食品价格增长率系数显著为负值。通过研究一阶差分形式的相邻食品价格相关性可以知道我国食品价格变动的属性特征。由于滞后一期的一阶差分形式食品价格增长率系数显著为负值,则表明一阶差分形式的相邻食品价格之间存在负相关关系。其含义是:如果前一期的食品价格递增，前一期食品价格将抑制下一期食品价格使之向递减趋势变动；相反，如果前一期的食品价格递减，前一期食品价格将拉动下一期食品价格使之递增趋势变动。这正好证实了我国食品价格本身具有微调功能的属性特征（李静，2011）。

表3-5　　　　模型估计结果（逐期边际递减赋值方法）

符号	(1)	(2)	(3)	(4)	(5)
ΔFOOD_rate(-1)	-0.55** (-2.044)	-0.74*** (-4.20)	-0.79*** (-5.677)	-0.797*** (-4.54)	-0.871*** (-5.534)
DUM1	2.933** (1.993)	3.642* (1.843)	3.413** (2.158)	4.009** (2.125)	2.458* (1.797)
DUM2	-0.094 (-0.081)	-0.739 (-0.437)	-0.729 (-0.516)	-0.789 (-0.464)	-0.504 (-0.473)
DUM3	-2.427 (-1.381)	-1.223 (-0.548)	-2.150 (-1.199)	-1.591 (-0.742)	-1.008 (-0.603)
DUM1×GDP_rate×CPI_rate	-2.194** (-3.472)	-2.980** (-3.44)	-2.329*** (-3.17)	-3.155*** (-3.76)	-2.035*** (-4.354)
DUM2×GDP_rate×CPI_rate	-2.280 (-1.279)	0.247 (0.126)	-0.855 (-0.565)	-0.364 (-0.198)	-2.190 (-1.475)
DUM3×GDP_rate×CPI_rate	3.919** (2.365)	3.695* (1.740)	3.391** (2.024)	4.136*** (2.075)	2.646 (1.556)
ΔINFOOD_rate	—	36.09 (0.602)	—	—	—
ΔOIL_rate	—	—	31.64*** (3.42)	—	—
ΔREER_rate	—	—	—	20.49 (0.384)	—
ΔUREER_rate	—	—	—	—	10.793** (2.348)
ΔUREER_rate(-1)	—	—	—	—	12.757*** (2.895)

续表

符号	(1)	(2)	(3)	(4)	(5)
C	0.458 (0.234)	0.515 (0.160)	0.593 (0.221)	0.535 (0.165)	1.098 (0.600)
AR (1)	−0.462 (−1.619)	—	—	—	−0.202 (−1.075)
AR (2)	−0.448** (−2.036)	—	—	—	−0.627*** (−3.432)
R^2	0.578	0.492	0.645	0.488	0.694
Ad_R^2	0.414	0.336	0.535	0.430	0.534
LM	0.7547	0.0834	0.1606	0.1161	0.1357

注：***、**、*分别表示1%、5%、10%的显著性水平。

下面由表3-5第（1）列检验结果分析外部随机事件冲击时我国食品价格波动情况：

第一，国内自然灾害事件：国内自然灾害事件系数显著为正值，而国内自然灾害事件与GDP和CPI交互项系数显著为负值。这表明，国内自然灾害事件对食品价格不但产生显著的直接冲击，而且具有间接效应；国内自然灾害事件可以直接引发我国食品价格的上涨。与此同时，国内自然灾害事件也可以通过影响经济增长和一般价格水平间接引发食品价格的下跌，因此，国内自然灾害事件对食品价格具有双重冲击效应。

第二，国外自然灾害事件：国外自然灾害事件系数不显著，同时国外自然灾害事件与GDP和CPI交互项系数也不显著。这表明国外自然灾害事件并不对我国食品价格波动产生直接或者间接的影响。因此，国外自然灾害事件并不构成对我国食品价格冲击的外部随机因素输入型传导因素。

第三，国际经济危机事件：国际经济危机事件系数不显著，但是，国际经济危机事件与GDP和CPI交互项系数显著为正值。这表明，国际经济危机事件对我国食品价格波动不具有显著的直接效应，但是，可以影响国内经济和价格水平间接引发食品价格上涨。

为检验实证结论的稳健性，我们在第（2）列至第（5）列分别引入一系列控制变量进行敏感性分析。通过选择合适的滞后期，上述检验的整体拟合较好，并都通过了 LM 检验。这表明上述模型的设定都不存在序列相关性。同时，通过引入相应的控制变量，第（1）列各个变量系数的符号和显著性都没有发生变化，这说明上述实证的结果是稳健的，因此上述实证结果具有可信性。

进一步地，我们根据表 3-5 的估计结果，通过对随机事件的直接冲击效应和间接冲击效应进行矢量求和，从而得出随机事件对食品价格冲击的总效应，计算结果见表 3-6。由表 3-6 可以看出，不加入控制变量时，国内自然灾害事件对食品价格冲击的总效应为正值（0.739），当控制其他影响因素时候，国内自然灾害事件对食品价格冲击的总效应依然为正值。总的来说，国内自然灾害事件可以引发我国食品价格的上涨。同理，由表 3-6 可以看出，控制其他影响因素和未控制其他影响因素两种情况，国际经济危机事件对食品价格冲击的总效应都为正值，这说明，国际经济危机事件可以通过直接冲击和间接冲击引发我国食品价格的上涨。但是，国外自然灾害事件对食品价格冲击的直接冲击效应和间接冲击效应都不显著，因而其总效应不显著，因此，国外自然灾害事件只能是食品价格波动外部随机因素。

表 3-6　　　　　　　边际效应比较（矢量求和）

冲击效应		未控制其他影响因素	控制其他影响因素				结论
直接	国内自然事件	2.933 (+)	3.642 (+)	3.413 (+)	4.009 (+)	2.458 (+)	↑
	国外自然事件	0.094 (-)	0.739 (-)	0.729 (-)	0.789 (-)	0.504 (-)	—
	经济危机	2.427 (-)	1.223 (-)	2.150 (-)	1.591 (-)	1.008 (-)	—

续表

冲击效应		未控制其他影响因素	控制其他影响因素				结论
间接	国内自然事件	2.194 (−)	2.980 (−)	2.329 (−)	3.155 (−)	2.035 (−)	↓
	国外自然事件	2.280 (−)	0.247 (−)	0.855 (−)	0.364 (−)	2.190 (−)	—
	经济危机	3.919 (+)	3.695 (+)	3.391 (+)	4.136 (+)	2.646 (+)	↑
加总效应（矢量）	国内自然事件	0.739 (+)	0.662 (+)	1.084 (+)	0.854 (+)	0.423 (+)	↑
	国外自然事件	—	—	—	—	—	
	经济危机	1.492 (+)	0.715 (+)	1.241 (+)	2.545 (+)	1.638 (+)	↑

注：（+）表示边际效应为正，（−）表示边际效应为负，↑表示正影响，↓表示负影响，—表示不显著。

同时，由控制变量系数的符号和显著性可以看出，国际食品价格和人民币实际有效汇率对我国食品价格影响不显著，但是，国际原油价格和美国实际有效汇率对我国食品价格波动具有显著的正向冲击效应。即国际原油价格和美国实际有效汇率，特别是中长期的国际原油价格是影响我国食品价格最重要的外部冲击因素。

（五）主要结论

（1）国内自然灾害事件对我国食品价格波动具有显著的直接正向冲击效应和显著的间接负向冲击效应，并从整体上引发食品价格上涨。

（2）国外自然灾害事件和经济危机事件不具有直接冲击效应，但经济危机事件可以通过影响国内经济和价格水平间接地引发食品价格上涨。

第三节 我国食品价格波动的货币因素动态分析

一 货币供给和食品价格协整性分析

从理论上讲，货币供给和产出会引起食品价格波动，但是，经济活动的复杂性和不可观察性，货币供给和产出与食品价格之间关系可能存在短期不平衡性，从长期来说，货币供给和产出与食品价格之间是否存在长期稳定关系则需要实证分析。检验货币供给及产出与食品价格的长期稳定性需要协整理论。协整理论建立在变量具有同阶单整性基础上。由于不同的变量可能不具有同阶单整性，对于多变量的协整性检验，除对数据进行变换外，要使其具有同阶单整性，否则就不能进行多变量的协整检验。由于这里主要检验货币供给和产出与食品价格之间的稳定关系，因此，我们将采取定义协整变量方法进行分析（王少平、迪克，2006）[①]，其优点是仅通过单位根检验就可以检验是否有均衡关系，不需要检验各个变量是否具有同阶单整性以及用误差修正模型来刻画，简化了实证内容；其缺点是单位根检验需要对模型进行严格的设定。所谓单位根检验，是由迪克和富勒（A. Dickey and W. Fuller）定义的，其含义为：对于单位根所生成的数据，它的特征方程含有一个位于单位圆上的特征根，因此，称为对应的变量为单位根变量，记为 I(1)，否则，则为平稳数据。其检验方法目前广泛使用 ADF 和 PP 单位根检验。

这里，我们将对模型进行严格的设定，从而利用单位根理论来检验它们之间的协整性。为减少数据的波动，我们采用数据的增长率形式。货币供给（M2）增长率为 DM 2 表示，则第 t 期的货币供

[①] 王少平、迪克：《协整设定和约束检验及其对我国货币收入速率的实证》，《数量经济技术经济研究》2006 年第 4 期。

给增长率为 DM2$_t$；食品价格水平为 FDP，则第 t 期的食品价格水平增长率为 DFPI$_t$，国内生产总值 GDP 增长率反映产出变化，第 t 期的 GDP 增长率用 DGDP$_t$ 表示，那么协整变量分别定义为 V$_t$ = DFPI$_t$/DM2$_t$ 和 V$_{1t}$ = DFPI$_t$/DGDP$_t$。如果协整变量 V$_t$ 通过单位根检验是平稳时间序列，那么货币供给（M2）与食品价格水平就是协整的，它们就具有长期均衡关系。同理，如果协整变量 V$_{1t}$ 通过单位根检验，那么产出（GDP）与食品价格水平就是协整的，它们也具有长期均衡关系。为此，这里采用前面所述的 ADF 单位根检验先来判断 V$_t$ 的数据生成过程。对于 ADF 单位根检验，采用如下检验方程：

$$\Delta x_t = \alpha + \beta t + \delta x_{t-1} + \beta_1 \Delta x_{t-1} + \cdots + \beta_m \Delta x_{1-m} + \mu_t \qquad (3.2)$$

ADF 单位根检验首先就是根据数据表现的特征选择合适的模型设定，即模型（3.2）是否包含截距项 α 和趋势项 β，同时选择好合适的滞后阶数。模型设定正确与否关系到整个检验过程及结果。如果数据累积性变动，则模型（3.2）应包含截距项 α；如果数据具有显著性的随时间变动趋势，则包含趋势项 β，滞后项阶数的选择是模型对原假设检验优劣的关键，合适的滞后阶数应是残差呈现出独立同分布结构，即模型的残差是一个白噪声（主要保证不存在自相关），采取检验的措施可用最小信息准则予以确定。

ADF 单位根检验需要提出原假设和备择假设。对于截距项 α 和趋势项 β 检验的原假设为 H$_{10}$: α = 0，备择假设为 H$_1$: α ≠ 0 以及 H$_{20}$: β = 0，H$_2$: β ≠ 0。对于协整变量的平稳性检验就是检验 δ 是否为 0，因此，原假设为 H$_{30}$: δ = 0，备择假设为 H$_3$: δ ≠ 0。此检验就是检验该变量生成的过程是不是具有单位根，若存在单位根，说明该数据生成的过程为非平稳的；若不存在单位根，则表明该数据生成的过程为平稳的。通过获取的数据验证模型（1）的单位根情况：基于一般到特殊得到模型检验原则，滞后项首先从 0 阶开始，逐步 1 阶、2 阶依次递增。选定结果的标准为最小信息准则和残差无序列相关。对于选定的合适滞后项为 2，则模型（1）估计结果为：

$$\Delta V_t = -1.015 V_{t-1} - 42.940 + 1.002t + e_t \qquad (3.3)$$

(-7.34)　　(-1.72)　　(1.31)

ADF = -7.3403　　AIC = 11.86　　SC = 11.77

对于式(3.3),首先做显著性检验,对原假设 α(α = -42.940) = 0,β(β = -1.002) = 0 进行检验,由于 $t(α)$ = -1.72, p = 0.091 > 0.05,因此,在5%的显著性水平下不能拒绝原假设,模型没有截距项。同理,$t(β)$ = -1.002,p = 0.196 > 0.05,因此,在5%的显著性水平下不能拒绝原假设,模型没有趋势项。因此,对应估计为:

$$\Delta V_t = -0.9590 V_{t-1} + e_t \tag{3.4}$$

(-7.05)

ADF = -7.0524　　AIC = 11.85　　SC = 11.88

由于 ADF = -7.0524 小于显著性水平为 0.01 的临界值 -4.0131,故拒绝单位根原假设。

这里需要强调的是,选择合适的滞后阶数关系到模型的结论正确与否,因此,模型阶数的选定应从 0 阶逐步选取,直至选取最佳滞后阶数的模型。如选择 1 阶,估计的结果:

$$\Delta V_t = -1.062 V_{t-1} + 0.041 \Delta V_{t-1} - 48.231 + 1.131 t + e_t \tag{3.5}$$

(-5.26)　　(0.29)　　(-1.79)　　(1.40)

AIC = 11.92　　SC = 12.06

对应的 AIC = 11.92,SC = 12.06 大于模型(3.3)的最小信息准则(AIC = 11.86,SC = 11.77),同时差分滞后项系数不显著,因此不能选择模型(3.5)。如果滞后阶数为 3,估计的结果:

$$\Delta V_t = -1.099 V_{t-1} + 0.071 \Delta V_{t-1} + 0.025 \Delta V_{t-2} - 53.856 + 1.271 t + e_t$$

(3.6)

(-4.29)　(0.35)　(0.17)　(-1.85)　(1.48)

AIC = 11.96　　SC = 12.15

根据模型(3.5)可以看出,此时的 AIC = 11.96,SC = 12.15,也大于模型(3.3)的最小信息准则(AIC = 11.86,SC = 11.77),与此同时,各差分滞后项系数不显著。依次增加滞后阶数并进行比较,比较结果为模型(3.4)是最佳选择模型。

根据式（3.4）结果可知，V_t 为非单位根变量，是平稳时间序列，即 $V_t \sim I(0)$。根据 V_t 的定义为货币供给增长率 DM2 和食品价格水平增长率 DFPI 之比，因此，货币供给和食品价格水平为协整的，两者存在长期均衡关系。

同理，产出和食品价格的协整性可以类似于上述方法进行检验，下面就对 V_{1t} 进行单位根检验，经过严格设定和检验的结论为：

$$\Delta V_{1t} = -0.949 V_{1t-1} + e_t \quad (3.7)$$
$$(-7.05)$$

$$\text{ADF} = -6.9824 \quad \text{AIC} = 10.53 \quad \text{SC} = 10.57$$

由于 ADF = -6.9824 小于显著性水平为 0.01 的临界值 -2.6048，故拒绝单位根原假设。因此，V_{1t} 也为平稳时间序列，由所定义的协整变量可知，产出和食品价格水平为协整的，两者存在长期均衡关系。

同时，从图 3-3 和图 3-4 可以看出，货币供给增长率变动及产出增长率变动与食品价格水平增长率变动具有一致变动趋势，这表明货币供给、产出与食品价格水平存在长期均衡关系，从而验证了上述的单位根检验结果。

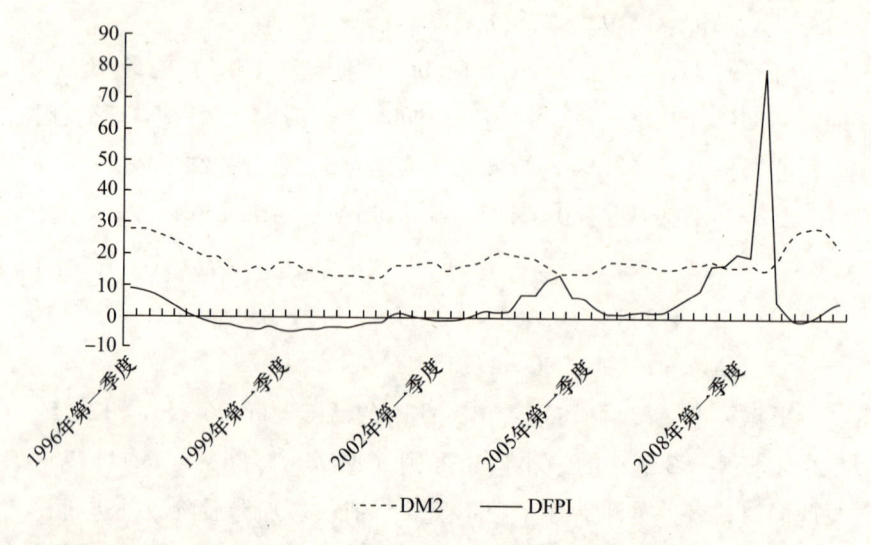

图 3-3 货币供给增长率（DM2）与食品价格水平增长率（DFPI）关系

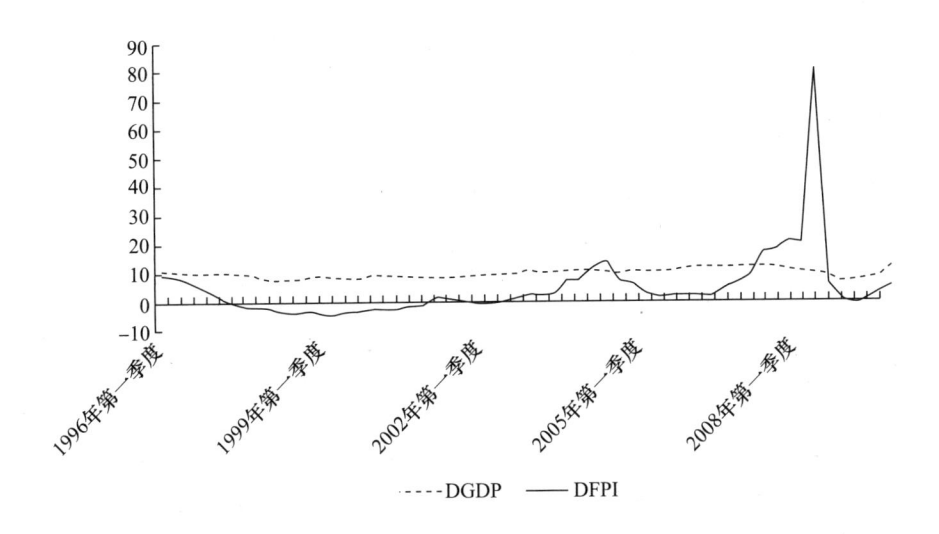

图 3-4 产出增长率（DGDP）与食品价格水平增长率（DFPI）关系

从上面协整分析知道，货币供给和食品价格以及产出和食品价格，从长期来说，存在均衡关系。但是，从短期来说，货币供给及产出的变动可能对食品价格产生冲击。接下来，就是通过向量自回归（VAR）模型研究货币供给及产出对食品价格的短期冲击情况。

二 外部冲击对食品价格波动分析

为研究食品价格水平变动的货币冲击成因及产出冲击成因，并对其影响食品价格的因素进行分解，我们将利用货币供给（M2）、国内生产总值（GDP）和食品价格指数（FPI）三变量进行 VAR 模型分析。这里，需要说明的是，这里依然采用数据的增长率的形式进行分析，方法和上文一样，用 DFPI、DM2 和 DGDP 表示，反映食品价格、货币供给和产出的变化。样本选取为 1996 年第一季度至 2010 年第一季度的数据。为了研究食品价格水平变动的成因，这里将采用多数学者采用的向量自回归模型。

（一）模型说明

向量自回归（VAR）模型前面我们已经介绍，这里就不再赘述。对于数据的平稳性检验，具体模型为上文所述的 ADF 模型，而变量的因果关系检验，我们采用大多数学者使用的格兰杰因果检验，格兰杰因果检验模型如下：

$$y_t = a_0 + a_1 y_{t-1} + \cdots + a_k y_{t-k} + b_1 x_{t-1} + \cdots + b_k x_{t-k} + \varepsilon_{1t}$$

$$x_t = a_0 + a_1 x_{t-1} + \cdots + a_k x_{t-k} + b_1 y_{t-1} + \cdots + b_k y_{t-k} + \varepsilon_{2t}$$

式中，k 为最大滞后阶数，检验的原假设为序列 $x(y)$ 不是序列 $y(x)$ 的格兰杰原因，即：

$$b_1 = b_2 = \cdots = b_k = 0$$

检验结论通过 F 统计量和伴随概率来界定。由于 VAR 模型的滞后阶数需要严格界定，确定 VAR 模型的滞后阶数，本书使用 LR 检验统计量、最终预测误差 FPE、AIC 信息准则、SC 信息准则和 HQ 信息准则五种方式，从而能准确地确定滞后阶数。

1. 似然比检验统计量

似然比（Likelihood Ratio，LR）检验涉及，无约束模型和有约束模型两类。无约束模型是指没有任何限制的模型；约束模型是指在"零假设"约束下的模型。似然比统计量是无约束模型和约束模型的最大似然值之差的两倍，即：

$$LR = 2(\hat{l}u - \hat{l}r) \sim \chi^2(k)$$

式中，$\hat{l}u$ 和 $\hat{l}r$ 分别表示观测样本条件下的无约束模型和约束模型的最大似然估计，k 为 χ^2 分布的自由度，等于约束条件的个数。

2. 最终预测误差

最终预测误差（Final Prediction Error Criterion，FPE）是把下式为最小值的 p 作为 VAR 模型的最佳阶数：

$$FPE(p) = \hat{\sigma}_p^2 \left(\frac{n+k}{n-k} \right)$$

式中，$\hat{\sigma}_p^2 = \frac{1}{n} \sum_{i=1}^{n} \varepsilon_i^2$ 为滞后 p 期残差的方差估计，n 为样本量，k 为待估计参数的个数。

最终预测误差准则的优点在于，它平衡了选择低滞后阶数造成偏离性的风险和选择高滞后阶数造成方差增大的风险。

3. 信息准则

由于在应用 VAR 模型时，希望滞后期足够大，从而能完整地反映所构造模型的动态特征，但是滞后期越大，自由度就减少，因此，需要在滞后期和自由度之间寻找平衡，一般根据 AIC、SC 和 HQ 信息量取值最小的准则确定模型的阶数，计算式如下：

$AIC = -2l/n + 2k/n \quad SC = -2l/n + k\log^n/n$

$HQ = -2l/n + 2k\log[\log(n)]/n$

式中，$k = m(rd + pm)$ 是估计参数个数；n 为观测值个数，且

$$l = -\frac{nm}{2}(1 + \log 2^\pi) - \frac{n}{2}\log[\det(\sum, \hat{\varepsilon}_t \hat{\varepsilon}'_t/n)]。$$

（二）实证与检验

1. 数据平稳性检验

VAR 模型的使用，其数据必须是平稳的，如果数据非平稳性，则需要差分转换，对于货币供给增长率 DM2、国内生产总值增长率 DGDP 及食品价格增长率 DFPI 的平稳性利用上面 ADF 单位根检验。具体检验结果如表 3-7 所示。

表 3-7　　　　　　　数据平稳性检验结果

变量	模型选择 (c, t, k)	检查统计量	1%临界值	5%临界值	10%临界值
DGDP	(c, 0, 1)	-2.28544	-3.5523	-2.9146	-2.5947
DM2	(c, 0, 1)	-3.32427	-3.5527	-2.9146	-2.5947
DFPI	(0, 0, 1)	-2.98077	-2.6048	-1.9465	-1.6189
(DGDP	(0, 0, 1)	-3.62638	-2.6055	-1.9467	-1.6190

注：(c, t, k) 分别表示带有常数项、趋势项和滞后期，这里通过 AIC 和 SC 最小原则选择滞后期。

由表 3-7 可以看出，货币供给增长率 DM2 在 5% 的显著性水平下为平稳的，食品价格增长率 DFPI 在 1% 的显著性水平下为平稳的，国内生产总值增长率 DGDP 为非平稳序列，但是，其一阶差分

序列在1%的显著性水平下为平稳的。因此，可用ΔDGDP、DFPI和DM2进行VAR模型分析。

2. 变量因果关系检验

由于VAR模型是非结构化的，但模型的形式为线性形式，因此，需要确定那些变量间具有相互因果关系。如果变量间具有相互因果关系，采用VAR模型才是有效的。由表3-8可知，三者变量间是相互影响的，可以建立VAR模型。

表3-8　　　　　　　　变量间格兰杰因果检验

原假设	K=1 F	K=1 P	K=2 F	K=2 P	K=3 F	K=3 P	K=5 F	K=5 P	K=6 F	K=6 P
DM2不是DGD的原因	2.27	0.137	1.63	0.206	1.96	0.132	3.06	0.019	1.20	0.411
DGD不是DM2的原因	1.06	0.308	0.59	0.556	1.22	0.313	1.909	0.113	2.65	0.082
DFPI不是DGD的原因	1.17	0.283	5.982	0.005	4.22	0.010	2.64	0.037	2.79	0.072
DGD不是DFPI的原因	5.86	0.019	2.626	0.082	3.03	0.038	1.85	0.124	1.03	0.509
DFPI不是DM2的原因	0.83	0.368	7.330	0.002	6.64	0.001	5.20	0.001	2.18	0.132
DM2不是DFPI的原因	0.17	0.686	0.068	0.935	0.017	0.997	0.60	0.699	5.97	0.008

注：显著性水平为10%，K、P、F为滞后期、相伴概率和F统计量。

由表3-8可以看出，食品价格和产出互为因果关系。在滞后1期，产出是食品价格的原因，但食品价格不是产出的原因，滞后2期，食品价格才是产出的原因，因此，产出导致食品价格发生变动快于食品价格导致产出的变动，产出影响食品价格较快，而食品价格影响产出相对慢点，但这种因果关系都具有滞后性。从食品价格和货币供给关系来看，在滞后2期，食品价格是货币供给的原因，在滞后6期，货币供给才是食品价格的原因，货币对食品价格影响比食品价格对货币供给的影响更滞后。其原因是食品价格水平构成消费价格水平 CPI 的较大一部分，中国食品价格占 CPI 比重大约为 1/3。同时，食品价格变动当期就被统计到 CPI 的变动中（赵昕东等，2010），食品价格直接影响 CPI，导致通货膨胀率变化，从而影响货币供给。但是，货币供给影响食品价格具有间接性，因此其滞后期更长。从产出和货币估计关系来看，货币供给在滞后5期是产出的原因，产出在滞后6期是货币供给的原因，表明这种因果关系存在较大的滞后性，它们之间的相互作用需要在较长的时间才能体现出来。

3. 滞后阶数的选择

应用 VAR 模型时需要合适滞后期，表3-9是计算出的 LR、AIC、SC 和 HQ 值，为了准确地界定 VAR 模型的滞后期，这里计算出0—10阶的 VAR 模型各自的统计量值，从表3-9可以看出，有一半的准则选择2阶滞后阶数，因此，可以把 VAR 模型定为2阶滞后阶数。

表3-9　　　　　　　　　滞后阶数选择

Lag	LogL	LR	FPE	AIC	SC	HQ
0	-367.6581	NA	2002.113	16.11557	16.23483	16.16024
1	-322.8272	81.86517	422.1635	14.55770	15.03474	14.73640
2	-300.8404	37.28197*	241.4290	13.99306	14.82787*	14.30579*
3	-294.7078	9.598824	277.3413	14.11773	15.31032	14.56448
4	-284.4971	14.65005	270.1290	14.06509	15.61546	14.64587
5	-274.5162	13.01864	270.3361	14.02244	15.93059	14.73725
6	-261.2831	15.53449	240.3641*	13.83840	16.10432	14.68722
7	-255.7789	5.743527	308.4475	13.99039	16.61409	14.97324
8	-246.9701	8.042813	357.3541	13.99870	16.98018	15.11558
9	-233.1103	10.84683	351.6643	13.78740*	17.12666	15.03831
10	-224.5483	5.583858	471.8238	13.80645	17.50349	15.19138

注：*为根据相应准则选择的滞后阶数。

(三) 实证结果与分析

对于 VAR 模型,感兴趣的一个重要方面是系统的动态特征,即每个内生变量的变动或冲击对其他内生变量产生的影响作用,可以用脉冲响应函数 (Impulse Response Function, IRF) 加以刻画。图 3-5 为根据 VAR 模型估计得到的食品价格水平同比增长率对一个标准差的正向产出冲击的响应函数。图 3-6 为食品价格水平同比增长率对一个标准差的正向货币供给冲击的响应函数。

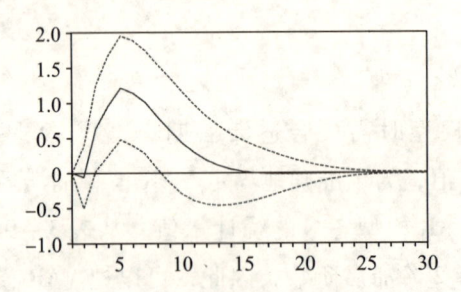

图 3-5　M2 增长率的一个冲击引起 FPI 的响应函数

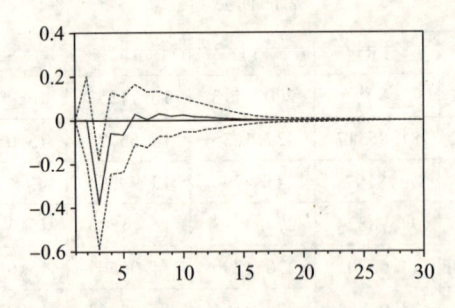

图 3-6　GDP 增长率的一个冲击引起 FPI 的响应函数

从图 3-5 可以看出,正向的货币冲击导致食品价格水平同比增长率在开始为负值,在第 3 期转为正值,在第 5 期为最大 (1.2),此后效果逐渐减弱,货币冲击对食品价格的影响持续 15 期后接近于零。如图3-6所示的产出冲击对食品价格的影响第2期才体现出来，在第3期达到最大值（0.38），此后在逐渐递减变动，在第7期接近为零。然后转向正影响，这种正影响是递减趋势变动，在第15期接近为零。由图3-6响应函数分析表明，货币供给冲击和产出冲击对食品价格的影响路径不同，首先，货币供给冲击对食品价格的影响至第5期后为正影响，这种正影响持续到第15期接近为零，而产出冲击对食品价格的影响从第2期后为负影响，持续到第7期转为正影响直至第15期接近为零。这表明，货币供给冲击刚开始表现为正影响，而且这种正影响持续时间较长（第15期）。产出冲击刚开始表现为负影响，直至第7期才表现正影响。其次，响应函数的最大值出现的时点不同，货币供给冲击对食品价格的影响在第5期为最大，而产出冲击对食品价格的影响在第3期达到最大值，这说明货币冲击滞后于产出冲击。最后，两种冲击对食品价格影响的持续时间相同（同为第15期）。

根据以上分析表明，尽管货币供给和食品价格从长期来说具有长期均衡稳定关系，但是，货币冲击对食品价格变动产生非均衡稳定性影响。而产出冲击对食品价格影响更不具有规则性，从负影响会转向正影响，因此，从短期来说，产出可能会带动食品价格的正向变动。

图3-7为食品价格水平同比增长率对一个标准的货币供M2冲击的累积响应函数，图3-8为食品价格水平同比增长率对一个标准的产出GDP冲击的累积响应函数。图3-7显示，正向的货币供给冲击对食品价格水平增长率的累积影响在逐渐增强，但在长期将稳定在一个固定水平。图3-8显示，产出冲击对食品价格水平增长率的累积影响在第3期开始体现，随后逐渐增强，但在长期也将稳定在一个固定水平且为负值。因此，从长期来说，产出对食品价格具有负向传导机制，而货币供给冲击对食品价格具有正向传导机制，而且关系稳定，从而验证了上面的协整性检验。

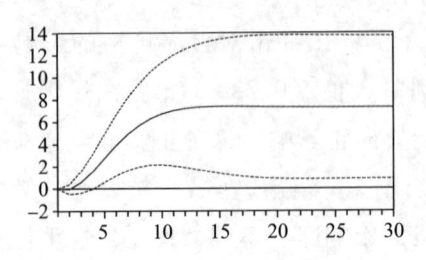

图 3-7　M2 增长率的一个冲击引起 FPI 的累积响应函数

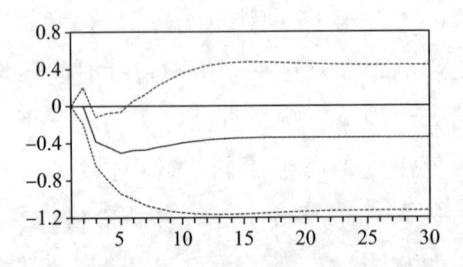

图 3-8　GDP 增长率的一个冲击引起 FPI 的累积冲击响应函数

图 3-9 是食品价格水平同比增长率的预测误差的方差分解。图 3-9 显示，方差分解表明，货币供给和产出两种冲击存在不同的特

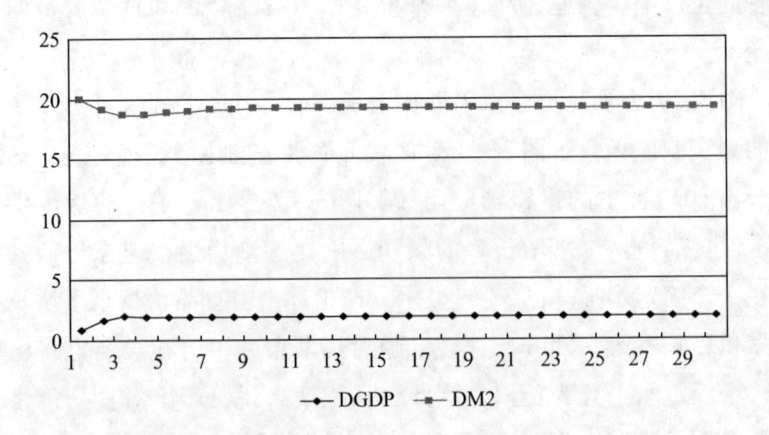

图 3-9　DFPI 同比增长率的预测误差的方差分解

征，产出冲击对食品价格变动的贡献小于货币供给冲击对食品价格变动的贡献，产出冲击对食品价格变动的贡献当期仅为1%，长期为3%。货币供给冲击对食品价格变动的贡献当期为20%，长期有所递减，为18%。按照货币学相关理论，货币供给引起产出增加，由于产出冲击对食品价格具有负向传导机制，因此，产出的增加削弱了货币供给冲击对食品价格产生正向影响。但是，货币供给冲击对食品价格正向影响的贡献高于产出冲击大约15%，所以，货币供给冲击必然引起食品价格正向变动。

本章小结

食品价格是一个关系民生和社会经济重大而现实的问题，深入分析和揭示外部确定性因素和随机因素对食品价格的冲击效应及冲击路径，分析货币供给和产出与食品价格的协整性，对于完善食品价格理论研究，保障食品价格基本稳定和管理通胀预期具有重要意义；同时也为建立完善食品价格监测预警机制和调控平抑机制提供政策实证支持和技术支撑。通过上述实证研究结论，得出如下启示：

一　国内外确定性因素

首先，密切关注国外确定性因素冲击对食品价格的影响，尤其是中长期的国际原油价格和国际食品价格。特别是中长期的国际原油价格对中国食品价格波动的影响不容忽视。外部冲击因素可以通过对国内经济和一般价格水平影响间接地冲击食品价格变动。

其次，控制国内冲击的因素是稳定食品价格波动的关键。国内因素中，对食品价格影响最大的为中长期农产品价格、CPI以及中长期的货币供给。这表明，如何运用各类政策工具控制需求和供给因素仍将是稳定食品价格波动的根本途径。

最后，由于不同冲击因素对我国食品价格波动影响的作用特征有所不同，同时对我国食品价格波动的作用也存在滞后性，其产生的不利影响需要一段时间才体现出来。很明显，这对宏观调控带来了很大的难度。因此，建立食品价格预测系统、加强主管部门对食品价格以及食品市场的监督力度尤为重要。

二 国内外随机因素

首先，中国置身于全球化之中，与外部关联越来越紧密。这也意味着中国将面临更多的国外随机因素冲击。政府应积极、谨慎应对国内外自然灾害事件以及全球经济危机对食品价格的冲击，特别是随机因素对食品价格的间接冲击作用。同时，也要综合考虑它们的冲击速度、冲击路径以及冲击所产生的波动周期，从而为调整食品价格剧烈波动，稳定消费者生活预期制定合理有效的措施。

其次，除做好一些基础性工作外，比如，建立食品价格供给的长效机制、完善食品流通和市场体制建设、做好食品价格预期的管理以及保障农业耕地的数量和质量，加大对农业的投入力度等之外，还需要深入优化我国农产品生产结构，以降低我国农产品进口的对外依存度，减少国际经济危机对我国食品价格波动的直接或者间接冲击。

最后，农业生态系统对自然环境的依附性较大，自然灾害的发生将直接影响到整个农产品生产系统及食品市场价格的稳定性。因此，对于国内自然灾害的防御工作需要建立以农业气象灾害防御机制为主的气候灾害防御体系。与此同时，还应加强农田水利设施建设，完善农业生产基础设施。但是，由于国外随机事件难以控制，因此，相关部门在宏观政策分析框架中要更多地引入动态随机一般均衡分析机制，建设全面科学的食品价格预测系统。

三 货币供给因素

通过严格的模型设定，分析货币供给和产出与食品价格的协整性，结果显示，我国货币供给和产出与食品价格存在长期稳定关系。但 VAR 模型分析表明，货币供给和产出对食品价格的短期冲击情况具有不同的变动趋势，货币供给冲击刚开始表现为正影响，而且这种正影响持续时间较长（第 15 期），产出冲击则开始表现为负影响，直至第 7 期才表现正影响，同时货币冲击滞后于产出冲击，但两种冲击累积影响长期稳定在一个固定水平，产出对食品价格具有负向传导机制，而货币供给冲击对食品价格具有正向传导机制。尽管货币供给会引起产出增加，而产出冲击对食品价格产生负向影响，削弱了货币供给冲击对食品价格产生正向影响，但是，产出冲击对食品价格变动的贡献小于货币供给冲击对食品价格变动的贡献，因此，货币供给冲击会引起食品价格正向变动。

第四章 食品价格波动的属性特征和周期性研究

第一节 食品价格波动属性特征的统计性描述

一 近年来我国各类食品价格变化情况

近年来,由于我国各类食品价格上涨的时点、幅度不同,而且各类食品价格在食品总价格中权重也不同,所以,导致各类食品价格上涨对食品价格上涨的拉升作用存在较大差别。如表4-1所示,2003年鲜菜价格大幅度上涨,但其他食品价格涨幅较小,鲜菜价格上涨成为2003年食品价格上涨的主要因素。2004年在国家采取调控下,鲜菜价格下跌,但粮食、肉类和水产品价格大幅度上涨,拉动食品价格上涨10.56个百分点。之后,国家又采取一系列相应政策,因此,2005年整体食品价格较稳定,食品价格对经济和国民生活影响不大。2006年鲜菜再一次大幅度上涨,随之还有鲜果价格大幅度上涨,拉动食品价格上涨2.72个百分点,但占食品价格权重很高的粮食、肉类和水产品价格涨幅较小或出现下降,但当年食品价格仅上涨2.6个百分点。2007年是个不平静的年份,1月以后鲜菜、鲜果价格下降,但粮食、肉类产品和水产品价格涨幅大幅度提高,导致2007年上半年食品价格上涨7.6个百分点。而6月以后,各类食品价格出现同步上涨态势,食品价格因此出现加速上涨,特别是

表 4-1　　　　　　　　我国主要食品价格变化的特点

时间	食品价格变动特点	导致的结果
2003 年	鲜菜价格大幅度上涨，但其他食品价格涨幅较小	鲜菜价格上涨成为 2003 年食品价格上涨的主要因素
2004 年	鲜菜价格下跌，但粮食、肉类和水产品价格大幅度上涨	拉动食品价格上涨 10.56 个百分点
2005 年	各种食品价格较稳定	
2006 年	鲜菜和鲜果价格大幅度上涨，但占食品价格权重很高的粮食、肉类和水产品价格涨幅较小或出现下降	当年食品价格仅上涨 2.6 个百分点
2007 年 1—5 月	鲜菜、鲜果价格下降，但粮食、肉类产品和水产品价格涨幅大幅度提高	导致 2007 年上半年食品价格上涨 7.6 个百分点
2007 年 6 月以后	各类食品价格出现同步上涨态势，食品价格因此出现加速上涨	最后引致 2008 年食品价格暴涨
2008 年 2—6 月	各种食品价格上涨，食品价格涨幅一直维持在 21% 左右	导致我国经济出现了 CPI 涨幅超过 8% 的严重通货膨胀现象
2009 年	2009 年上半年食品价格总体下降，下半年开始反弹，并呈现总体涨势	食品价格上涨仍是 9 月 CPI 上涨主因，食品类权重高达 1/3
2010 年	我国粮食、肉类产品、水产品、鲜菜和鲜果价格再度共同上涨，特别是鲜菜和鲜果价格大幅度上涨，粮食、肉类产品和水产品价格的上涨仍是主体因素	引致食品价格涨幅不断提高
2011 年	2011 年 1 月国内食品价格上涨了 10.3%，非食品价格上涨了 2.6%，其中粮食价格上涨了 15.1%，领涨食品类商品价格涨幅。下游的肉禽及其制品同比也上涨了 10.9%，鲜蛋价格则大涨 20.2%。农业部此前发布的全国农产品批发价格指数也显示，1 月全国农产品批发价格总指数同比上涨了 10%，环比上涨 6.2%，"菜篮子"产品批发价格指数同比上涨了 9.8%，环比上涨 7.3%，从农产品批发价格指数来看，1 月同比和环比涨幅均高于了去年 12 月	从目前来看，食品上涨趋势强劲

续表

时间	食品价格变动特点	导致的结果
2012—2013年	2012年12月31日至2013年1月6日，全国有36个大中城市食品价格继续上涨。商务部监测数据显示，上周18种蔬菜平均批发价格环比上涨7.1%，涨幅扩大4.2个百分点，其中白萝卜、生菜和冬瓜价格分别上涨19.9%、12.6%和11.6%。猪肉批发价格环比上涨1.1%，牛、羊肉批发价格环比分别上涨0.8%和0.6%；白条鸡零售价格环比上涨0.2%。鸡蛋零售价格环比连续7周上涨0.2%。8种水产品平均批发价格环比也上涨0.5%，其中小带鱼、鲢鱼和鲤鱼价格分别上涨2.4%、1.1%和0.9%	食品上涨趋势依然强劲

资料来源：中经网、国家统计局（各年）、农业部统计局（各年）。

12月，粮食、肉类产品、水产品、鲜菜和鲜果价格均大幅度上涨，最后引致2008年食品价格暴涨。由于不平静的2007年，2008年2—6月各种食品价格上涨，食品价格涨幅一直维持在21%左右，导致我国经济出现了CPI涨幅超过8%的严重通货膨胀现象。对于2009年，上半年食品价格总体下降，下半年开始反弹，并呈现总体涨势，食品价格上涨仍是9月CPI上涨主因。在我国目前CPI构成的八大类商品中，食品类权重高达1/3，其变动对CPI的影响不言而喻。2009年的食品价格并没有在国家宏观调控政策下得以缓和，继续对2010年的食品价格产生冲击效应。自2010年1月以来，我国粮食、肉类产品、水产品、鲜菜和鲜果价格再度共同上涨，引致食品价格涨幅不断提高。特别是鲜菜和鲜果价格大幅度上涨，对食品价格涨幅的贡献显著提高：1—10月，粮食、肉类产品和水产品价格上涨共拉动食品价格上涨4.48个百分点，占食品价格涨幅的68.9%；鲜菜和鲜果价格累计上涨21.24个百分点和12.85个百分点，分别拉动食品价格上涨1.2个百分点和1.35个百分点，占食品价格涨幅的比重分别高达18.5%和20.8%。与2004年、2007年和2008年食品价格上涨的结构性因素相比，2010年前10个月食品价格的上涨，粮食、肉类产品和水产品价格的上涨仍是主体因素，但鲜菜和鲜果价格大幅度上涨对食品价格上涨的拉动作用明显提高。

但是,2011年1月国内食品价格上涨了10.3%,非食品价格上涨了2.6%,其中粮食价格上涨了15.1%,领涨食品类商品价格涨幅。下游的肉禽及其制品同比也上涨了10.9%,鲜蛋价格则大涨20.2%。农业部此前发布的全国农产品批发价格指数也显示,1月全国农产品批发价格总指数同比上涨了10%,环比上涨6.2%,"菜篮子"产品批发价格指数则同比上涨了9.8%,环比上涨7.3%,从农产品批发价格指数来看,1月同比和环比涨幅均高于2010年12月。2012年12月31日至2013年1月6日,全国有36个大中城市食品价格继续上涨。商务部监测数据显示,上周18种蔬菜平均批发价格环比上涨7.1%,涨幅扩大4.2个百分点,其中白萝卜、生菜和冬瓜价格分别上涨19.9%、12.6%和11.6%。猪肉批发价格环比上涨1.1%,牛、羊肉批发价格环比分别上涨0.8%和0.6%;白条鸡零售价格环比上涨0.2%。鸡蛋零售价格环比连续7周上涨0.2%。8种水产品平均批发价格环比也上涨0.5%,其中小带鱼、鲢鱼和鲤鱼价格分别上涨2.4%、1.1%和0.9%。

二 部分食品价格波动结构特征

表4-2为各类食品价格指数波动情况,标准差体现各类食品波动幅度。由表4-2可以看出,在各类食品中,波动幅度最大的为鲜菜,其次为肉禽制品、鲜果和蛋类,波动最小的为水产品。[1]

表4-2 各类食品价格指数波动情况(2002年1月—2011年3月)

	食品价格	CPI	粮食	肉禽制品	蛋	水产品	鲜菜	鲜果
平均值	105.45	102.23	106.43	107.40	106.84	104.63	109.15	107.87
最大值	123.30	108.70	133.90	149.00	135.80	118.50	150.70	149.20
最小值	96.70	98.19	96.60	84.53	86.00	92.80	80.00	83.80
标准差	6.07	2.47	8.51	14.60	10.53	6.63	13.60	11.62

---

[1] 李静、黎东升、楠玉:《我国食品价格波动属性及平抑机制选择》,《农业技术经济》2012年第7期。

近年来，肉禽及制品和蔬菜价格上涨趋势明显，成为食品价格上涨的重要推动力。即使2009年中国经济受到国家金融危机影响而出现一定程度的下滑，但是，肉禽及制品和蔬菜价格依然呈现上涨趋势。随着经济的发展，我国的食品消费结构也发生了重要变化（见表4-3）。按照国际经验，人均收入达到发达国家水平后，食品支出弹性将逐步趋于稳定。发展中国家居民食品支出弹性大于发达国家，随着收入的增长，发展中国家居民对肉禽制品、奶制品等高蛋白质食品的消费量将大大增加。按照世界银行统计，2008年，我国人均国民收入达到3000美元以上，已经步入中等收入国家行列。随着收入的不断提高，居民在肉禽、蛋、鲜菜等产品上的支出将不断增加。与粮食和谷物相比，肉禽、水产和鲜菜的价格水平普遍较高，并且食品价格对需求的反应速度快于非食品价格，因此，食品需求结构的升级是近年来鲜菜、肉禽制品价格上涨的原因之一，也推动了食品价格总水平不断上涨。

表4-3　　　　　　　　各类食品支出弹性比较

种类	面包和谷物	肉	鱼	奶制品	油脂	水果和蔬菜
弹性	0.1	1.15	0.42	1.12	0.3	0.47

资料来源：张文朗等：《中国食品价格上涨因素及其对总体通货膨胀的影响》，《金融研究》2010年第9期。

三　食品价格波动的波幅变动情况

同时，根据我国食品价格季度增长率DFPI（见图4-1），我们不难发现，其波动幅度不具有单调变化趋势，1996年第一季度至1999年第二季度呈递减趋势变动。之后，我国食品价格增长率开始递增至2004年第三季度的13.8%；随后，又开始递减变动到2006年第四季度，在2007年第一季度至2008年第三季度区间又呈递增变动，并在2008年第三季度达到最高值即77.47%。随后，从2008年第四季度又开始递减至2009年第二季度。之后，又开始递增变动。从我国食品价格季度增长率变动的特点来看，似乎暗含我国食品价格具有周期特点。①

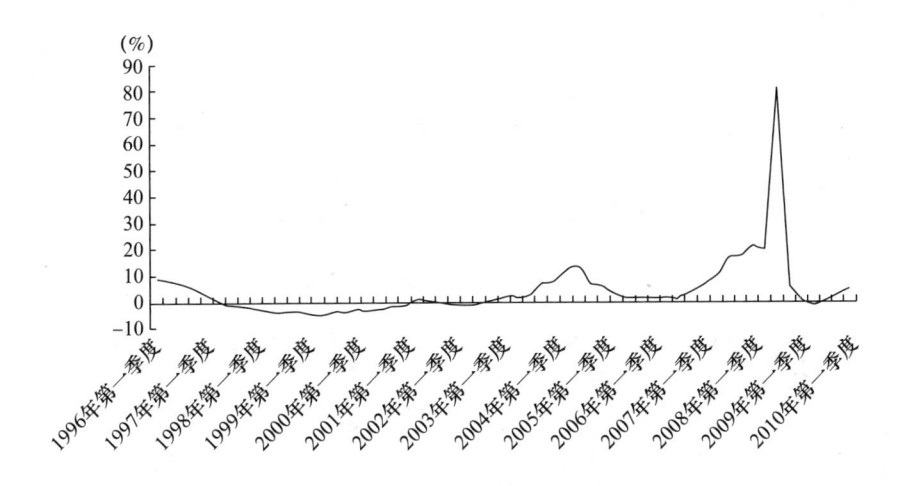

图 4-1 我国食品价格季度增长率

资料来源：《中国统计年鉴》和《中国农业统计年鉴》。

为深入了解我国食品价格增长率的变动情况，需要对食品价格增长率的波动幅度给予分析。通过分析我国食品价格增长率序列本身相邻两观察值之间的绝对变化情况来分析我国食品价格波动幅度及相应的走势。图 4-2 为我国品价格增长率一阶差分后的随时间变化趋势情况，图 4-2 描述了我国食品增长率波动幅度随时间变化情况。

从图 4-2 可以看出，至 2008 年第三季度之前，我国食品价格增长率波动幅度不大，但是，在 2008 年第四季度食品价格增长率发生突变。具体体现在：2007 年 1 月以后，粮食、肉类产品和水产品价格涨幅大幅度提高，导致 2007 年上半年食品价格上涨了 7.6 个百分点。而后几个月，各类食品价格出现同步上涨态势，食品价格因此出现加速上涨，特别是 12 月，粮食、肉类产品、水产品、鲜菜和鲜果价格均大幅度上涨，最后引致 2008 年食品价格暴涨。2007 年、

---

① 李静、熊航：《我国食品价格波动的属性特征》，《经济管理》2011 年第 9 期。

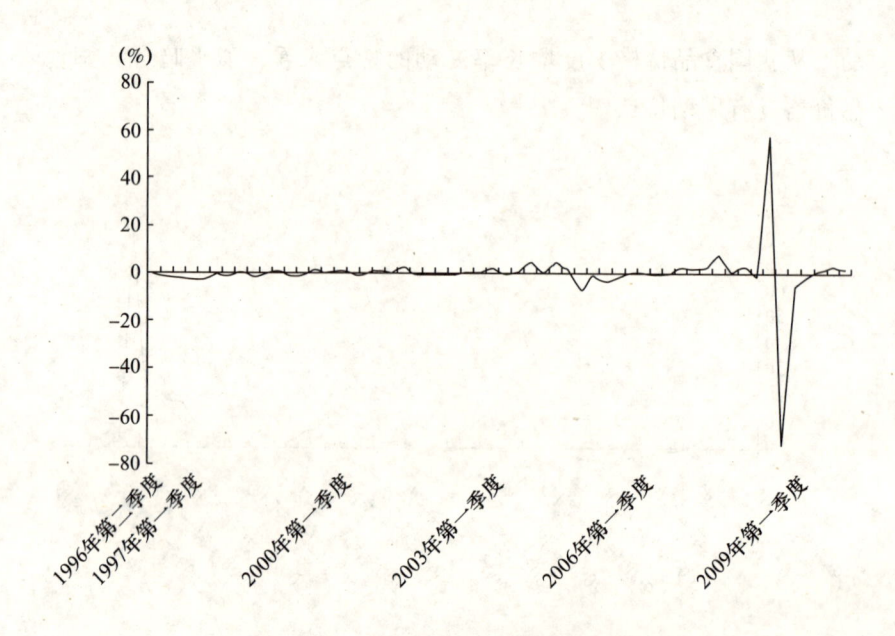

```
    (%)
  80
  60
  40
  20
   0
 -20
 -40
 -60
 -80
```
1996年第二季度　1997年第一季度　2000年第一季度　2003年第一季度　2006年第一季度　2009年第一季度

图 4-2　一阶差分食品价格增长率趋势

2008 年 2—6 月食品价格涨幅一直维持在 21% 左右，导致我国经济出现了 CPI 涨幅超过 8% 的严重通货膨胀现象。

对该差分序列进行计算并加以归类，结果如表 4-4 所示。

表 4-4　　一阶差分食品价格增长率波动幅度归类

ΔDFPI（%）	数量	均值	最小值	最大值	方差
[-72.0726, -10.872679]	1	-71.27	-71.27	-71.27	—
[-10.87267, -5.472679]	2	-6.3	-6.9	-5.7	—
[-5.472679, 5.327321]	51	0.277843	-3.46	5.14	1.831059
[5.327321, 10.727321]	1	7.93	7.93	7.93	—
[10.727321, 71.927321]	1	57.7	57.7	57.7	—
合计	56	-0.072679	-71.27	57.7	12.59363

由表 4-4 可以看出，我国 56 个食品价格增长率 DPFI 值生成的 55 个 DPFI 一阶差分值有 51 个集中在 [-5.472679, 5.327321] 的波动带内。仅有 4 个异常值超出这一波动带，它们分别落在

[-72.072679，-10.872679]、[-10.872679，-5.472679]、[5.327321，10.727321] 和 [10.727321，71.927321] 之中，它们的分布如同正态分布，见图4-3。

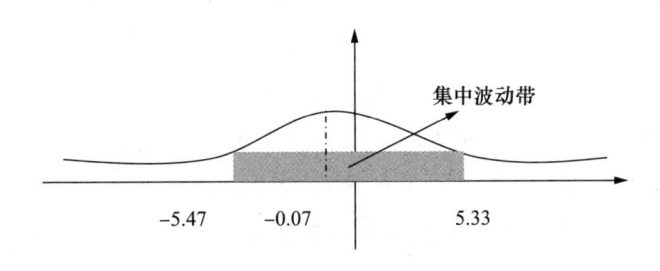

图4-3 食品价格波动幅度分布情况

根据表4-2和图4-3的分析不难看出，我国食品价格的整体波动幅度不大，几乎全都落在 [-5.472679，5.327321] 区间内。波动较大两个异常值落在 [-72.072679，-10.872679] 和 [10.727321，71.927321] 区间，它们的波动幅度超过10%。这两个异常值出现在1999年第二季度和2008年第三季度。我国食品价格增长率在1999年第二季度达到负向最大，为-5.33%；但在2008年第三季度达到正向最大，为77.47%。根据我国食品价格增长率一阶差分序列分析，表明我国食品价格除个别年份出现异常凸点外，整体上平稳波动，这说明除个别年份外，外在随机因素对我国食品价格冲击合效应较小。

第二节 食品价格波动属性特征的实证分析

一 食品价格波动趋势属性实证检验

先判断我国食品价格增长率时间序列的属性特征，即它的趋势是随机性的还是确定性的。时间序列的属性特征可以利用ADF模型进行识别。由于 ADF 模型引入了表示确定性趋势的时间变量 t，即分离出确定性趋势影响。因此，如果检验结果表明所给时间序列有单位根，且时间变量 t 前的参数显著为零，则该系列显示出随机性趋势；如果没有单位根，且时间变量 t 前的参数不为零，则该系列显示确定性趋势。如果检验的结果两者兼有，则表明属于确定性与随机性混合时间趋势。ADF 模型表述如下：

$$\Delta x_t = \alpha + \beta_t + \delta x_{t-1} + \beta_1 \Delta x_{t-1} + \cdots + \beta_m \Delta x_{t-m} + \mu_t \quad (4.1)$$

研究将对模型（4.1）进行严格的设定，从而利用单位根理论来检验我国食品价格增长率时间序列的属性特征。基于一般到特殊模型检验原则，滞后项首先从 0 阶开始，逐步 1 阶、2 阶依次递增。由此模型（4.1）估计结果为：

$$\Delta DFPI_t = -0.687 DFPI_{t-1} - 2.843 + 0.2_t + e_t \quad (4.2)$$
$$(-5.32) \quad (-2.999) \quad (2.16)$$
$$\text{ADF} = -5.32 \quad \text{AIC} = 7.67 \quad \text{SC} = 7.57$$

对于模型（4.2），首先做显著性检验，对原假设 α（α = -2.843）= 0，β（β = 0.2）= 0 进行检验，由于 t(α) = -2.999，p = 0.022 < 0.05，因此，在 5% 的显著性水平下不能拒绝原假设，模型含有截距项。同理，t(β) = 2.16，p = 0.035 < 0.05，因此，在 5% 的显著性水平下接受原假设，模型含有趋势项。因此，模型应该包括截距项 α 和趋势项 β。

这里需要强调的是，选择合适的滞后阶数关系到模型的结论正确与否，因此，模型阶数的选定应从 0 阶逐步选取，直至选取最佳滞后阶数的模型。如选择 1 阶，估计结果：

$$\Delta DFPI_t = -0.627 DFPI_{t-1} - 0.115 \Delta DFPI_{t-1} - 3.26 + 0.2_t + e_t$$
$$(4.3)$$
$$(-3.86) \quad (-0.137) \quad (2.18) \quad (1.99)$$
$$\text{ADF} = -3.86 \quad \text{AIC} = 7.74 \quad \text{SC} = 7.59$$

对应的 AIC = 7.74，SC = 7.59 大于模型（4.2）的最小信息准则（AIC = 7.67，SC = 7.57），同时，差分滞后项系数不显著

(t = -0.137),因此不能选择模型（4.3）。按照类似方式，依次增加滞后阶数并进行比较，比较结果显示，模型（4.2）是最佳选择模型。由模型（4.2）回归结果可以看出，由于 ADF = -5.32 小于显著性水平为1%的临界值 -4.1281，故拒绝单位根原假设。因此，我国食品价格增长率为平稳时间序列。同时，由 ADF 单位根检验显示的时间变量 t 前的参数显著不为零（t = 2.16，p = 0.035）。这表明，我国食品价格增长率为确定性趋势过程而非随机性趋势过程。其含义为：自1996年第一季度至2012年第三季度，我国食品价格虽然受到各种冲击因素的影响而出现不同程度地偏离趋势上下波动，但这种偏离是暂时的，从较长时期来看，我国食品价格总体上沿着确定的均衡增长路径平稳运行。

二 食品价格波动联动相关性检验

进一步来说，由于时间序列数据往往前后相邻价格存在一定程度的内在联系。因此，通过研究一阶差分形式的相邻食品价格相关性可以知道我国食品价格变动的属性特征。由于 ARMA（p，q）模型比一般回归模型更本质地认识时间序列的结构与特征。因此，采用 ARMA（p，q）模型进行分析。由于在第二章主要分析模型中对该模型的基本原理及其研究路径已做了阐述，这里不再赘述。

对于 ARMA（p，q）模型需要时间序列为平稳的，如果所研究系列为非平稳的，则需要对序列进行变换，如差分等。由上述模型（4.2）检验知道，我国食品价格增长率为平稳时间序列，因此，我国食品价格增长率水平一阶差分也为平稳序列，满足 ARMA（p，q）模型条件。接下来的任务就是对模型的识别，所谓识别就是分析我国食品价格增长率一阶差分是 AR(p) 过程还是 MA(q) 过程以及是 ARMA(p，q) 过程，同时确定滞后阶数 p 和 q。模型的识别采用自相关 ACF 和偏自相关函数 PACF。在 Eviews 中，通常利用样本自相关和偏自相关分析图进行模型识别和定阶。表4 - 5 为我国食品价格增长率一阶差分形式样本自相关和偏自相关分析。

表4-5　　我国食品价格增长率一阶差分样本自相关和偏自相关分析

自相关	部分相关		AC	PAC	Q统计量	P值
***｜. ｜	***｜. ｜	1	-0.424	-0.424	10.636	0.001
.｜. ｜	**｜. ｜	2	0.015	-0.201	10.651	0.005
.｜. ｜	.*｜. ｜	3	-0.039	-0.148	10.745	0.013
.｜. ｜	.*｜. ｜	4	0.021	-0.077	10.772	0.029
.｜. ｜	.*｜. ｜	5	-0.040	-0.091	10.872	0.054
.｜. ｜	.*｜. ｜	6	-0.003	-0.084	10.873	0.092
.｜. ｜	.*｜. ｜	7	-0.004	-0.071	10.874	0.144
.｜. ｜	.*｜. ｜	8	-0.029	-0.098	10.932	0.206
.｜. ｜	.*｜. ｜	9	-0.002	-0.095	10.932	0.280
.｜. ｜	.*｜. ｜	10	0.003	-0.080	10.932	0.363
.｜. ｜	.*｜. ｜	11	-0.003	-0.076	10.933	0.449
.｜. ｜	.*｜. ｜	12	-0.006	-0.078	10.936	0.534
.｜. ｜	.*｜. ｜	13	-0.006	-0.085	10.938	0.616
.｜. ｜	.｜. ｜	14	0.025	-0.049	10.987	0.687
.｜. ｜	.｜. ｜	15	-0.029	-0.079	11.054	0.749
.｜*. ｜	.｜. ｜	16	0.066	0.004	11.413	0.783
.｜. ｜	.｜. ｜	17	0.024	0.062	11.459	0.832
.｜. ｜	.｜. ｜	18	-0.041	0.010	11.602	0.867
.｜. ｜	.｜. ｜	19	0.028	0.039	11.674	0.899
.｜. ｜	.｜. ｜	20	-0.041	-0.009	11.822	0.922

根据样本自相关和偏自相关分析图分析来看，我国食品价格增长率一阶差分样本自相关分析图出现截尾而偏自相关分析图出现拖尾现象，因此，可以考虑建立 MA(q) 模型，从自相关分析图可知，到滞后1期以后，序列的样本自相关系数明显落入随机区域。因此，我国食品价格增长率序列一阶差分可以建立 MA(1) 模型。但考虑到 AR 模型式线性方程估计相对于 ARMA 模型的非线性估计容易，且参数符号对于我们分析具有重要意义，故这里选择的 MA(1) 模型可以用 AR(1) 或 AR(2) 模型替换。为进行比较，接下来，就对

所识别的几个模型参数进行估计,在 Eviews 中各模型参数估计结果如表 4-6 所示,相应的模型检验结果如表 4-7 所示。

表 4-6　　　　　　　各模型参数估计结果

模型	ϕ_1	ϕ_2	θ_1
ARMA(1)	—	—	-0.648374 (0.0000)
AR(1)	-0.424476 (0.0011)	—	—
AR(2)	-0.510252 (0.0004)	-0.201593 (0.1442)	—

注:括号内数字为参数估计值的伴随概率。

根据表 4-7 的各模型检验结果,由各个模型的滞后多项式的倒数根(AR 根和 MA 根)都落入单位圆内,满足过程平稳条件及可逆条件,模型设定合理。此外,残差序列白噪声检验概率(P-Q)显示,各模型残差都满足独立性假设,模型拟合很好。

表 4-7　　　　　　　各模型检验结果

模型	调整的 R^2	AIC	SC	D-W	AR 根	MA 根	P-Q
MA(1)	0.248180	-7.63669	7.67286	1.860868	—	0.65	0.925
AR(1)	0.180098	-7.74204	7.77853	2.169113	-0.42	—	0.889
AR(2)	0.198364	-7.75621	7.82987	2.058698	-0.26+0.37i	—	0.938

为清晰地分析问题,把表 4-6 估计结果写成表达式的形式,具体如下:

$$\Delta DFPI_t = \mu_t + 0.648\mu_{t-1} \qquad (4.4)$$

$$\Delta DFPI_t = -0.424\Delta DFPI_{t-1} + \varepsilon_t \qquad (4.5)$$

$$\Delta DFPI_t = -0.51\Delta DFPI_{t-1} - 0.202\Delta DFPI_{t-2} + \varepsilon_t \qquad (4.6)$$

对于式（4.4）MA（1）模型可以由式（4.5）和式（4.6）AR（1）和AR（2）模型代替，对于式（4.5）AR（1）模型，ϕ_1参数估计值为负值（-0.424）且显著（p=0.0011），这表明，一阶差分相邻价格之间负相关，因此，如果前一期的食品价格处于递增状态，此时的价格水平将抑制下一期食品价格继续上升。同理，对于式（4.6）AR（2），ϕ_1参数估计值也为负值（-0.510）且显著（p=0.0004），表明，如果前一期的食品价格递增，前一期食品价格将抑制下一期食品价格使之向递减趋势变动；相反，如果前一期的食品价格递减，前一期食品价格将拉动下一期食品价格使之递增趋势变动，这就是食品价格本身所具有的微调功能。

上述分析表明，我国食品价格本身具有微调作用，即市场对食品价格具有较强的调节作用。当外在随机因素对我国食品价格冲击使其发生波动时，市场的调节会使食品价格反向修正，且修正幅度较大（AR（1）：ϕ_1=-0.424；AR（2）：ϕ_1=-0.51）。因此，市场的调节可以抚平外在冲击对食品价格所产生的波动，从而向均衡确定趋势路径运行。[①]

通过对食品价格波动的成因以及其外部影响进行了分析，在此基础上研究了食品价格波动本身的内在属性，得出以下两点结论：

（1）我国食品价格除个别年份出现异常凸点外，整体上平稳波动，我国食品价格增长率为确定性趋势过程。同时，冲击我国食品价格波动有多种因素，但是，从较长时期来看，我国食品价格总体上沿着确定的均衡增长路径运行。

（2）一阶差分相邻食品价格间存在负相关性，表明我国食品价格本身具有内在微调功能，这意味着市场对食品价格具有较强的调节作用。由于市场作用可以抚平外在随机因素对食品价格所产生的波动，因此，当外在随机因素对我国食品价格冲击使其发生波动时，

---

① 李静、黎东升、楠玉：《我国食品价格波动属性及平抑机制选择》，《农业技术经济》2012年第7期。

市场力量会使食品价格反向修正，且修正幅度较大、效果明显。

第三节 食品价格波动的周期分解

经济变量波动是经济运行的一个重要现象，分析经济变量波动的关键是如何正确分离经济变量中的长期趋势与波动部分即所谓的趋势分离或去势（detrend）问题。现代计量经济学的研究证明，去势的方法依赖于变量序列的趋势属性，即变量是趋势平稳序列（TSP）还是差分平稳序列（DSP）。判断一个非平稳的时间序列，它的趋势是随机性的还是确定性的，可以利用 ADF 检验进行识别。具体操作如下：

$$\Delta x_t = \alpha + \beta_t + \delta x_{t-1} + \beta_1 \Delta_{t-1} + \cdots + \beta_m \Delta x_{t-m} + \mu_t \quad (4.7)$$

对于式（4.7），该模型引入了表示确定性趋势的时间变量 t，即分离出确定性趋势影响。因此，如果检验结果表明所给时间序列有单位根，且时间变量 t 前的参数显著为零，则该系列显示出随机性趋势；如果没有单位根，且时间变量 t 前的参数异为零，则该系列显示确定性趋势。如果检验的结果两者兼有，则表明属于确定性与随机性混合时间趋势。

确定性时间趋势的序列将围绕其趋势呈平稳波动，属于趋势平稳过程（TSP），对此序列，只要正确估计其确定性趋势就可实现长期趋势与平稳波动的分离。随机性时间趋势的序列不存在长期"引力线"，其数据生成过程含有单位根，只有通过差分，才能消除随机趋势使其平稳，属于差分平稳过程（DSP）。随机冲击通常对它具有持续的长期影响。确定性与随机性时间趋势的混合既包含长期"引力线"，又包含随机波动，序列围绕一个长期趋势上下波动。但这种波动（除去长期趋势后的波动）不平稳，属于随机波动。不过，经过差分之后，它可以成为平稳序列，对于这种序列，需要先估计出其长期趋势，然后将长期趋势分离出来，再对剩下的不平稳序列进行差分,得到最后的平稳序列。因此,我们需要先判断该序列的趋势类型,看它是趋势平稳的(TS)还是差分平稳的(DS)或者兼而有之。

我们将引用这一思路,对我国食品价格进行去势分析。这里采用食品价格增长率 DFPI 形式分析,从图 4-1 我国食品价格季度增长率情况可以看出,我国食品价格增长率几乎呈现不规则变化或近周期变化,这种数据既不显示出食品价格增长率随时间递增的趋势,也没体现确定性趋势和随机性趋势。为了研究我国食品价格变动特点,需要分离我国食品价格增长率数据。首先对我国食品价格增长率长期趋势的性质进行统计检验,即模型(4.7)进行回归,以确定我国食品价格增长率序列的趋势类型,从而确定适当的趋势分离方法。对模型(4.7)的回归结果见表 4-8。同时,为了准确地界定我国食品价格趋势类型,我们还利用 PP 单位根检验作为比较。

表 4-8　　　　　　　　我国食品价格增长率单位根检验

检验方法	检验方程形式与估计结果	原假设	统计量值	临界值(1%)	临界值(5%)	结论
PP	$\Delta DFPI_t = -0.58 DFPI_{t-1} + 2.41 + \varepsilon_t$ t:　　(-4.7623)	单位根	-4.7623	-3.5501	-2.9137	否
ADF	$\Delta DFPI_t = -0.687 DFPI_{t-1} + 2.4t - 2.84 + \varepsilon_t$ t:　　(-5.21887)　　(6.16)	单位根	-5.21887	-4.1281	-3.4904	否

注:回归方程下括号内数字为 t 统计量值。

从表 4-8 的回归方程可以看出,无论是 PP 单位根检验还是 ADF 单位根检验结果都显示,我国食品价格增长率为非单位根系列,即为平稳时间序列。同时,由 ADF 单位根检验显示的时间变量 t 前的参数显著不为零。这表明,我国食品价格增长率为确定性趋势。在确定我国食品价格增长率系列的趋势类型之后,下面我们将通过 KPSS 趋势平稳性检验方式,再来检验我国食品价格增长率的趋势平稳性,其理由为:一方面,KPSS 趋势平稳性检验可以再次对上面 PP 单位根检验和 ADF 单位根检验结论给予确认;另一方面,更为重要的是通过 KPSS 趋势平稳性检验的回归方程进行趋势分离或去势。KPSS 检验方法回归检验结果如表 4-9 所示。

$$DFPI_t = -3.326 + 0.263t + \varepsilon_t \tag{4.8}$$

表 4-9　　　　　　　模型(12)的回归检验结果

变量	相关系数	标准差	t 统计量	值
C	-3.326435	0.012918	-4.141960	0.0184
X	0.262920	0.087366	3.009419	0.0039
R^2	0.891384	F 统计量		49.05661
DW 值	1.047795	Prob(F 统计量)		0.003945

由 KPSS 检验结果式(4.8)及表 4-9 的检验结果可以看出,方程(4.8)拟合较好,趋势变量 t 参数显著,这说明我国食品价格增长率是一个确定性趋势。但 DW 值较低(1.047795),说明残差序列存在正相关性,这正好说明我国食品价格增长率存在周期性波动。

下面对模型(4.8)的残差序列进行单位根检验,见表 4-10。

表 4-10　　　　　　　残差序列的单位根检验

ADF 统计检验	-3.878174	1% Critical Value*	-3.5523
		5% Critical Value	-2.9146
		10% Critical Value	-2.5947

如表 4-10 所示的单位根检验表明,在 1% 的显著性水平下,ADF 的统计值小于其临界值,所以拒绝原假设,因此,残差序列为非单位根序列,由此证明了我国食品价格增长率序列符合确定型趋势模型。这意味着,自 1996 年第一季度以来,我国食品价格虽然受到各种随机冲击因素的影响,但这种随机冲击因素对我国食品价格

冲击合效应较小，甚至为零。从长时期来看，我国食品价格的变动总体上沿着确定的均衡增长路径波动（见图4-4）。

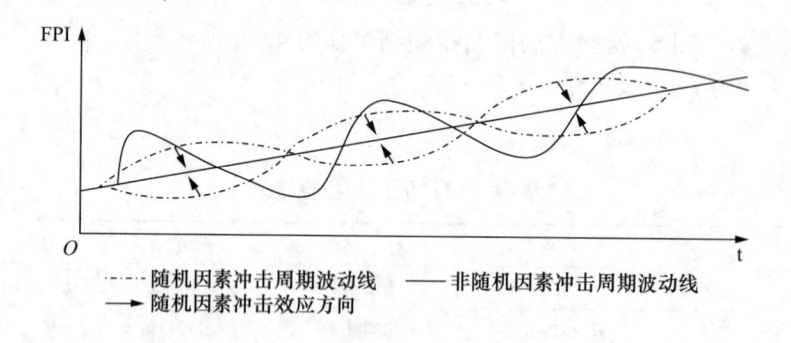

图4-4 冲击因素对食品价格的效应

在确定了我国食品价格序列是确定性趋势之后，我们将进行"去势"操作，将其长期趋势与平稳波动分离开来，根据以上分析我们知道，按照B—N数据分解理论，我国食品价格增长率DFPI可以分解为确定性趋势、随机性趋势和周期成分。即：

$$DFPI_t = DT_t + ST_t + C_t \tag{4.9}$$

式中，DT_t 为确定性趋势；ST_t 表示随机性趋势。

在B—N理论中，称 $DT_t + ST_t$ 为 $DFPI_t$ 总趋势，可以作为潜在食品价格的度量；而 C_t 所揭示 $DFPI_t$ 对总趋势 $DT_t + ST_t$ 的偏离。因此，C_t 为真实食品价格变动周期。而对于上述KPSS趋势平稳性检验的回归方程及其相应的检验表明，我国食品价格增长率为确定性趋势过程。因此，对于式（4.9）来说，随机性趋势（ST_t）为零。因此，我国食品价格增长率可以分解为确定性趋势（DT_t）和周期成分（C_t）。对应方程（3.2），确定性趋势为0.263t，扰动项序列 ε_t 正好是去除了确定性时间趋势后的平稳波动，它代表了周期成分。接下来，就要对已去势的平稳残差序列进行研究，进而分析我国食品价格增长率的周期。这里采用序列相关图作为主要判断方法。具体判断程序和规则是：先计算序列各阶的自相关系数，绘制序列相关图，然后对相关图进行分析。一般来说，滞后1期的自相关系数在各阶的自相关系数中是最大的，以后自相关系数会逐渐下降，如果发现哪几期的自相关系数不但没有随滞后期减小反而增大了，则说明该序列的每一个现值和其在该滞后期的相关性较强。而这种相关恰恰暗示着一种周期性。利用我国食品价格增长率DFPI序列的实际数据，计算出模型（3.2）残差序列的自相关系数及其绘制相关图，如表4-11所示。除滞后1期的自相关系数超出临界范围以外，其他值全部在临界范围之内，并且各滞后期的自相关系数在临界范围内围绕着0值呈波浪状左右摆动，这种波浪起伏式的波动可能是由周期变化所产生的重复性造成的。

表4-11　　　　　　　　残差序列自相关

自相关系数	滞后期	自相关系数值	Q统计量	相伴概率
.|**** |	1	0.420	10.602	0.001
.|**** |	2	0.331	17.320	0.000
.|*** |	3	0.226	20.507	0.000
.|**. |	4	0.168	22.291	0.000
.|**. |	5	0.087	22.777	0.000
.|. |	6	0.053	22.962	0.001
.|. |	7	0.016	22.979	0.002
.|. |	8	-0.008	22.984	0.003
.|. |	9	0.001	22.984	0.006
.|. |	10	0.013	22.997	0.011
.|. |	11	0.023	23.036	0.017
.|. |	12	0.037	23.140	0.027
.|. |	13	0.059	23.410	0.037
.|** |	14	0.089	24.035	0.045
.|** |	15	0.090	24.677	0.054
.|***. |	16	0.123	25.927	0.055
|** |	17	0.080	26.462	0.066
.|. |	18	0.009	26.470	0.089
.|. |	19	-0.014	26.487	0.117

续表

自相关系数	滞后期	自相关系数值	Q统计量	相伴概率
.**|.		20	-0.071	26.944	0.137
.**|.		21	-0.081	27.562	0.153
**|.		22	-0.077	28.129	0.171
.**|.		23	-0.099	29.101	0.177
***|.		24	-0.101	30.149	0.180
***|.		25	-0.102	31.234	0.181
.**|.		26	-0.093	32.181	0.187
.**|.		27	-0.086	33.002	0.197
**|.		28	-0.077	33.682	0.212
.**|.		29	-0.073	34.318	0.228
.**|.		30	-0.096	35.474	0.226
.**|.		31	-0.096	36.663	0.223
.**|.		32	-0.107	38.201	0.208
**|.		33	-0.111	39.930	0.189
.***|.		34	-0.113	41.789	0.168
***|.		35	-0.132	44.453	0.131
***|.		36	-0.134	47.331	0.098
***|.		37	-0.151	51.143	0.061
**|.		38	-0.137	54.470	0.041
**|.		39	-0.124	57.334	0.029
**|.		40	-0.124	60.400	0.020

将自相关系数的绝对值从大到小进行排列，得到表4-12。撇开滞后1期的自相关系数，发现滞后2期、3期、4期出现了第一个极大值群，第二个极大值群是滞后35—40期，第三个是滞后33期、34期和滞后23—25期，第四个为滞后14期、15期。并且，除2期、3期、4期的自相关系数较大外，35—40期、33期、34期、23—25期以及14期、15期的自相关系数并没有因为滞后期的增大而减小。这其中暗示一种强的周期性。

表 4-12　　　自相关系数的极大值及其对应的滞后期

自相关系数值	滞后期	自相关系数值	滞后期
0.42	1	-0.107	32
0.331	2	-0.102	25
0.226	3	-0.101	24
0.168	4	-0.099	23
-0.151	37	-0.096	31
-0.137	38	-0.096	30
-0.134	36	-0.093	26
-0.132	35	0.09	15
-0.124	39	0.089	14
-0.124	40	0.087	5
0.123	16	-0.086	27
-0.113	34	0.084	42
-0.111	33	-0.081	21
0.109	41	0.08	17

分析这几个极大值群的滞后期数，推断我国食品价格波动短周期约为 3 年，这应该算是一个最小周期；中周期为 5.5 年左右；若考虑更长一点的周期为 8.5 年左右[①]，见表 4-13。

表 4-13　　　　　　食品价格波动周期

极大值群	极大值群 1	极大值群 2	极大值群 3	极大值群 4	极大值群 5
自相关系数	0.331 0.226 0.168	0.09 0.089	-0.102 -0.101 -0.099	-0.113 -0.111	-0.151、-0.124、 -0.132、-0.137、 -0.134、-0.124
滞后期	2—4 （平均 3）	14—15 （平均 14.5）	23—25 （平均 24）	33—34	35—40 （平均 37.5）
周期	约 3 年（11.5 个季度）				
	5.5 年（21 个季度）				
	8.5 年（34.5 个季度）				

---

① 李静、熊航：《我国食品价格波动的属性特征》，《经济管理》2011 年第 9 期。

本章小结

通过分析 1996 年第一季度至 2010 年第一季度我国食品价格变化的数据特征、趋势属性特征和变动周期情况，结果表明：

第一，我国食品价格除个别年份出现异常凸点外，整体上平稳波动。由以上分析可知，我国食品价格的整体波动幅度不大，几乎全都落在 [-5.472679, 5.327321] 区间。至 1996 年第一季度到 2010 年第一季度仅有 2 个异常值落在 [-72.072679, -10.872679] 和 [10.727321, 71.927321] 区间，波动幅度超过 10%。这说明，我国食品价格除个别年份出现异常凸点外，整体上平稳波动。

第二，我国食品价格增长率为确定性趋势过程。无论是 PP 单位根检验还是 ADF 单位根检验结果都显示，我国食品价格增长率为非单位根系列，即为平稳时间序列。同时，由 ADF 单位根检验表明，我国食品价格增长率为确定性趋势过程。这意味着自 1996 年第一季度以来，我国食品价格虽然受到各种随机冲击因素的影响，但是，这种随机冲击因素对我国食品价格冲击效应为零。从长时期来看，我国食品价格的变动总体上沿着确定的均衡增长路径波动。

第三，一阶差分相邻食品价格间存在负相关性，表明我国食品价格本身具有内在微调功能，这意味着的市场对食品价格具有较强的调节作用。由于市场作用可以抚平外在随机因素对食品价格所产生的波动，因此，当外在随机因素对我国食品价格冲击使其发生波动时，市场力量会使食品价格反向修正，且修正幅度较大、效果明显。

第四，我国食品价格具有周期性。利用我国食品价格增长率 DFPI 序列的实际数据计算出 KPSS 模型的残差序列的自相关系数及其绘制相关图表明，我国食品价格增长率重复性周期变化，同时推断我国食品价格波动短周期约为3年；中周期为5.5年左右；更长一点的周期为8.5年左右。更长时间领域的波动趋势状况值得进一步观察。

本章主要的政策含义是：如果食品价格受到外在随机因素冲击发生突变时，我们不应立即采取相应的调控措施，而应该充分利用市场的调节作用。当市场的力量不足以抚平外在冲击所产生的突变时，我们要充分考虑采取相应的调整措施。

第五章 我国粮食价格波动及对CPI的冲击效应研究

第一节 我国粮食价格波动的周期性

一 问题概述

粮价是百价之基,是人们基本生活消费品和主要食品,对社会经济各个行业和人们生活影响很大。近年来,随着农业现代化的不断推进和发展,农业生产效率也得到显著提升,但是,粮农的收入却没能得到显著的提高,究其原因,这可能有种粮成本上升很快的原因,也有粮食结构不尽合理、高品质品种不足的原因;既有国际国内粮食价格倒挂现象严重的原因,也有粮食价格政策及改革滞后性的原因等。

我国是人口大国,粮食安全始终是国家大事、民生大事,党和政府历来高度重视粮食问题。中国的经济学特别是农业经济学许多研究都是围绕粮食问题展开的,取得了一批有价值、有影响的成果。在国内,对于粮食价格的研究主要分为两个方面:一是集中在研究影响粮食价格波动的主要因素方面;二是主要集中在研究粮食价格波动特征方面。在粮食价格影响因素分析上,有很多文献对此进行了论证,例如,梁永强(2010)认为,粮食供需是决定粮价的基础因素,以最低收购价为标志的政府干预是决定目前我国粮价的主导因素[1];陈宇峰等(2013)在运用 LSTAR 模型的条件下,通过

---

[1] 梁永强:《我国粮食价格的影响因素分析》,《中国物价》2010年第2期。

实证分析，研究了国际石油价格对我国农产品价格的影响作用。[①]另外，对粮食价格波动特征的研究主要集中于粮食价格的波动性特征以及粮食价格波动的周期性方面。龚芳等（2012）在对粮食价格的波动性研究过程中提出，在政府与市场的双重价格比较下，政府粮食价格波动周期和市场粮食价格波动周期的长度是不相同的，一般情况下，政府粮食价格波动周期的长度是市场中粮食价格波动周期长度的两倍左右。[②]此外，黄季焜等（2009）通过建立 GTAP-E 模型的三种方案，模拟预测了我国粮食价格 2008 年的市场波动情况。[③]另外，综合相关文献不难发现，研究粮食价格波动特征的方法有很多，包括格兰杰检验法、一般均衡模型 CGE、VAR 和 SVAR 模型以及 ARCH 模型等一系列方法。目前，国内对粮食价格研究的重点多集中在影响因素的分析上，其实，相较于外在影响因素而言，更应该注意的是，粮食价格自身的波动特征，应该通过粮食价格自身波动特征去配合外在影响因素，进而达到合理预测和调节粮食价格的目的，因此，研究我国粮食价格波动的相关特征以及粮食价格波动的周期特征具有重要的现实意义。本节力图通过分析大豆、玉米、小麦以及稻谷 4 种粮食价格的市场走势以及价格波动规律，对粮食价格波动的周期性进行划分，同时揭示出粮食价格波动的集聚性和非对称性、周期波动特征。

二 研究方法和数据来源

（一）研究方法

1. GARCH 模型

在通常情况下，我们会认为，横截面数据容易存在异方差性，而时间序列数据常常会存在自相关。然而，美国的恩格尔于 1982 年

[①] 陈宇峰、薛萧繁、徐振宇：《国际油价波动对国内农产品价格的冲击传导机制：基于 LSTAR 模型》，《中国农村经济》2012 年第 9 期。

[②] 龚芳、高帆：《中国粮食价格波动趋势及内在机理：基于双重价格的比较分析》，《经济学家》2012 年第 2 期。

[③] 黄季焜、杨军、仇焕广等：《本轮粮食价格的大起大落：主要原因及未来走势》，《管理世界》2009 年第 1 期。

指出，时间序列数据也存在一种特殊的异方差，即自回归条件方差（Autoregressive Conditional Heteroscedasticity，ARCH），一个自然的延伸是 ARCH（P）过程，可以写为：

$$\operatorname{Var}(u_t) = \sigma_t^2 = \alpha_0 + \alpha_1 u_{t-1}^2 + \alpha_2 u_{t-2}^2 + \cdots + \alpha_p u_{t-p}^2 \tag{5.1}$$

由于许多经济问题常常会出现 u_t 的条件方差 σ_t^2 与过去时间里的变化量之间存在关联，尤其是在运用月度数据、周数据以及日数据进行相关分析时，由于式（5.1）中的 σ_t^2 是一个分布滞后模型，那么，这样就可以用一个或者两个 σ_t^2 的滞后值去代替许多 u_t^2 的滞后值，这就是广义自回归条件异方差模型（Generalized Autoregressive Conditional Heteroscedasticity Model，GARCH 模型）的一个基本思想，在 GARCH 模型的设定过程中，一般要考虑两个不同的设定：一个是对条件均值的设定，另一个是对条件方差的设定。

标准的 GARCH（1，1）模型为：

条件均值的设定：$y_t = x_t' \gamma + u_t \quad t = 1, 2, \cdots, T$ （5.2）

条件方差的设定：$\sigma_t^2 = \omega + \alpha u_{t-1}^2 + \beta \sigma_{t-1}^2, \quad \alpha + \beta < 1$ （5.3）

2. TARCH 模型

恩格尔和 Ng（1993）认为，资本市场中的好消息与坏消息对市场的冲击经常会表现出一种非对称性，这种非对称性效应允许市场中的波动率对市场下跌的反应比市场上升的反应更加快速，因此被称为"杠杆效应"。TARCH 或者门限 ARCH（Threshold ARCH）模型是由 Zakoian（1990）和 Glosten、Jagannathan、Runkle（1993）提出的，这个模型中的条件方差被设定为：

$$\sigma_t^2 = \omega + \alpha \times u_{t-1}^2 + \gamma \times u_{t-1}^2 d_{t-1} + \beta \times \sigma_{t-1}^2 \tag{5.4}$$

式中，d_{t-1} 是一个虚拟变量，当 $u_{t-1} < 0$ 时，$d_{t-1} = 1$；否则 $d_{t-1} = 0$。只要 γ 不为 0，就存在非对称效应。条件方差方程中的 $\gamma \times u_{t-1}^2 d_{t-1}$ 项就是所研究的非对称效应项，或者也可以叫作 TARCH 项。u_{t-1} 表示市场中的两种不同的信息：好消息和坏消息。当 $u_{t-1} > 0$ 时，表示好消息；当 $u_{t-1} < 0$ 时，表示坏消息。当市场给定一个好消息时，$d_{t-1} = 0$，那么此时的好消息对市场将会有一个 α 倍的冲

击；相反，当市场给定一个坏消息时，有 $d_{t-1}=1$，那么这个坏消息将会给市场带来一个 $\alpha+\gamma$ 倍的冲击。如果 $\gamma>0$，说明存在杠杆效应，这种非对称效应的主要作用是使市场中的波动变得更大；如果 $\gamma<0$，说明该非对称效应的作用是使市场波动减少。

3. H—P 滤波模型

H—P 滤波模型是用来研究经济周期的一种重要手段和方法，其主要的理论观点：在一个给定的时间序列时，它可以被拆解为两个部分，一部分是周期部分，另一部分是增长部分，可以简要地表示为：

$$Y_t = G_t + C_t (t=1, 2, 3, \cdots, T) \tag{5.5}$$

式中，G_t 表示第 t 期的增长成分，C_t 表示第 t 期的周期成分，其中，C 是研究的重要部分，它是体现周期性质的主要成分。

（二）数据来源

本书选取的是 1997 年 3 月到 2015 年 12 月的大豆价格指数、玉米价格指数、小麦价格指数以及稻谷价格指数月度数据，其数值以 1997 年 3 月的价格数据作为基期，而后数据均以上个月为基期进行测算，数据源自各年份的《中国统计年鉴》。另外，稻谷价格指数数据采用籼稻和粳稻价格指数的平均值代替。本节中的 4 种粮食作物分别是稻谷、玉米和小麦，此外，还包括大豆，虽然大豆主要是用于工业用途，其经济作用更大，但是，在国内，大豆在一定程度上也有其重要的食用价值。因此，将大豆也纳入粮食作物进行研究。为了记忆和书写简便，本书将用 S、W、M、N 分别表示大豆价格指数、小麦价格指数、玉米价格指数、稻谷价格指数。

三 四种粮食价格波动的实证分析

（一）粮食价格波动趋势

通过观察可以发现，1997—2015 年的粮食价格存在明显的波动（见图 5-1）。在这 200 多个月时间内，大豆价格指数（S）、小麦价格指数（W）以及玉米价格指数（M）和稻谷价格指数（N）的月度平均增长率约为 0.028%、0.033%、0.052% 和 0.020%。对

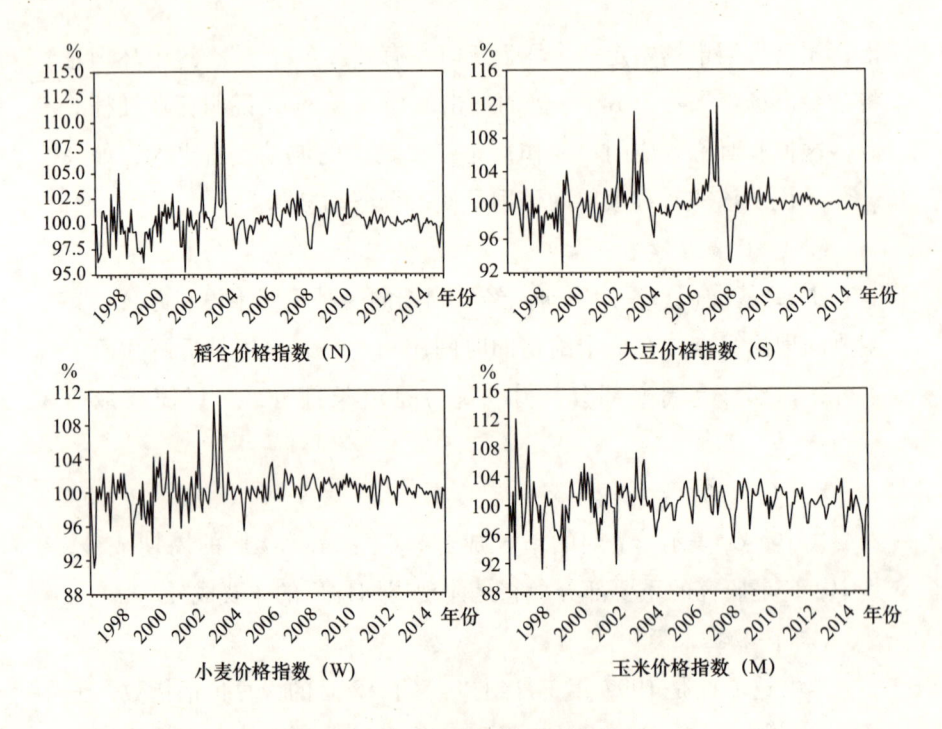

图 5-1 粮食价格波动趋势

于稻谷价格指数波动趋势，可以发现，稻谷价格指数（N）在 2004 年之前剧烈波动，但是，在 2004 年之后，其价格表现出相对平稳的状态，在 2003—2004 年这一年时间内，稻谷价格在短时间内出现急剧上升和下降的情况，其主要原因是 2003 年稻谷的产量下降，库存减少，表现出由需求拉动价格高涨的现象。此外，大豆价格指数（S）在 2009 年之前的波动起伏相对较大，在 2009 年之后，其价格变化相对平稳，大豆价格在 2003—2004 年这一区间内，表现出急剧上升的特征。除此之外，大豆价格尤其在 2006—2008 年出现迅猛增长的趋势，2008 年 7 月的数据显示，大豆价格达到了历史的最高点，而在 2008 年 11 月末，大豆价格开始出现阶段性的下降，直至 2009 年后大豆价格逐步趋于稳定。小麦价格指数（W）波动同稻谷价格指数（N）波动存在相似性，变化幅度较大的区间同样集中在 2003—2004 年，主要原因是小麦的需求供给开始出现逆转，从而导致小麦价格开始急剧上升。与其他粮食价格相比,玉米价格指数(M)的波动幅度相对平稳,但是,在2002—2004年这一期间内,玉米价格也表现出了剧烈的波动,在2003年9月左右,玉米价格表现出急剧上升的趋势,其主要原因同样是需求拉动,从而使玉米走出价格低谷。综合以上粮食价格波动趋势可以发现:在2003—2004年、2008年国际金融危机这两个时期内,这4种粮食价格波动具有明显一致性,在前一阶段主要表现为价格的急剧上升,在后一阶段表现出价格的下降趋势。

此外,通过对4种粮食价格指数数据(S)、(W)、(N)、(M)进行描述性统计(见表5-1),由此可得到以下几个结论:

表5-1　　　　　　　　4种粮食价格描述性统计量

变量	平均值	标准差	偏度	峰度	J—B正态性检验(χ^2)	最大值	最小值	样本量
大豆价格指数(S)	100.25	2.29	1.31	11.31	714.82***	112.11	92.43	226
玉米价格指数(M)	100.34	2.67	-0.17	5.82	75.87***	112	91.12	226
小麦价格指数(W)	100.20	2.22	0.38	10.03	470.89***	111.50	91.14	226
稻谷价格指数(N)	100.28	1.81	2.19	18.76	2518.91***	113.57	95.27	226

注:***表示1%的显著性水平。

(1)大豆、玉米、小麦以及稻谷价格指数的平均值分别为100.25、100.34、100.20和100.28。

(2)偏度是用来描述序列对称性的指标,一般而言,如果偏度指标为0,则认为该序列分布是对称的。由表5-1可以发现,4种粮食价格的偏度值都不为0,则大豆、玉米、小麦以及稻谷价格指数序列分布具有不对称性;另外,大豆、小麦以及稻谷价格指数的偏度值都大于 0，即分布具有较长的右尾。

（3）峰度是用来度量分布尾部厚薄的指标，可以看出，4 种粮食价格指数的峰度指标分别为 11.31、5.82、10.03 和 18.76，都大于标准正态分布条件下的峰度值 3，因此可以判断，这 4 种粮食价格序列都具有尖峰厚尾的分布特征。

（二）变量的平稳性和自相关检验

1. 平稳性检验

在运用粮食价格指数数据进行计量经济分析的一系列作业之前，要对 4 种粮食价格指数的时间序列数据的平稳性进行检验，其 ADF 检验结果如表 5-2 所示。由平稳性检验结果发现，根据 ADF 检验值可以看出，4 种粮食价格指数序列均能通过显著性检验，即拒绝存在单位根的原假设。也就是说，这 4 种粮食价格指数序列均是平稳序列，能够直接运用原始数据进行相关的回归分析。

表 5-2　　　　4 种粮食价格指数的平稳性（ADF）检验

变量	ADF 检验值	1% 的临界值	5% 的临界值	10% 的临界值	P 值
大豆价格指数（S）	-6.2500***	-3.4595	-2.8743	-2.5736	0.0000
玉米价格指数（M）	-11.1564***	-3.4594	-2.8742	-2.5736	0.0000
小麦价格指数（W）	-10.8098***	-3.4594	-2.8742	-2.5736	0.0000
稻谷价格指数（N）	-10.2079***	-3.4594	-2.8742	-2.5736	0.0000

注：***表示 1% 的显著性水平。

2. 自相关性检验

在粮食价格序列平稳的基础上，运用 Eviews 8.0 对 4 种粮食价格数据的自相关性进行相应的检验，根据序列自相关性的特征，通过观察粮食价格的 AC 值以及 PAC 值可以判断序列的相关性。在 95% 的置信区间上，粮食价格的相关系数即 AC 值以及偏相关系数 PAC 值的置信区间即为 $\left[-\frac{1.96}{\sqrt{226}}, \frac{1.96}{\sqrt{226}}\right]$，近似于 [-0.1304,

0.1304]。也就是说,如果自相关性的系数值在此范围内,那么在 5% 的显著性水平下,可以认为序列无自相关。通过对 4 种粮食价格指数分别进行自相关性检验,其检验结果显示:①大豆价格指数(S)存在显著的自相关,其 1 期、2 期 AC 值分别为 0.422 和 0.376,PAC 值分别为 0.422 和 0.241,因此可以说,S 是存在显著的自相关的;②小麦价格指数(W)在 5% 的显著性水平下存在 1 期、4 期、11 期自相关,特别是 1 期滞后自相关性尤为显著,自相关系数 AC 值为 0.312 左右;③玉米价格指数(M)在 5% 的显著性水平下存在显著的 1 期自相关,其相关系数 AC 值为 0.284;④稻谷价格指数(N)在 5% 的显著性水平下显著,拒绝稻谷价格不存在自相关性的原假设,即存在 1 期、4 期自相关,且 AC 值、偏自相关系数 PAC 值分别为 0.363 和 0.250。因此,4 种粮食价格数据(S)、(W)、(N)、(M)均存在显著的自相关性。也就是说,过去的粮食价格对当前的粮食价格影响比较大,这样的高自相关性能清晰地反映出粮食价格波动的集簇性特征。

(三)粮食价格的 ARCH 检验

由自相关检验可知,大豆价格指数(S)存在 1 期、2 期自相关,小麦价格指数(W)存在 1 期、4 期、11 期自相关,玉米价格指数(M)存在 1 期自相关,稻谷价格指数(N)存在 1 期、4 期自相关,因此,对 4 种粮食价格指数数据建立均值方程,其回归结果如表 5-3 所示。

表 5-3　　　　　　　　均值方程回归结果

回归方程	t 统计量	P 值
$M_t = 71.88^{***} + 0.28^{***} M_{t-1}$ 　　(6.45)　　(0.06)	11.15 4.42	0.0000 0.0000
$W_t = 39.54^{***} + 0.21^{***} W_{t-1} + 0.22^{***} W_{t-4} + 0.18^{***}$ W_{t-11}(10.14)　　(0.06)　　　(0.06)　　　(0.06)	3.90 3.25 3.41 3.07	0.0001 0.0013 0.0008 0.0024

续表

回归方程	t统计量	P值
$N_t = 48.78^{***} + 0.31^{***} N_{t-1} + 0.21^{***} N_{t-4}$ (8.07)　　(0.06)　　　(0.06)	6.05 4.93 3.38	0.0000 0.0000 0.0009
$S_t = 44.00^{***} + 0.32^{***} S_{t-1} + 0.24^{***} S_{t-2}$ (7.04)　　(0.07)　　　(0.07)	6.25 4.91 3.69	0.0000 0.0000 0.0003

注：*** 表示1%的显著性水平下显著，回归方程下方括号内数字表示回归方程中对应系数的标准差，t、P值分别表示的是对应均值回归方程中回归系数的检验统计值和概率P值。

由表5－3的均值回归方程的估计结果显示，玉米价格指数（M）受其滞后1期的影响，其影响系数为0.28，这说明玉米价格的滞后1期对当期玉米价格有一个正向的影响，而且在1%的显著性水平下显著。也就是说，上个月的玉米价格会对下一期的玉米价格造成一定的影响。同样；小麦价格指数（W）受其滞后阶数1期的影响系数为0.21，4期影响系数为0.22，11期影响系数为0.18，综合来看，小麦价格指数（W）受其滞后价格的影响度约为0.61，这说明小麦价格与其过去的价格息息相关。稻谷价格指数（N）的滞后期为1期、4期，滞后1期、4期对当期的稻谷价格也会产生一个正向的影响，其影响系数分别为0.31、0.21左右，综合两期的影响因子系数合计0.52，这说明稻谷价格受其滞后期的影响相对较大。最后，大豆价格指数（S）受其滞后1期、2期的影响，影响系数分别为0.32和0.24，综合影响系数为0.56，且都是正向的影响，这说明大豆价格在很大程度上受滞后期的影响。

观察4种粮食价格均值回归方程结果的残差序列图（见图5－2）可以看出，这4种粮食价格均具有明显的集簇性特征。因此，对玉米价格指数（M）、小麦价格指数（W）、稻谷价格指数（N）和大豆价格指数（S）的残差序列是否存在条件异方差性（ARCH）分别进行检验。针对普通的回归方程有两种不同的ARCH检验方法：

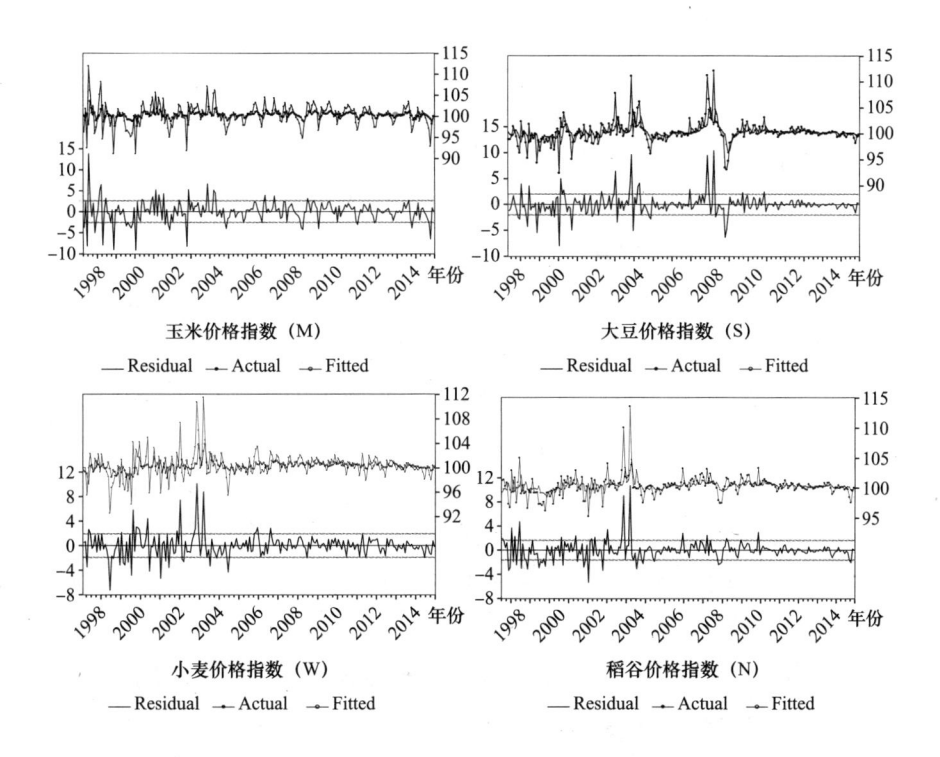

图 5-2 4 种粮食价格的残差序列

一种是 ARCH-LM 检验方法，另一种是根据残差平方相关图检验。运用 Eviews 8.0 对 4 种粮食价格分别进行 LM 检验和残差平方相关图检验，结果显示，(M)、(W)、(N)、(S) 均存在明显的 ARCH 效应，因此可以建立粮食价格的 ARCH 类模型，并进行相应的分析估计。

（四）四种粮食价格的 GARCH 回归模型

玉米价格指数的 GARCH 回归模型：

$GARCH(M) = 0.1091^{***} - 0.0678^{***} \times RESID(-1)^2 + 1.0245^{***} \times$
$\quad GARCH(-1)$
$\quad (0.0102) \ (0.0155) \qquad\qquad (0.0156)$

小麦价格指数的 GARCH 回归模型：

$GARCH(W) = 0.0104 + 0.0844^{**} \times RESID(-1)^2 + 0.9108^{***} \times$

$GARCH(-1)$

(0.0165)　(0.0364)　　　　　(0.0343)

稻谷价格指数的 GARCH 回归模型：

$GARCH(N) = 0.0606^{**} + 0.3527^{***} \times RESID(-1)\hat{}2 + 0.7060^{***} \times GARCH(-1)$

(0.0235)　(0.0505)　　　　　(0.0346)

大豆价格指数的 GARCH 回归模型：

$GARCH(S) = 0.0396^{***} + 0.4858^{***} \times RESID(-1)\hat{}2 + 0.6805^{***} \times GARCH(-1)$

(0.0152)　(0.0758)　　　　　(0.0321)

注：**、***分别表示5%、1%的显著性水平下显著，括号内的数字表示的是回归方程中回归系数的标准差。

GARCH 模型的估计结果一般被分为两个部分：一部分提供了均值方程的回归标准结果，如表5-3所示；另一部分就是方差方程的回归结果，两部分回归结果均包括系数值、标准差以及 Z 统计量和对应系数的概率 P 值。在上面的粮食价格的 GARCH 回归方程中，常数项即为式（5.3）中的 ω，可以发现，4 种粮食价格的回归系数均能够通过显著性检验；同样，RESIDE（-1）^2 项的系数是式（5.3）中的 ARCH 项 u_{t-1}^2 的系数 α，在上述的回归模型中，这 4 种粮食价格的方差回归方程的 α 值均在 1% 的显著性水平下显著；GARCH（-1）项对应的系数是式（5.3）中 GARCH 项 σ_{t-1}^2 的系数 β，4 个回归模型中的 β 值也都能通过显著性检验，这就说明大豆价格指数（S）、玉米价格指数（M）、小麦价格指数（W）、稻谷价格指数（N）确实具有集聚性特征。当然，从各回归结果中 β 数值的大小来看，小麦价格指数（W）和玉米价格指数（M）回归模型中的 β 值分别为 0.9108 和 1.0245，与 1 相近，这说明小麦价格与玉米价格的集聚性特征相对较为明显，大豆价格次之，集聚性特征最薄弱的是稻谷价格，这与韩磊（2016）的研究结果不同的是，本书中玉米价格的集聚性特征最为明显[①]，使研究存在差距的原因在于样本量的大小不同。此外，韩磊在研究中所使用的数据为绝对价格量，本书数据主要使用的是价格指数数据，不存在通货膨胀等带来的名义价格影响。因此，在一定程度上，玉米与小麦价格是能够预测到的，因为其集聚性的特征表明，在一个小的价格波动的后面往往也会跟随小幅度的价格波动，在大的波动后面会跟随大的波动。

另外，玉米价格指数（M）的 GARCH 模型中的 RESIDE（-1)^2 的系数为 -0.0678，即 ARCH 项的系数为 -0.0678，此外，GARCH（-1）项的系数约为 1.0245，且在 1% 的显著性水平下显著，两项的系数之和即为式（5.3）中 $\alpha+\beta$ 之和，玉米价格指数（M）的 GARCH 回归结果中显示，$\alpha+\beta$ 之和约为 0.9567，系数之和非常接近于 1 但小于 1，它符合回归模型参数的约束条件，这表明玉米价格指数（M）的条件方差所受到的冲击是一种持久的，因此可以说，玉米价格条件方差的冲击对预测未来玉米价格的走势有着重要的参考作用。同样，小麦价格指数（W）结果显示，这两项的回归系数之和分别为 0.9952，同样显示出小麦价格指数（W）的条件方差所受的冲击是持久的，而且这种冲击对预测未来小麦价格的波动情况有着重要的参考价值。但是，针对稻谷价格指数（N）与大豆价格指数（S）的 GARCH 模型回归结果的系数显示，其系数 $\alpha+\beta$ 之和大于 1，分别为 1.0587 和 1.1663，这说明稻谷价格和大豆价格的条件方差所受的冲击是不持续的，但是仍然具有一定的冲击作用。

（五）4 种粮食价格的 TARCH 模型

为了验证粮食价格波动是否具有非对称性，对粮食价格建立 TARCH 模型来检验其非对称性，其模型回归结果如下：

玉米价格指数的 TARCH 回归模型为：

$GARCH(M) = 0.1090^{***} - 0.0398^{***} \times RESID(-1)^2 - 0.0196 \times$

---

① 韩磊：《中国粮食价格波动规律及周期性特征》，《开发研究》2016 年第 6 期。

$$(0.0110) \quad (0.0129) \qquad\qquad (0.0211)$$
$$RESID(-1)\char`\^2 * [RESID(-1) < 0] + 1.0071^{***} \times GARCH(-1)$$
$$(0.0101)$$

大豆价格指数的 TARCH 回归模型：
$$GARCH(S) = 0.7537^{**} + 0.6821^{***} \times RESID(-1)\char`\^2 - 0.5366^{**} \times$$
$$(0.2972)(0.1894) \qquad\qquad (0.2371)$$
$$RESID(-1)\char`\^2 * [RESID(-1) < 0] + 0.4966^{***} \times GARCH(-1)$$
$$(0.0766)$$

稻谷价格指数的 TARCH 回归模型：
$$GARCH(N) = 0.0613^{***} + 0.5034^{***} \times RESID(-1)\char`\^2 - 0.2908^{***} \times$$
$$(0.0214)(0.0728) \qquad\qquad (0.1027)$$
$$RESID(-1)\char`\^2 * [RESID(-1) < 0] + 0.6981^{***} \times GARCH(-1)$$
$$(0.0322)$$

小麦价格指数的 TARCH 回归模型：
$$GARCH(W) = 0.0012 + 0.0299^{***} \times RESID(-1)\char`\^2 + 0.0627 \times$$
$$(0.0329)(0.0104) \qquad\qquad (0.0380)$$
$$RESID(-1)\char`\^2 * [RESID(-1) < 0] + 0.9451^{***} \times GARCH(-1)$$
$$(0.0162)$$

注：*、**、*** 分别表示 10%、5%、1% 的显著性水平，括号内的数字表示的是回归系数的标准差。

根据 4 种粮食价格的 TARCH 回归模型可以发现，其方差方程的输出结果中 RESID(-1)^2*[RESID(-1)<0] 的系数就代表了式（5.4）中的非对称项 $\gamma \times u_{t-1}^2 d_{t-1}$ 的系数 γ，通过观察 4 种粮食价格的 TARCH 回归结果，可以看出玉米价格指数（M）、大豆价格指数（S）以及稻谷价格指数（W）的方差方程回归中的系数 γ 分别为 -0.0196、-0.5366 和 -0.2908，其数值均小于 0，而且均能通过显著性检验，这就说明这 3 种粮食价格的价格波动是存在非对称性的，但是，非对称效应的作用使这种价格波动减小，这表明在玉

米市场、大豆市场以及稻谷市场，市场中表示价格会上涨的正向信息（好消息）对价格波动的冲击比市场中的负向信息（坏消息）对价格的冲击要小。此外，小麦价格指数（N）的方差方程回归结果显示，γ的估计值约为0.0627，在10%的显著性水平下显著，那么可以证实小麦价格存在非对称效应，而且这种非对称效应使波动加大，这说明，在小麦市场中，市场中价格上升的正向信息对价格波动的冲击要大于市场中价格下降的负向信息对价格的冲击。对比以上4种不同粮食的冲击效果可以发现，市场中一个"好消息"对大豆价格有一个0.6821倍的冲击，但是，对玉米价格却有-0.0398倍的冲击。此外，一个"坏消息"对大豆价格有一个0.1455倍的冲击，但是，对玉米价格有一个负向的0.0594倍的冲击，这不仅冲击效应大小不同，方向也不再一致。因此不难发现，在整个市场中，不同粮食的价格对市场信息的反馈是不相同的，也说明信息对于价格的影响是存在普遍差异性的。

（六）粮食价格波动的周期性

为了能够进一步地揭示粮食价格波动的规律性特征，本节将使用H—P滤波法对粮食价格波动的周期性规律进行分析。H—P滤波法的原理是：假设时间序列Y，趋势要素为$G = \{g_1, g_2, g_3, \cdots, g_n\}$，周期要素为$C = \{c_1, c_2, c_3, \cdots, c_n\}$，其中，n为样本容量。那么，H—P滤波法可以将$Y = \{y_1, y_2, y_3, \cdots, y_n\}$（t = 1, 2, …, n）分解为：$y_t = g_t + c_t$，其中$g_t$、$c_t$均为不可观测值。一般情况下，时间序列Y中的不可预测部分趋势G常常被定义为求解下式的最小值问题，其中，B(L)是延迟算子多项式。此外，本节选取的样本数据类型为月度数据，因此求解最小值问题中λ的取值为14400。

1. 数据来源

选取的总体粮食价格指数数据为1997年3月至2015年12月的4种粮食价格指数数据的平均值替代。

2. 结果分析

运用Eviews 8.0中的X_{13}季节调整方法对粮食价格指数数据进行

处理，并对处理后的数据采用 H—P 滤波法对其周期趋势进行划分，其结果见图 5-3，从图 5-3 可以看出，表示趋势水平的曲线就是前面的 G_t，周期成分即是前面的 C_t。在这里，以 Cycle（周期）为例（见图 5-4），分析粮食价格的周期性特征。

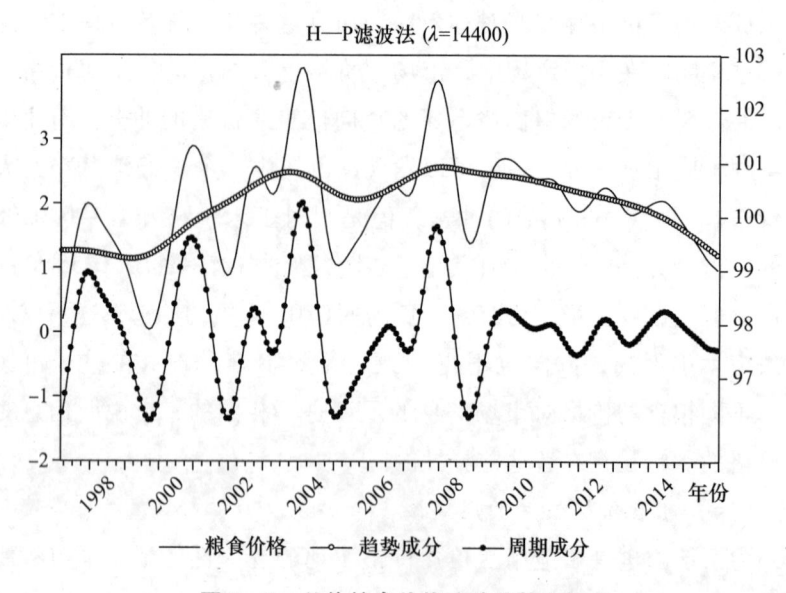

图 5-3　总体粮食价格波动趋势分解

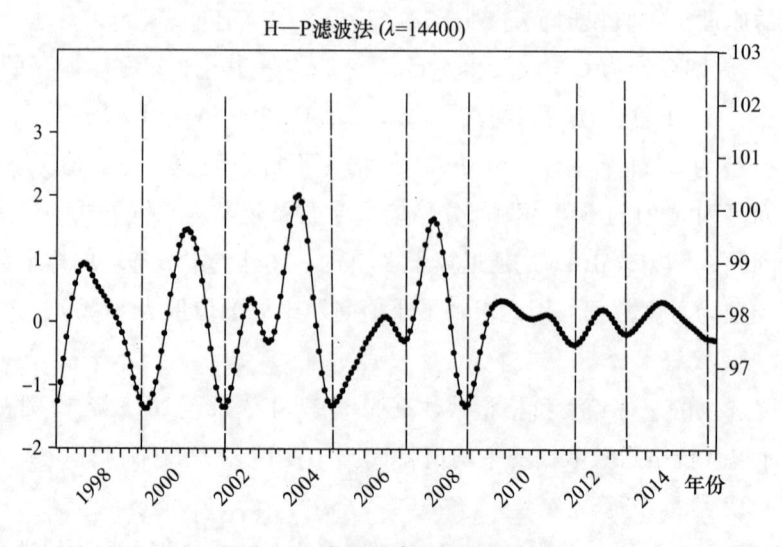

图 5-4　中国粮食价格周期划分

一般情况下，可以将一个完整的周期描述为从一个波峰到另一个波峰或者从一个波谷到另一个波谷这两种不同的形式，本节主要采用"波谷—波谷"的划分方法对粮食价格波动的周期进行分析。前面粮食价格波动的论证已经表明，粮食价格波动是具有集聚性特征和非对称性特征的，那么粮食价格波动在不同的周期内的具体非对称性特征是如何的呢？

彭勇、陆民伟（2004）认为，经济波动形态过程中的非对称性，通常可以分为陡峭型非对称性和深度型非对称性两种。[①] 其中，陡峭型非对称性有两种表现：一种是如果一个完整的周期当中的经济波动收缩期比经济波动扩张期持续的时间要长，这样的周期被称为陡升缓降型经济波动周期。另一种是相反的情况，即为缓升陡降的经济波动周期。深度型非对称性经济波动同样有两种相反的表现：如果一个周期沿水平线即经济波动的均值线折叠后，其峰顶仍然高于经济波动周期的谷底水平，那么这样的周期就是深度收缩型经济波动周期；相反则为深度扩张型经济波动周期。因此，根据相应的规则，可以将我国粮食价格波动周期划分为 8 个完整的波动周期和 1 个不完整的波动周期，每个经济周期都有其不同的表现（见表 5-4）。

在第 1 个周期内，其周期跨时 31 个月，相对来说，属于较长的周期类型，在这一周期内，其最小值约为 -1.3746，最大值约为 0.8922，均值为 -0.0626，最大值与均值的差额：max - min = 0.9548，均值与最小值之间的差额：mean - min = 1.3120，由于 0.9548 < 1.3120，因此该周期属于深度扩张型非对称周期。在该周期内，经济波动的扩张时间约为 9 个月，其经济波动的收缩时间约为 22 个月，因此表现出一种陡升缓降周期波动特征。此外，第 2、6、7、8 周期同样也表现出一种陡升缓降、深度扩张型非对称性周期波动特征；第 3、4 周期属于缓升陡降周期波动类型，在这两个经

[①] 彭勇、陈民伟：《我国消费品市场的周期波动特征分析》，《商业研究》2004 年第 16 期。

济波动周期内,粮食价格在短时间内迅速下降,而复苏的过程是缓慢的,但与第3周期不同的是,第4周期也为深度扩张型波动周期;第5周期表现出一种陡升缓降、深度收缩型周期性特征。

表 5-4　　我国粮食价格波动周期的非对称性

周期	区间	波长（月）	最小值（min）	最大值（max）	平均值（mean）	最大值-均值	均值-最小值	周期类型
1	1997年3月至1999年9月	31	-1.3746	0.8922	-0.0626	0.9548	1.3120	陡升缓降深度扩张
2	1999年10月至2001年12月	27	-1.3722	1.4554	0.0874	1.3680	1.4596	陡升缓降深度扩张
3	2002年1月至2004年12月	36	-1.3526	1.8956	0.1991	1.6965	1.5517	缓升陡降深度收缩
4	2005年1月至2007年3月	27	-1.3232	0.0804	-0.4842	0.5646	0.8390	缓升陡降深度扩张
5	2007年4月至2008年12月	21	-1.3355	1.6345	0.3069	1.3276	1.1256	陡升缓降深度收缩
6	2009年1月至2012年1月	37	-1.1671	0.3337	-0.0415	0.3752	1.1256	陡升缓降深度扩张
7	2012年2月至2013年5月	16	-0.3021	0.2027	-0.0098	0.2125	0.2923	陡升缓降深度扩张
8	2013年6月至2015年7月	26	-0.1865	0.3224	0.076	0.2464	0.2625	陡升缓降深度扩张
9	2015年8月至*	*	*	*	*	*	*	*

注:最大值-均值表示的是波峰与一般水平之间的距离,均值-最小值表示波谷与一般水平之间的距离;*表示数据不确定,主要原因是该周期仍然还在继续,没有形成一个完整的周期。

此外,通过图5-4和表5-4还可以发现,粮食价格的周期长度在发生显著性变化,其波长逐渐在减短,同时其周期内的粮食价格波动幅度也在降低。究其原因,一方面是粮食市场的不断开放和发展,市场价格的放开,使粮食价格的波动周期减小;另一方面是政府出台的最低收购价和临时收储政策,稳定了粮食的销售价格,保持了粮食市场的相对稳定,使粮食价格在一定周期内的波动幅度逐渐减少。

综合以上 8 个完整的价格波动周期可以发现，我国粮食价格波动的陡峭型非对称性周期主要是以陡升缓降为主，包含 6 个周期在内；另外，深度型非对称性周期主要以深度扩张型经济周期为主，包括 6 个较长的周期在内。因此可以认为，我国总体的粮食价格波动的非对称性特征主要表现为陡升缓降和深度扩张。换句话说，就是我国总体的粮食价格上涨的时间要比粮食价格下跌的持续时间短，但是，在每个经济波动周期内的最大值与均值之间的距离比最小值与均值之间的距离要小。也就是说，在每个周期内表现出深度扩张的特征，这与现实中人们的客观感受相一致：在粮食市场上，某种粮食的价格虽然在下降，但是，粮食价格总体却一直在上升。

四 结论与政策建议

本书运用 1997 年 3 月至 2015 年 12 月共计 226 个月的粮食价格指数数据，通过 ARCH 类模型对 4 种粮食价格的集聚性特征以及非对称性特征分析，并运用 H—P 滤波法对总体粮食价格波动的周期进行划分，得到以下三点主要结论：

（1）大豆、玉米、稻谷、小麦的价格波动具有明显集聚性特征。小麦价格与玉米价格波动的集聚性特征相对较为明显，大豆价格次之，集聚性特征最弱的是稻谷价格波动。因此，玉米价格与小麦价格具有可预测性。

（2）在整个市场中，不同粮食的价格对市场信息的反应是不相同的，也就是说，信息对于价格的影响是存在普遍差异性的：市场中一个"好消息"对大豆价格有一个 0.6821 倍的冲击，但是，对玉米价格却有 -0.0398 倍的冲击；而一个"坏消息"对大豆价格有一个 0.1455 倍的冲击，但是，对玉米价格有一个负向的 0.0594 倍的冲击，这不仅冲击效应大小不同，方向也不再一致。

（3）在整个样本区间内，我国总体粮食价格波动可以被划分为 9 个非对称性周期，并且每个价格波动周期都存在明显的差异性。综合来看，我国粮食价格波动的非对称性特征主要表现为一种陡升缓降和深度扩张型周期性特征。也就是说，价格上涨的时间比价格下跌的持续时间要短。

综观国内农业经济的发展现状，可以发现，粮食价格不仅受自然条件制约，而且粮食价格波动还受到其他因素的影响。一方面，我国粮食国际竞争力不强，这不仅体现在粮食价格这一点上，也体现在粮食的质量和品质方面，正是这方面的原因，才会出现国内外粮食价格倒挂现象严重、粮食库存高的问题；另一方面，国际市场粮食价格对我国粮食价格造成的潜在威胁。近几年来，国际市场的粮食价格出现走低现象，国际市场中粮食价格的波动无疑将对国内市场粮价造成一定的影响，这也是国内玉米市场价格走低的主要原因之一。粮食安全问题不仅包括质量安全，而且包括品质、价格安全，粮食问题不仅是一个经济性问题，更是一个政治性问题。因此，要加强对国内粮食价格市场的管理，解决这一问题的关键在于：政府部门对粮食市场的监管机制要进一步完善，政府在兼顾多方利益的同时，要在粮食价格和粮食质量安全等各个方面全力监管，减小市场波动对粮食价格的影响，努力改善和提高国内粮食价格与粮食质量品质的国际竞争力，保证粮食市场的稳定发展，促进社会的和谐稳定。

第二节 我国粮食产量、价格对CPI的冲击及地区差异

一 我国粮食价格走势描述

近些年来，我国经济发展势头强劲，经济发展速度一直保持较快的增长水平，但物价水平却波动较大。如 2005 年的 CPI 同比仅增长 1.8%，2006 年增长 1.5%。但是，进入 2007 年后，我国物价却出现了大幅跳跃上升的趋势，2007 年我国居民消费价格比上年上涨 4.8%。2008 年以来，该数据更是逐月上涨，其中，1 月为 7.1%，

2月为8.7%,3月为8.3%,4月达到8.5%。2010年虽然出现一定强度的回落,然而,2011年6月,物价水平又达到了6.4%,这充分呈现了这一时期物价水平的不寻常波动特征。

伴随我国物价上涨,粮食价格和农产品价格也出现了异乎寻常的上涨。粮食是大宗商品,是生活必需品,粮食需求既存在刚性,又存在可能的增长空间。从数据来看,近几年来,我国为提高粮食安全警戒,粮食产量增长幅度逐年提高,但实际上并没有对物价水平起到抑制作用,反而提高了物价水平。2006年,粮食价格上涨了2.54%;2007年,粮价上涨了6.5%,这时的物价水平却达到了4.8%。国内外许多专家和学者在农产品与物价上涨方面做出了大量的研究。加纳(1989)、科迪和米尔斯(1991)认为,大宗商品价格可以作为通货膨胀率的一个领先指标。[1] 卢锋、彭凯翔(2002)从粮价上涨角度验证了我国粮价上涨和通货膨胀的因果关系,认为我国20世纪90年代中期名义粮价的剧烈波动是由于通货膨胀预期导致的社会大规模存粮造成的。[2] 塞金(Sekine,2006)认为,传统的通货膨胀动态传导效应在减弱,特别是近年来很多国家出现能源价格和食品价格快速上涨以及货币大幅贬值现象,但通货膨胀率并未出现大幅波动。[3] 王小宁(2009)认为,农产品价格上涨是通货膨胀的表现形式,且农产品价格上涨与通货膨胀之间并无内在必然联系,进而预期到今后玉米、大豆和食用油价格上涨可能成为通货膨胀压力释放的突破口。[4] 张成思(2010)认为,我国上中下游价

---

[1] Garner, Alan C., "Commodity Prices: Policy Target or Information Variable", *Journal of Money, Credit, and Banking*, 1989, Vol. 1, No. 4, 508.514; Cody, Brain J. and Leonard O. Mills, "The Role of Commodity Prices in Formulating Monetary Policy", *Review of Economics and Statistics*, 1991, Vol. 73, No. 2 (May, 1991, 358), p. 365.

[2] 卢锋、彭凯翔:《中国粮价与通货膨胀关系(1987—1999)》,《经济学》(季刊)2002年第4期。

[3] Sekine, T., "Time-Varying Exchange Rate Pass-through: Experiences of Some Industrial Countries", *BIS Working Paper*, 2006, No. 202.

[4] 王小宁:《农产品价格上涨与通货膨胀的关系》,《价格理论与实践》2009年第5期。

格存在长期均衡关系，并且上中游价格对下游价格具有显著动态传递效应，而下游价格对中游价格以及中游价格对上游价格分别存在反向传导的倒逼机制。[①]

1985—2009 年 CPI 与粮食价格走势如图 5-5 所示。

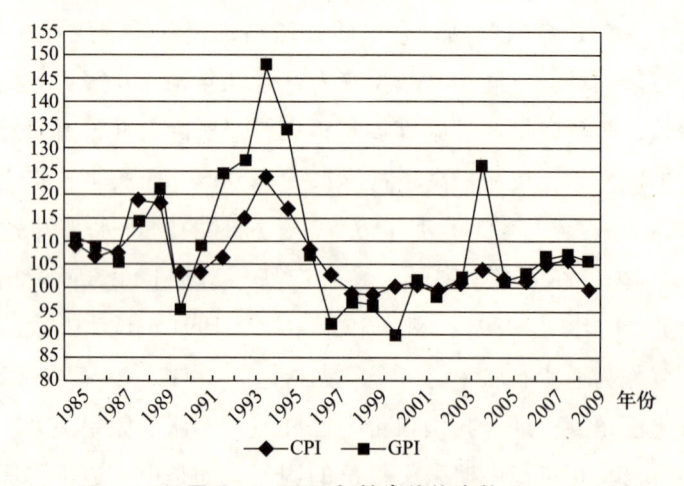

图 5-5 CPI 与粮食价格走势

资料来源：根据《中国统计年鉴》（1986—2010）和《中国农村统计年鉴》（1986—2010）计算整理而成。

上述学者对粮食价格和农产品价格对物价水平波动影响的研究基本观点是粮食价格确实对物价水平具有显著性影响，然而，伴随粮食产量的逐年上升，却不能有效地抑制物价上涨，是不是粮食产量失去了调节市场价格的能力？改革开放以来，我国粮食价格经历了由原来的统购统销改为定购统销和议购议销"双轨制"并存、收购保护价与销售市场价格共存和全面放开与最低收购价并存的几个大的价格机制阶段。1985 年，国家对粮食的统购统销政策的革新，出台了合同订购和"倒三七"比例价措施，这意味着 1985 年以后，粮食产量与粮食价格已进入了市场化改革阶段；1993 年，国务院发布了《关于加快粮食流通体制改革的通知》，该通知指出，

---

① 张成思：《长期均衡、价格倒逼与货币驱动——我国上中下游价格传导机制研究》，《经济研究》2010 年第 6 期。

第五章　我国粮食价格波动及对 CPI 的冲击效应研究 / 109

"粮食价格改革是粮食流通体制改革的核心"，强调"在国家宏观调控下放开价格"，2004 年国家全面放开粮食收购和销售市场，实行粮食购销市场化。随着国家逐步放开粮价与粮食产量统一的监管体制，实行市场化调节，粮食产量的增减势必会对粮食价格的走势产生明显的影响力。从图 5 - 6 可以看出，我国粮食产量与粮食价格的走势在几个时间段内却呈现同方向增长，虽然这些年份出现过一些政策因素，但这些政策大多是深化我国经济市场化的政策，这说明我国粮食产量对粮食价格的市场作用能力不是很强。一定时期粮食产量的增产不仅没有合理地抑制粮价上涨，反而助推了粮价的进一步上涨，给我国的通货膨胀带来了一定的压力。我们的研究尝试采用 1985—2009 年的省际面板数据，运用 PVAR 动态模型来分析粮食产量、粮食价格对物价水平的影响，并合理解释我国粮食主产地区与粮食非主产地区间粮食产量、粮食价格对 CPI 影响关系的不同，并得出相关结论。[①]

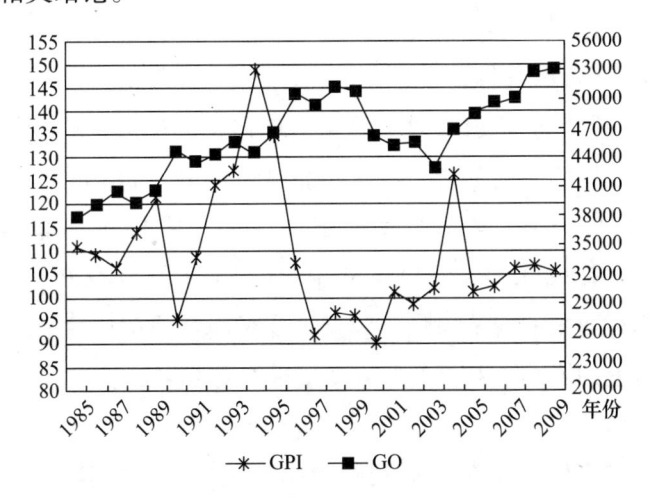

图 5 - 6　粮食价格与粮食产量走势

资料来源：根据《中国统计年鉴》（1986—2010）和《中国农村统计年鉴》（1986—2010）计算整理而成。

[①] 马敬桂、黄普：《粮食产量、价格对 CPI 的冲击效应及地区差异分析》，《农业技术经济》2013 年第 6 期。

二 研究方法、变量与数据来源

（一）研究方法

研究采用面板数据向量自回归（Panel Data Vector Autoregression，PVAR）的计量方法。PVAR 的估计方法最早出现于霍尔茨－伊金（Holtz－Eakin）等学者的研究中，随后这一方法得到了更深层次的发展。面板 VAR 是多元系统方程，是相当灵活的分析框架，所以回归方程中的所有变量滞后项均考察在内。它沿袭 VAR 的优点，但又不同于传统的 VAR 模型，面板 VAR 其实是基于微型理论模型定量分析面板数据间动态关系的统计工具。在分析中，PVAR 能把目标变量看成一个内生系统来处理，真实地反映变量间的互动关系，其中的正交化脉冲响应函数可以分离出不同因素对物价波动的影响程度。

研究采用二阶滞后回归的 PVAR 模型，模型如下：

$$y_{it} = \alpha_i + \gamma_t + \sum_{i=1}^{2} \Gamma_{t-i} y_{i\,t-i} + \mu_{it}$$

式中，i 表示各省、市、自治区，t 表示各年份，α 表示为个体固定效应向量，γ 表示为时点固定效应向量。$LCPI_{i,t}$ 表示为我国的物价水平，即为一国的消费物价总指数（CPI），$LGPI_{i,t}$ 表示为我国的粮食价格，粮食属于大宗商品，用粮食零售价格指数表示，$LGO_{i,t}$ 为一国的粮食产量。在上式中，$y_{it} = (LCPI_{it}, LGPI_{it}, LGO_{it})$，是基于面板数据的变量向量，为减少变量间不同单位可能产生的误差和异方差的影响，对模型所有变量采取对数化处理。

（二）变量

（1）消费物价指数。消费物价指数是衡量通货膨胀的主要指标，本书选取消费物价指数为被解释变量，并取对数，用 LCPI 表示，一阶差分表示为 DLCPI。

（2）粮食价格指数。粮食价格指数是反映不同时期粮食价格水平的变化方向、趋势和程度的经济指标。由于粮食属于大宗商品，本书采用的粮食价格指数为粮食的零售价格指数，并取对数，用

LGPI 表示，一阶差分表示为 DLGPI。

（3）粮食产量指标。本书采用的粮食产量指标用 GO 表示，并取对数，用 LGO 表示，一阶差分表示为 DLGO。

在粮食主产地区和粮食非主产地区分析中使用的消费物价指数、粮食价格指数和粮食产量分别为 lnCPI、lnGPI、lnGO，其一阶差分形式分别为 DlnCPI、DlnGPI、DlnGO。在地区脉冲分析中使用的指标分别用 Z 和 FZ 两个前缀表示粮食主产地区和粮食非主产地区分析的所有变量加以区别。

（三）数据来源

研究采取的消费物价指数、粮食价格指数和粮食产量三类数据的指标均选取于1986—2010年中国28个省、市、自治区的面板数据，由于重庆、海南、西藏等地区有些年份数据缺失，这里的分析不包括上述三个地区。统计数据均来源于《中国统计年鉴》(1986—2010)和《中国农村统计年鉴》(1986—2010)，样本量为700个。

三 实证分析

（一）单位根检验

由于变量的非平稳性会导致谬误回归，所以，变量是否具有平稳性对于时间序列模型估计结果具有重要影响。为保证面板单位根检验结论的稳健性，本节采用了费希尔 ADF 检验和费希尔 PP 检验方法对所有变量进行面板单位根检验，其检验结果如表5-5所示。

表5-5　　　　　　　　面板单位根检验

	检验方法	统计量	样本量
LCPI	费希尔 ADF 检验	38.849 (0.96)	616
	费希尔 PP 检验	52.9527 (0.591)	672
LGPI	费希尔 ADF 检验	23.7316 (0.99)	616
	费希尔 PP 检验	26.2052 (0.998)	672

续表

	检验方法	统计量	样本量
LGO	费希尔 ADF 检验	18.1206 (0.99)	616
	费希尔 PP 检验	20.3102 (0.99)	672
DLCPI	费希尔 ADF 检验	158.824*** (0.00)	588
	费希尔 PP 检验	183.948*** (0.00)	640
DLGPI	费希尔 ADF 检验	121.951*** (0.00)	588
	费希尔 PP 检验	506.225*** (0.00)	640
DLGO	费希尔 ADF 检验	104.126*** (0.00)	588
	费希尔 PP 检验	1752.76*** (0.00)	640

注：***表示 t 统计量在 1% 的显著性水平下显著。

由表 5-5 的检验结果可以看出，消费物价指数、粮食价格指数和粮食产量的对数形式为非平稳数据，通过一阶差分转换后，其为平稳数据，这里的检验结果为：DLCPI ~ I (0)、DLGPI ~ I (0)、DLGO ~ I (0)，因此，它们具有同阶平稳性，满足了时间序列面板模型分析的条件，为以下的动态分析创造了良好的条件，并在一定程度上避免了伪回归现象。

(二) PVAR 稳健型分析

研究所估计的 PVAR 模型采用了前向均值差分法，也称赫尔默特（Helmert）过程，用来处理 PVAR 模型中包含的固定效应，然后利用 GMM 方法得出系数的有效估计，表 5-6 中的二阶影响系数大多数为显著系数，表明 PVAR 取 2 阶是有效的。

从表 5-6 的 PVAR 的回归结果可以看出，物价水平的滞后 1 期对当期的 CPI 影响为 0.2755，影响为正，说明物价水平 1 期滞后效应明显，滞后 1 期的物价水平对当期的物价水平很大，所以，研究物价水平是一个动态的问题。滞后 1 期粮食价格对物价水平的影响为 0.0168，滞后 2 期的粮食价格对物价水平的影响系数为 0.1848，说明粮食价格对物价水平的影响滞后 2 期并为正，粮食价格是影响物价水平波动的主要来源。

在表 5-6 中，粮食产量对物价水平的影响，滞后 1 期的粮食产量对物价水平的影响为 0.0224，粮食产量的滞后 1 期对物价水平的影响为正，但没有粮食价格对物价水平的影响大，说明粮食价格是影响物价水平的主要来源，而粮食产量对物价水平的影响处于从属地位。滞后 2 期的粮食产量对物价水平的影响系数为 -0.0037，t 统计量非常小，不显著，可以解释为粮食产量发挥调节粮食市场的作用不显著。动态分析中，各个变量的滞后期冲击效应，在此不再过多分析。

表 5-6　　　　　　　　　　PVAR 估计结果

解释变量	被解释变量		
	DLCPI (t)	DLGPI (t)	DLGO (t)
DLCPI (t-1)	0.2755 (5.8983)	0.5987 (3.8733)	-0.1981 (-1.9316)
DLGPI (t-1)	0.0168 (0.9064)	-0.2361 (-3.8923)	0.1061 (2.7981)
DLGO (t-1)	0.0224 (1.2404)	-0.1488 (-2.7946)	-0.2038 (-2.9811)
DLCPI (t-2)	-0.6884 (-14.0691)	-1.0397 (-10.9015)	0.52847 (6.204)
DLGPI (t-2)	0.1848 (9.1521)	0.0864 (2.3842)	-0.0853 (-2.3394)
DLGO (t-2)	-0.0037 (-0.1994)	0.0864 (0.0471)	0.0699 (1.0237)

注：括号内数字为 t 统计量。

（三）脉冲响应分析

面板脉冲响应函数是描述 PVAR 中某一变量的正交化信息对系统中每一个变量的影响，这可以通过各变量对冲击的动态反应情况来了解各个变量的影响程度和方向。从脉冲响应图见图 5-7，可以

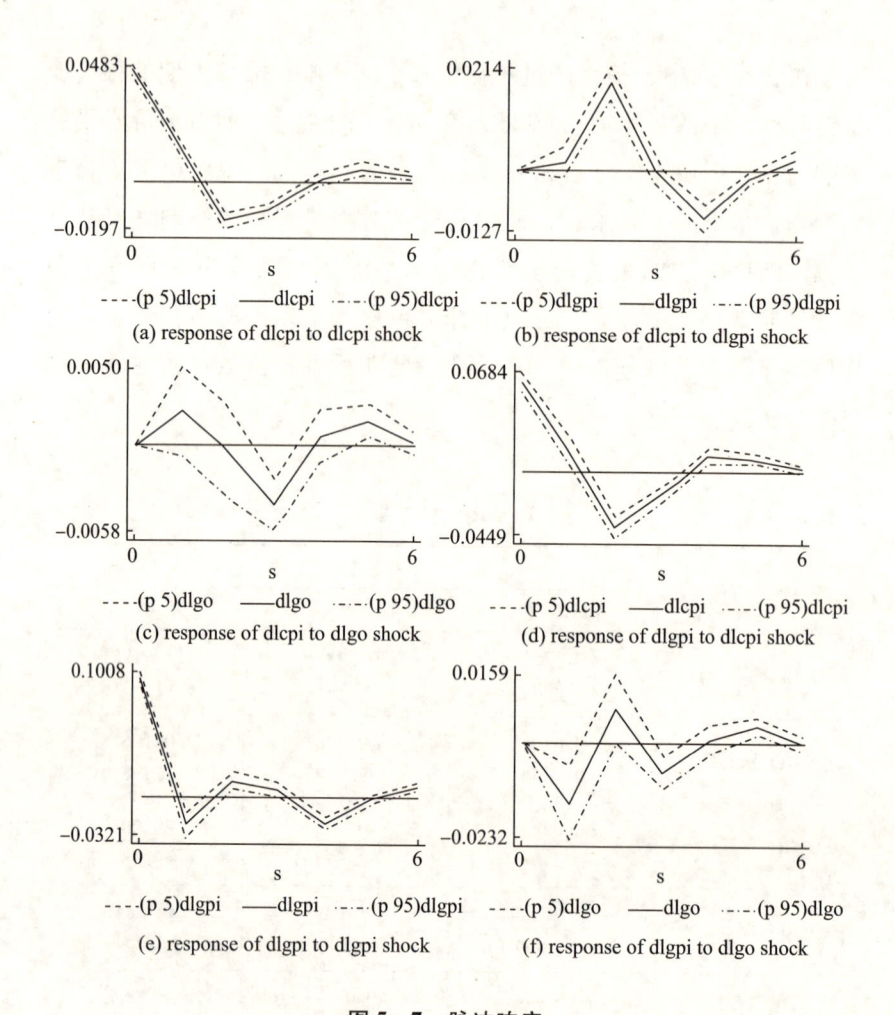

114 / 我国食品价格波动周期及平抑机制研究

----(p 5)dlcpi ——dlcpi ----(p 95)dlcpi
(a) response of dlcpi to dlcpi shock

----(p 5)dlgpi ——dlgpi ----(p 95)dlgpi
(b) response of dlcpi to dlgpi shock

----(p 5)dlgo ——dlgo ----(p 95)dlgo
(c) response of dlcpi to dlgo shock

----(p 5)dlcpi ——dlcpi ----(p 95)dlcpi
(d) response of dlgpi to dlcpi shock

----(p 5)dlgpi ——dlgpi ----(p 95)dlgpi
(e) response of dlgpi to dlgpi shock

----(p 5)dlgo ——dlgo ----(p 95)dlgo
(f) response of dlgpi to dlgo shock

图 5-7 脉冲响应

看出，图 5-7（a）描述的是一单位物价水平的标准差波动对物价水平本身波动的冲击函数图，从图 5-7（a）中可以看出，物价水平对自身的冲击呈现出正向冲击，并在当期达到最大值，达到 0.0483 个标准差，先慢慢下降，然后又上升，第 2 年后达到最低值，第 4 年又形成新的正向冲击。这说明物价水平对物价自身波动在 1—1.5 年内具有持久的正向冲击，这与物价水平的单位根的检验结果一致，增强了滞后期选择的有效性。

图 5-7 (b) 描述的是一单位粮食价格的标准差波动对物价水平波动的冲击函数图,从图 5-7 (b) 中可以看出,粮食价格水平对物价水平的冲击呈现出正向冲击,并逐渐上升,在第 2 年达到最大值,达到 0.0214 个标准差,先慢慢下降,然后又上升,第 4 年后达到最低值,第 6 年又形成新的正向冲击。这说明粮食价格水平对物价波动的正向冲击明显,影响时滞为 1—3 年。

图 5-7 (c) 描述的是一单位粮食产量的标准差波动对物价水平波动的冲击函数图,从图 5-7 (c) 中可以看出,粮食产量对物价水平的冲击的呈现出正向冲击,并逐渐上升,第 1 年达到最大值,达到 0.0050 个标准差,先慢慢下降,然后又上升,第 3 年后达到最低值,第 5 年又形成新的正向冲击,这说明粮食价格水平对物价波动的正向冲击明显,影响时滞为 1—1.5 年。

图 5-7 (d) 描述的是一单位物价水平的标准差波动对粮食价格水平波动的冲击函数图,从图 5-7 (d) 中可以看出,物价水平对粮食价格水平的冲击呈现出正向冲击,在当期达到最大值,达到 0.0684 个标准差,先慢慢下降,然后上升,第 2.5 年后达到最低值,第 5 年又形成新的正向冲击。这说明物价水平对粮食价格波动的倒向正向冲击明显,影响时滞为 1—1.5 年。

图 5-7 (f) 描述的是一单位粮食产量的标准差波动对粮食价格水平波动的冲击函数图,从图 5-7 (f) 中可以看出,粮食产量对粮食价格水平的冲击呈现出负向冲击,1 年后达到最低值,达到 -0.0232 个标准差,然后慢慢上升,第 2 年后达到最大值,第 6 年又形成新的正向冲击。这说明粮食产量对粮食价格波动的长期正向冲击明显,影响时滞为 2—5 年。还可以得出,物价水平对其自身的影响的滞后期间为 1—1.5 年,粮食价格对其物价水平的影响滞后冲击为 1.5—3 年,而粮食产量对粮食价格的冲击在此期间为正冲击,这说明粮食产量对粮食价格的长期正冲击明显。

(四) 方差分解

通过蒙特卡洛 5000 次模拟,得到面板模型的方差分解表,进一步说明各个影响因素的大小,分析每一个结构冲击对内生变量变化的贡献度。表5-7是上述分析的粮食价格和粮食产量对物价水平的冲击方差分解,清晰地说明了物价水平对自身的方差百分比是比较大的,从10—20期的方差分解分析可以看出,物价水平对物价自身的影响占85.58%,粮食价格对物价水平影响占35.3%,粮食产量对物价水平的影响占4.33%,粮食产量对粮食价格水平的影响占3%左右。说明粮食价格是影响物价水平的主要来源,粮食产量对调控粮食价格和物价水平的能力比较小,粮食产量的调控能力需要增强。

表5-7　　　　　　　　方差分解

S	t	DlnCPI	DlnGPI	DlnGO
DLCPI	10	0.8558	0.1371	0.007
DLGPI	10	0.353	0.6269	0.02
DLGO	10	0.0433	0.0373	0.9224
DLCPI	20	0.8556	0.1372	0.007
DLGPI	20	0.3532	0.6268	0.02
DLGO	20	0.0434	0.0343	0.9223

从上述分析可以得出,粮食价格对CPI的影响为显著正冲击,且滞后期间为1.5—3年。粮食产量对粮食价格的影响的短期冲击为负影响,但长期来看,为正冲击。说明粮食产量的增加并不能有效地抑制CPI上涨,也说明我国的粮食价格的上涨存在长期正向冲击,并不能通过提高产量的方式来降低粮食的价格水平,失去了粮食增产增收调节市场的作用。

四　粮食主产地区与非主产区的脉冲响应分析比较

从粮食产量分布来看,我国经济可分粮食主产区和粮食非主产区两大粮食生产区域。[①] 通过对粮食主产区和粮食非主产区的粮食

[①] 粮食主产地区包括河北、内蒙古、辽宁、吉林、黑龙江、江苏、安徽、江西、山东、河南、湖北、湖南和四川。非粮食主产地区包括北京、天津、山西、上海、浙江、福建、广东、广西、贵州、云南、陕西、甘肃、青海、宁夏和新疆。

产量、粮食价格和物价水平进行 PVAR 估计,来考察粮食主产区和粮食非主产区的粮食产量、粮食价格对物价水平的不同影响。从表 5-8 的 PVAR 回归结果可以看出,粮食主产区物价水平的滞后 1 期对当期的 CPI 影响为 0.3154,影响为正,说明物价水平滞后 1 期效应明显,滞后 1 期的物价水平对当期的物价水平很大,所以,粮食主产区物价水平存在滞后正影响。滞后 1 期粮食产量对物价水平的影响为 0.0746,说明粮食产量对物价水平的影响滞后 1 期并为正,粮食产量是影响物价水平波动的主要来源。

表 5-8　　　　　　　　粮食主产区 PVAR 估计

解释变量	被解释变量		
	ZDLCPI (t)	ZDLGPI (t)	ZDLGO (t)
ZDLCPI (t-1)	0.3154 (3.893)	0.5612 (2.32)	-0.2523 (-1.579)
ZDLGPI (t-1)	-0.0321 (-1.325)	-0.3043 (-3.438)	0.1464 (3.1)
ZDLGO (t-1)	0.0746 (2.786)	-0.1854 (-2.218)	-0.3206 (-4.665)

从表 5-9 的 PVAR 回归结果可以看出,粮食非主产区物价水平的滞后 1 期对当期的 CPI 影响为 0.1679,影响为正,说明物价水平滞后 1 期效应明显,滞后 1 期的物价水平对当期的物价水平影响稍微较小,所以,粮食非主产区物价水平也存在滞后正影响。滞后 1 期粮食产量对物价水平的影响为 -0.0346,说明粮食产量对物价水平的影响滞后 1 期并为负,粮食产量对物价水平波动的影响关系是正常的市场调节关系。通过上述两个数据的比较,可以解释为粮食主产区的粮食产量发挥调节市场的作用不显著,粮食主产区的粮食产量调控应成为调控粮食价格的重点。

通过对粮食主产区和粮食非主产区的粮食产量、粮食价格和物价水平进行脉冲响应估计方程,来考察粮食主产区和粮食非主产区的粮食产量、粮食价格对物价水平的不同影响。通过蒙特卡洛 5000 次模拟,可以得到我国粮食主产区和粮食非主产区脉冲响应图(见

图 5 - 8)。从图 5 - 8 中的 (a)、(b)、(c)、(d)、(e)、(f) 可以看出，物价水平对自身的滞后期影响冲击是明显的，物价水平对粮食价格的反向正冲击也是明显的。

表 5 - 9　　　　　　　　粮食非主产区 PVAR 估计

解释变量	被解释变量		
	FZDLCPI (t)	FZDLGPI (t)	FZDLGO (t)
FZDLCPI (t-1)	0.1679 (2.517)	0.2988 (1.67)	-0.08129 (-0.667)
FZDLGPI (t-1)	0.01 (0.356)	-0.1212 (-1.619)	0.0596 (1.107)
FZDLGO (t-1)	-0.0346 (-1.244)	-0.1894 (-3.098)	-0.0819 (-0.884)

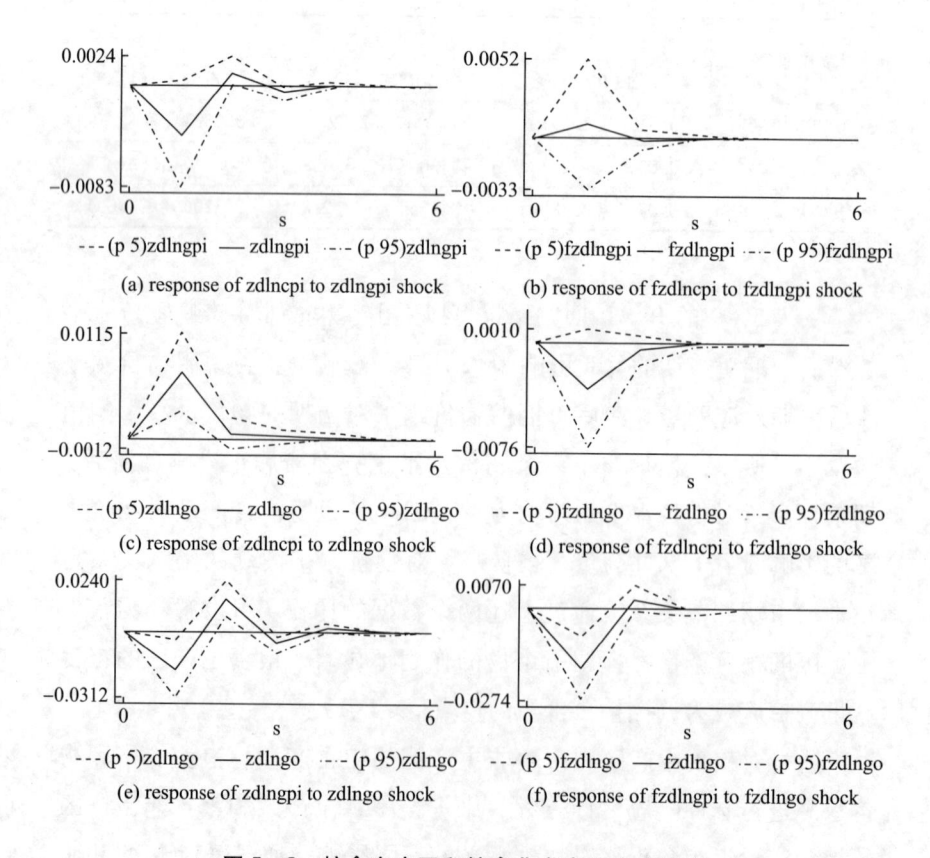

(a) response of zdlncpi to zdlngpi shock

(b) response of fzdlncpi to fzdlngpi shock

(c) response of zdlncpi to zdlngo shock

(d) response of fzdlncpi to fzdlngo shock

(e) response of zdlngpi to zdlngo shock

(f) response of fzdlngpi to fzdlngo shock

图 5 - 8　粮食主产区和粮食非主产区脉冲响应

第五章　我国粮食价格波动及对 CPI 的冲击效应研究 / 119

图 5-8 (a) 描述的是粮食主产地区一单位粮食价格的标准差波动对物价水平波动的冲击函数图，从图 5-8 (a) 中可以看出，粮食价格水平对物价水平的冲击呈现出负向冲击，并逐渐上升，第 1 年达到最小值，达到 -0.004 个标准差，最后慢慢上升，第 3 年左右达到一个正向冲击，然后慢慢趋于零。这说明粮食主产地区粮食价格水平对物价波动的负向冲击明显，影响时滞为 1—2 年。

图 5-8 (b) 描述的是粮食非主产地区一单位粮食价格的标准差波动对物价水平波动的冲击函数图，从图 5-8 (b) 中可以看出，粮食价格水平对物价水平的冲击在第 1 年内为正，在 1 年后有所上升，呈现出正向冲击，第 2 年达到正冲击最大值，第 3 年开始下降，达到 0.002 个标准差，然后慢慢趋于零。这说明粮食非主产地区粮食价格水平对物价波动的正向冲击明显，从第 2 年开始，影响时滞为 1—2 年。

图 5-8 (c) 描述的是粮食主产地区一单位粮食产量的标准差波动对物价水平波动的冲击函数图，从图 5-8 (c) 中可以看出，粮食产量对物价水平的冲击呈现出正向冲击，并逐渐上升，第 1 年达到最大值，达到 0.09 个标准差，最后慢慢下降，第 3 年后达到最低值，然后慢慢下降，这说明粮食主产地区粮食价格水平对物价波动的正向冲击明显，影响时滞为 1—2 年。

图 5-8 (d) 描述的是粮食非主产地区一单位粮食产量的标准差波动对物价水平波动的冲击函数图，从图 5-8 (d) 中可以看出，粮食产量对物价水平的冲击呈现出负向冲击，并逐渐下降，第 1 年达到最小值，达到 -0.004 个标准差，最后慢慢上升，第 3 年后慢慢趋于零，这说明粮食非主产地区粮食价格水平对物价波动的正向冲击明显，影响时滞为 1—2 年。

图 5-8 (e) 描述的是粮食主产地区一单位粮食产量的标准差波动对粮食价格水平波动的冲击函数图，从图 5-8 (e) 中可以看出，粮食产量对粮食价格水平的冲击呈现出负向冲击，在 1 年后达到最低值，达到 -0.018 个标准差，最后慢慢上升，第 5 年后正向

冲击才明显。这说明粮食主产地区粮食产量对粮食的价格波动长期负向冲击明显，影响时滞为1—5年。

图5-8 (f) 描述的是粮食非主产地区一单位粮食产量的标准差波动对粮食价格水平波动的冲击函数图，从图5-8 (f) 中可以看出，粮食产量对粮食价格水平的冲击呈现出负向冲击，在1年后达到最低值，达到-0.02个标准差，第2年又形成了正向冲击，又慢慢下降，在第5年后又形成正向冲击。这说明粮食非主产地区粮食产量对粮食的价格波动存在正向冲击和负向冲击的交错，影响时滞为1—5年。特别是在1.5—3年的滞后期间，粮食产量对粮食价格的冲击为正，即粮食产量对粮食价格的长期冲击为正向冲击。在1段时期的粮食价格对物价水平的滞后冲击也最为明显，说明其构成了通货膨胀压力。

通过上述粮食主产地区和粮食非主产地区的脉冲响应分析，可知两大地区的粮食产量对粮食价格的冲击影响基本一致，这可以说明本书使用的方法是稳健的。粮食主产地区的粮食产量对物价水平的冲击影响为正，而非粮食主产区的粮食产量对物价水平的冲击影响为负，说明在粮食主产区通过粮食产量调控粮食价格的市场机制是无效的，由于非粮食主产地区的粮食产量较小，对粮食主产地区的粮食供给依赖较大，大量的粮食供给对非粮食主产地区的粮食价格具有一定的市场调节作用。而粮食主产地区的粮食价格对物价水平的冲击影响为负，非粮食主产地区中粮食价格对物价水平的冲击影响为正，说明粮食主产地区的物价水平上涨并没有充分反映粮食价格的上涨，粮食主产地区的粮食价格存在低估的现象，由于粮食价格一直存在补贴，没有真正反映其价值，这是造成粮食价格对物价水平负向冲击的根本原因。综上所述，粮食主产区中粮食产量的市场调节机制应成为调控粮食价格的重点。

五 结论

从全国范围来看，粮食价格对CPI的影响为显著正，且滞后期间为1.5—3年。粮食产量对粮食价格的影响的短期影响为负，但从长期来看冲击影响为正。说明粮食产量的增加并不能有效地抑制CPI的上涨,说明我国粮食价格的上涨存在长期的冲击影响为正,市场机制并不能通过提高产量的方式来降低粮食的价格水平,失去了粮食增产增收调节市场的能力。从粮食主产区和粮食非主产区的脉冲响应分析来看,粮食非主产地区的粮食产量对粮食价格的冲击影响为负,粮食产量对物价水平的冲击为负,说明粮食产量调控粮食价格的市场机制是有效的,由于粮食非主产地区的粮食产量较小,对我国粮食主产地区的粮食供给依赖较大,大量的粮食供给对粮食非主产地区的粮食价格具有一定的市场调节作用。而粮食主产地区的粮食产量对物价水平的冲击影响为正,粮食产量对粮食价格的冲击影响为负,说明粮食主产地区的粮食产量对调控粮食价格的市场能力是有限的,加上粮食主产地区中粮食产量较大,粮食价格补贴较多,粮食产量的逐年增产却推高了物价水平,粮食生产过程中所需的成本上升等因素推高了物价的上涨速度。

在经济学理论中,粮食产量对价格的副作用是已被证实的,但在现实经济里,粮食产量的影响因素是多种的,特别是在市场经济体制逐渐形成的过程中,粮食价格对粮食产量的实证分析尤为重要。粮食产量的增加导致了粮食价格上涨,同时也说明了我国在调控粮食价格的复杂性和艰巨性,比如,农业生产资料价格的提高和一些农业劳动力成本的上升,国外粮食价格上涨对我国粮价的冲击,或者是粮食需求随着人口增长的不断提高而增加,因为粮食需求的增长对于粮食产量增长的影响应该为正,但如果粮食产量的增产对价格的效应被需求的增长所抵销,其粮食产量对物价水平的影响为正就不足为奇了。随着国际化进程的加快,国际物价波动频繁,特别是关系人民基本需求的消费品,因国内存在基本品的需求缺口,国外此类消费品的价格对我国基本必需消费品的冲击固然很大。还有农业生产资料价格的不断上升,近年来,劳动力工资的不断上涨,劳动力从城市回流的现象,充分说明了这些成本性价格的上涨对粮食价格带来的压力。加上消费物价水平对粮食价格上涨的反向正推动力，消费水平的不断上涨，使原有的必需消费品成本上升，特别是农民群众，消费必需品占消费总支出的比重较大，物价上涨对他们消费成本上升特别明显，提高粮食价格势在必行。

本书研究建议，粮食产量的逐年增产并不能对抑制物价上涨做出贡献，反而存在粮食生产成本推高物价上涨的现象，因此，应该合理调控与粮食价格上涨的相关因素，提高粮价调控的针对性和有效性，特别要注意粮食主产地区与粮价相关的农业成本上升问题。居民需求和国外粮价长期影响的两个方面也不容忽视，应正确分析影响粮食产量的各个因素，更好地发挥粮食产量对市场价格调控的作用，更有效地增强粮食价格对物价上涨的市场稳定作用。

第六章 我国生猪价格波动问题研究

生猪是我国居民消费的重要肉类食品。生猪价格的变化不仅对我国食品价格而且对整个 CPI 都有显著影响。这里，我们将以生猪价格为对象和代表，具体分析我国生猪价格波动特征及相关问题。

在市场供求关系作用下，我国生猪市场呈现出较为明显的周期性的价格波动，业内人士称为"猪周期"。"猪周期"是生猪生产周期性波动的简称，是指生猪价格呈现出明显的波峰与波谷交替的周期性特征。"猪周期"的一般循环轨迹是：生猪供不应求—生猪价格上涨—生猪需求增加—母猪存栏量增加—生猪供应增加—生猪供过于求—生猪价格下跌—母猪存栏量下降—生猪供应减少—生猪供不应求。自1985年，我国实施取消生猪派购、放开肉类市场、实行多渠道经营以后，到2013年，我国生猪价格先后经历了多次明显的周期价格波动。国内一些学者的研究已取得了积极的成果（李秉龙、何秋红，2007；毛学峰、曾寅初，2008；何忠伟等，2013）。[①]本章主要就2000年以来我国生猪价格波动表现出的一些新的特征及相关问题进行研究。

---

① 李秉龙、何秋红：《中国猪肉价格短期波动及其原因分析》，《农业经济问题》2007年第10期；毛学峰、曾寅初：《基于时间序列分解的生猪价格周期识别》，《中国农村经济》2008年第12期；何忠伟、刘芳、王琛：《中国生猪价格波动与调控机制研究》，中国农业出版社2013年版，第49页。

第一节 我国生猪价格波动周期及特征

生猪价格波动一直以来受到国内外学者的广泛关注。国内外学者运用经典的蛛网理论在分析生猪价格周期的波动方面取得了一系列积极的成果。这里，我们主要在前人已有研究成果的基础上，结合近年来我国生猪价格波动出现的新规律，采用 H—P 滤波法对生猪价格局部波动新特征进行研究，并据此提出平抑生猪价格的建议。

一 我国生猪价格波动特征的实证分析

（一）数据来源及选取

为了能够体现出生猪价格波动的实际情况，本书选取的数据以 2000 年 1 月到 2015 年 12 月的 16 年的生猪集贸市场月度价格作为数据基础。进入 21 世纪以来，我国生猪价格从 2000 年开始了一个新周期，因此，从 2000 年开始研究更具有科学性，数据来源于《中国农产品价格统计年鉴》（2003—2016）。为了更好地反映生猪价格的波动情况，我们将数据取对数后进行一阶差分得到生猪的价格收益率，本书样本数据有 192 个，选取的数据基本符合大样本的特点，能够更好地拟合模型，同时使得出的结论也更加具有说服力。本书数据处理采用的软件为 Excel 2007 和 Eviews 8.0。

（二）生猪价格波动特征分析

通过对于我国生猪价格收益率进行描述性统计（见表 6-1）可以得到，生猪的价格收益率的偏度为 0.507581。生猪价格收益率峰度为 4.083486，高于正态分布的峰度值 3。本书得到的偏度和峰度这两个统计值表明，生猪价格收益率存在尖峰厚尾现象。同时，我们可以根据 J—B 检验统计量来判断生猪价格的分布，结果表明是异于正态分布的。

第六章 我国生猪价格波动问题研究

表 6-1　　　　　　　　生猪价格描述性统计

统计指标	统计值	统计指标	统计值
平均值	0.005413	峰度	4.083486
标准差	0.042816	J—B检验统计量	17.54410
偏度	0.507581	样本数	192

通常在对时间序列数据进行计量分析时，首先要对数据进行平稳性检验，一般采用扩展的迪克—富勒（Dickey - Fuller）检验，即平时常用的 ADF 检验。通过表 6 - 2 可以发现，生猪价格是不平稳的，而生猪价格收益率数据是平稳的，这与国内很多学者的研究结果基本是一致的，平稳的生猪价格收益率能够为接下来进行 ARCH 效应检验做准备。

表 6-2　　　　　　生猪价格收益率平稳性检验值

变量	ADF统计值	临界值 1%	5%	10%
p	-1.347211	-3.465014	-2.876677	-2.574917
Dlnp	-8.271208	-3.465014	-2.876677	-2.574917

通过对生猪价格收益率的自相关性统计量判断，可以得到生猪价格收益率存在一阶自相关，因此可以估计出均值方程；首先，可以通过均值方程的残差图来判断是否具有 ARCH 效应，通过观察图 6 - 1 可以看出，生猪价格存在 ARCH 效应。为了进一步确定具有几阶 ARCH 效应，本书采用最常用的拉格朗日乘数法，即 LM 检验。通过对残差的 ARCH—LM 检验，检验结果如表 6 - 3 所示，我们可以发现，在 1% 的显著性水平下存在 2 阶的 ARCH 效应，这表明我国生猪价格具有明显的集簇性。这表明生猪的价格在大的波动后往往跟着大的波动，在小的波动后往往跟着小的波动。

表 6-3　　　　　　　　　ARCH 效应检验统计量

变量	回归系数	标准误	t 统计量	伴随概率 p
c	0.002435**	0.001193	2.040878	0.0436
RESID^2（-1）	0607897***	0.094155	6.456334	0.0000
RESID^2（-2）	-0.347912***	0.105376	-3.301621	0.0013

注：**、***分别表示5%、1%的显著性水平。

通过图6-1可以看出，在2007年以后的一段较长时间内，生猪价格波动频率较大。然而，2000—2005年以前，生猪价格较为稳定。在通常情况下，生猪的需求不可能在短期内发生较大变化的同时这一阶段玉米价格又相对稳定。那么，可能的解释就是生猪供给方面或外部环境出了问题。2000—2005年这一阶段生猪产量未受到较大外部冲击的影响，一直保持平稳增长的态势。而2008年以来，我国部分生猪主产省份暴发了"蓝耳病"、流行性腹泻以及口蹄疫等疫情。这些疫病除造成养殖户和养殖企业生猪的直接损失之外，还导致了患病母猪的流产或者死胎。其中，个别的生猪养殖场，小

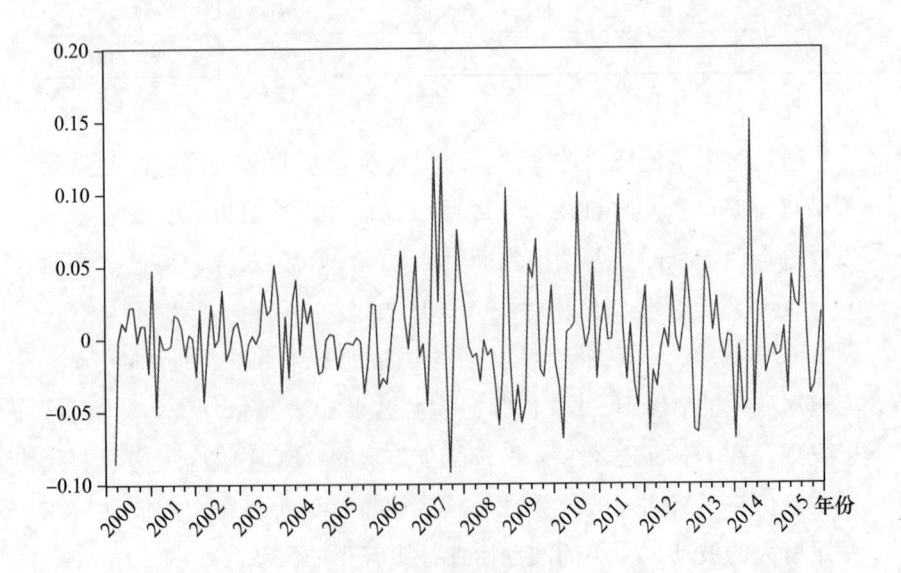

图 6-1　均值方程残差

猪的死亡率高达50%。这充分说明本书研究的实证分析结果是与以上客观事实是相吻合的。因此，减少外部冲击（如疫病、自然灾害等）对生猪市场价格的影响，对于稳定生猪市场以及生猪产业的健康发展具有十分的重要意义。

（三）H—P滤波分析生猪周期

运用H—P滤波法可以得到生猪价格的周期性变化规律，本节采用的是生猪价格数据。首先，由于生猪价格存在季节性波动，因此，为了不让季节性变化影响周期性的判断，本节采用了X_{12}季节法把对生猪价格数据进行修正。其次，再采取平滑处理得到滤波前的数据。生猪价格通过H—P滤波可以分解为趋势项和周期项（见图6-2），通过趋势项可以看出，我国生猪价格有着不断上升的趋势，周期项可以通过波峰到波峰来划分，通过实证分析我们可以得到我国生猪价格的周期一般为3—4年，这与毛学峰、于少东等的研究结果生猪价格一般周期为3年比较一致（毛学峰，2008；于少东，2012）[1]，生猪价格的周期性可以通过对图6-2中的周期项进行划分，得到具体周期，见表6-4。

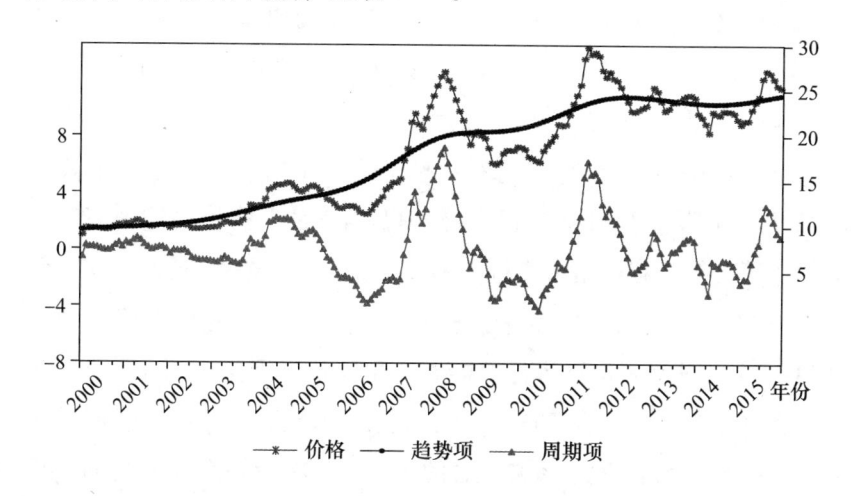

图6-2 生猪价格H—P滤波分析

---

[1] 于少东：《北京市猪肉价格波动周期分析》，《农业经济问题》2012年第2期。

表 6-4　　　　　　　　　　生猪价格周期划分

周期序号	时间	周期长度（月）	峰值	上涨率（%）	达到峰值时长（月）	峰谷	达到峰谷时长（月）	下降率（%）
1	2001年1月至2004年9月	44	9.66	56	16	5.78	28	7
2	2004年9月至2008年2月	41	16.44	137	20	6.23	21	28
3	2008年2月至2011年9月	43	19.37	83	18	9.68	25	52
4	2011年9月至2015年8月	46	17.84	45	18	11.29	28	36
5	2015年8月以后	—	—	—	—	—	—	—

研究结果显示，2000—2001年生猪价格在稳中有小幅度上升，到2001年1月的时候，生猪价格开始下降，开始了第一轮周期的波动，到达2003年5月降到峰谷每千克5.78元，下降率为12%。然后生猪价格开始上升，到2004年9月，生猪价格达到每千克9.66元，上涨率为67%。第二轮生猪价格从2004年9月开始下降，到2006年5月生猪价格每千克下降至6.23元，下降率为35%。第二轮生猪价格从2006年5月开始上升，到达2008年2月达到峰值每千克16.44元，上涨率为164%。第三轮生猪价格的下降开始于2008年2月，在2010年5月的时候达到了峰谷，生猪价格下降到了每千克9.68元，在第三轮的价格下降中生猪价格每千克下降了6.76元，下降率为41%左右，在2011年9月生猪价格达到第三轮峰值，第三轮生猪价格上升过程中每千克生猪价格上升到19.37元，上升率99%。第四轮的生猪价格从2011年10月开始下降，到达2014年4月时生猪价格降低至峰谷，生猪价格下降到每千克11.29元，下降率为42%。第四轮生猪价格在2015年8月达到峰值每千克17.84元，增长率为58%。总的来说，生猪价格存在明显的周期性，因此，通过前面四轮的生猪价格周期我们可以简单地预测，生猪的价格周期一般为3—4年，本轮生猪价格从2015年9月开始下跌，预计在2018年上半年跌到生猪价格的波谷，2019年夏季左右

生猪价格会回到峰值。

（四）近些年生猪价格剧烈波动的原因

关于这几轮生猪价格剧烈的涨跌，本书的解释是：在2005年猪价下跌过程中，部分地区（如广东、四川等）出现了猪链球菌病，同时伴随着"非典"的余波尚未结束，这两个主要原因加剧了生猪价格下跌。从2006年下半年开始，部分省份生猪出现了"蓝耳病"，疫病除导致了主产区生猪的大量死亡之外，同时还导致了母猪死胎严重，仔猪的数量大量减少，加上养殖户对于生猪饲养行业未来预期不乐观，导致了很多养殖户退出了养猪行业，这几个原因综合起来加剧了生猪供给的短缺，对生猪价格的上涨起到了推波助澜的作用。2008年生猪价格开始下跌，其主要原因是之前国家为了扭转生猪价格的颓势，出台了一系列的鼓励养猪政策，使2008年的生猪量比上年增加两成。同时，当年商务部向美国进口了20万吨猪肉用于奥运会的维稳，导致了国内生猪市场供过于求，使生猪价格暴跌。到2010年5月以后，生猪供过于求的不均衡形势慢慢调整过来，由于玉米和鱼粉等生产成本的上升，以及疫病的原因导致了很多农户放弃养殖生猪，这导致生猪的出栏率降低，生猪的供不应求推动了生猪价格的上涨。2013年，生猪存栏量大幅过剩，同时加上"中央八项规定"出台后，单位团体消费下降，导致了生猪的需求受到了很大的影响，这两个因素导致了生猪价格的急剧下降。2015年，由于母猪存栏量较少，仔猪价格持续高升，以及猪饲料价格上升等原因，导致了生猪出栏率很低，这使2015年生猪价格猛涨。

总的来说，生猪价格的上涨和下跌与市场的供求关系密切相关，当受到疫病、出栏率、进口过多、生产成本过高等因素影响时，一般会造成生猪的供不应求，导致生猪价格的上涨。反之，则会导致生猪价格的下跌。经过总结可以得出生猪价格的变化主要受到以下四个方面的因素影响。

第一，供求关系是影响生猪价格波动的根本原因。从供给层面看，养殖成本持续上涨造成了我国生猪价格的长期上涨。近些年来，生猪养殖的饲料、劳动力、防疫等成本都有不同程度的上涨，特别是人工成本上涨更快。从人工成本同比增长速度看，近五年，规模养殖的人工成本平均增速达到18%以上；[1] 从需求层面看，我国居民收入增加拉动生猪需求呈现刚性增长，我国城镇居民人均生猪消费量由2000年的16千克左右增长到现在的20千克左右。巨大的人口数量、成本推动和需求拉动共同推高了生猪价格上涨。

第二，外部冲击是影响生猪价格波动的重要原因。近年来，不断发生的疫情和灾害对我国生猪生产造成了不同程度的影响。其中，以2003年上半年"非典"疫情导致大量宰杀生猪、2006年下半年全国范围内的"蓝耳病"、2008年年初的"冰灾"直接影响生产与流通、2010年下半年的"流行性腹泻"等影响较为显著。很多养殖户淘汰公母猪，仔猪供应量减少、补栏不足，结果导致2007年生猪产量同比下降7.8%，价格上涨178%。[2]

第三，政策环境是生猪价格波动的主要影响因素。2007年5月，生猪价格大幅度上涨，对居民生活和整体物价水平造成了较大的影响。为稳定生产保障供给，2007年7月，国务院下发了《关于促进生猪生产发展 稳定市场供应的意见》；同年12月，国务院办公厅发布了《关于进一步扶持生猪生产 稳定市场供应的通知》。这些"十全大补"的措施，对促进生猪生产发挥了一定的作用，2007—2011年，我国生猪产量增长了17.85%，远高于此前的年均增长2.1%的水平。

第四，生猪自身生长发育规律和生产周期是生猪价格波动的基础原因。生猪的生育繁殖周期要遵循一定的自然规律。就生猪繁育周期看，大约要经过为期一年到一年半的生长周期，这样就使生猪产量的调整总要经历一定的时间。因此，在生猪养殖成本收益规律

---

[1] 孙秀玲：《中国生猪价格波动机理研究》，博士学位论文，中国农业大学，2015年，第50页。

[2] 刘清泉：《我国生猪价格形成与传导机制研究》，博士学位论文，湖南农业大学，2013年，第5页。

和价格响应作用下,生猪供不应求—生猪价格上涨—生猪需求增加—母猪存栏量增加—生猪供应增加—生猪供过于求—生猪价格下跌—母猪存栏下降—生猪供应减少—生猪供不应求,这种周而复始呈现出峰值与峰谷交替的生猪周期就不可避免。

(五) 生猪价格波动周期非对称性分析

生猪价格非对称性指的是生猪价格在进行周期性波动的时候,生猪价格上涨时期和价格下降时期在时间的长短上具有明显的差异性。通过对 2000 年以后生猪价格波动的完整的 4 个周期可以看出,除第二轮波动的非对称不太明显外,其他三轮的生猪价格波动都具有明显的非对称性。并且生猪价格下降的时间要远远大于价格上升的时间,对于这种现象本节试图用经济学的分析方法来进行解释,来进行剖析为何生猪的价格具有明显的非对称性?为什么在这种非对称内,生猪价格下降所需要的时间要大于价格上升的时间?

由于生猪的价格上升和下降具有非对称性,往往下降时需要很长的时间才能降到最低值,而上升的时候往往短时期就能达到最高值,形成这种原因是生猪价格的需求弹性和价格供给弹性差别很大。通过伍旭等的测算,生猪供给价格弹性较大,而需求价格弹性较小(伍旭,2011)。[①] 因此,生猪价格的上涨与下跌主要由供给层面来决定,供给层面主要靠生猪生产和生猪进口来完成,生猪养殖户对于正向和负向价格信息做出的反应也是不同的。例如,当价格开始上涨时,生猪的养殖者可以通过延长出栏时间和增加短期的库存来减少市场上生猪的有效供给,造成更加严重的供不应求,使生猪价格进一步上升,从而获得更多的利润;而当价格下降时,生猪养殖者为了规避损失则会采用同样的方式减少生猪的有效供给量,从而减缓生猪价格的进一步下降。这样会导致生猪价格上涨幅度远

---

① 伍旭:《2004—2009 年我国猪肉价格周期性波动的经济学原因——基于生猪供求弹性的分析》,《中国物价》2011 年第 11 期。

远大于价格下降幅度,导致了生猪价格的波动非对称性。因此,一般来说,生猪价格的上涨往往比较剧烈,时间相对于下降来说要短一些。

生猪养殖户在生产过程中会根据价格变动信息对供给量做出调整。一般来说,生产周期越具有弹性、库存调整空间越大,那么价格波动的非对称性就会越发明显。从生猪养殖户和企业的视角来看,以下这两个因素会影响生猪价格波动的非对称性:一是生产者的专业化程度。专业化生产企业往往具有更强的信息收集和分析能力,这种超强的能力使企业能够更加及时地对市场信息做出判断,从而调整供给量。二是生猪养殖的规模化程度。当价格上涨时,生猪养殖散户和小规模养殖者受制于自身的经济实力,很难通过延长出栏时间或扩充规模来获得利润;而大型养殖企业和大型养猪场则有更充分的时间和资金调整出栏时间和库存。当价格下跌时,散户和小规模养殖者可能迫于现金流压力,不得不"放血",低价卖出生猪;而大型养殖企业则可能坚持一段时间,待到价格回涨时再让生猪出栏。

二 研究结论

通过对 2000 年 1 月到 2015 年 12 月 16 年间的生猪价格集贸市场月度数据研究,运用 ARCH 模型和 H—P 滤波法分析我国生猪价格的波动性和周期性可以得到以下几点结论:

(1) 我国的生猪价格的波动频率十分剧烈,这对于我国养猪行业的影响十分巨大,政府应该通过宏观调控来减少生猪价格的波动频率和波动幅度。

(2) 生猪价格具有明显的集簇性,表明生猪的价格在大的波动后往往跟着大的波动,在小的波动后往往跟着小的波动,这样的特征性质表明我国生猪价格在一定程度上是可以进行预测的。

(3) 生猪价格的总体趋势是逐渐上涨,生猪的价格周期一般为 3—4 年,本轮生猪价格从 2015 年 9 月开始下跌,预计在 2018 年上半年跌到生猪价格的峰谷,到达 2019 年夏季左右生猪价格会回到峰值。

（4）生猪价格的波动具有非对称性，生猪价格上涨幅度远远大于价格下降幅度。生猪价格的上涨与下跌往往与猪肉市场的供求关系密切相关，并且往往供给对生猪价格的影响比需求更大。对于供给层面的把握能够更加清楚地了解生猪价格的波动规律，然后从供给层面来平抑生猪价格波动。比如，建立全国统一的生猪养殖信息门户和猪肉价格数据库，可以分析猪肉的市场供给，把握猪肉市场的变化规律。同时，可以通过加快养猪规模化、产业化生产，更好地把握猪肉供给量，控制猪肉的进口量，从而能够更好地平抑生猪价格波动。

第二节 仔猪价格与生猪价格波动关系研究

从时序上看，生猪产品价格在不同阶段表现为不同的价格形式。仔猪价格、生猪价格（待宰活猪价格）、猪肉价格是生猪产业链条上不同生猪产品的价格，它们之间具有密切的内在联系。[1] 本节主要研究仔猪价格与生猪价格波动的关系。

一 研究假定及数据的选择说明和处理

（一）研究假定

由于在实际生活中生猪价格的高低不仅取决于仔猪成本高低，还取决于其他成本（如饲料成本、人工成本、设备成本、防疫成本等）的高低，而且还会受到市场猪肉供求关系的重要影响，但是，为了使本节所研究的问题更具有针对性，特提出两个研究假定：

假定6-1：假定生猪生产的仔猪成本高低与生猪价格高低有着直接关系。

---

[1] 魏君英、何蒲明、马敬桂：《仔猪价格与生猪价格波动关系的实证研究》，《饲料工业》2013年第21期。

假定6-2：假设除仔猪价格外，其他成本保持相对稳定。

(二) 数据的选取、说明与处理

鉴于本节的研究目的，应该选择反映猪价和仔猪成本的两个数据指标，反映猪价的指标既可以是猪肉价格，也可以是生猪价格，但本节选择的是生猪价格（SZJG），而不是猪肉价格，其原因是：养猪成本的增加当然会在肉价上有所体现，但产业链各环节对成本上升的分担是各不相同的，加工和销售环节一般会通过提高收购价或销售价来转移成本，而生猪养殖户在现阶段才是成本上升的最大承担者。对于反映仔猪成本选择的是数据仔猪价格（ZZJG）这个指标，同时，由于在当前生猪养殖中，玉米在饲料成本中占有重要地位（其在生猪饲料中的用量占60%以上，在饲料成本中约占45%），所以，为了研究仔猪价格对生猪价格的影响，本书选择玉米价格（YMJG）作为比较对象（参数）。对于这三个指标，选择的是它们的月度数据，起止时间为2006年1月至2012年9月（共81期数据）。① 由于经济指标的季度、月度时间序列观察值常常显示出季度或月度的循环变动，这些季节性变动掩盖了经济发展的客观规律。因此，在利用季度或月度数据时间序列进行分析之前，需要对这些时间序列数据进行季节调整。鉴于此，对三个数据进行了季节性调整。同时，由于数据的自然对数变换不改变原来的协整关系，并能消除时间序列中存在的异方差现象，减少数据的波动，因此，对原始数据进行自然对数处理，仔猪价格和生猪价格分别用lnZZJG和lnSZJG表示。研究中数据计量分析采用Eviews6.0软件运算处理获得。

二 实证研究

(一) 仔猪价格对生猪价格的变化及其规律

玉米是生猪养殖的主要饲料成本，其价格变化也会对生猪价格产生重要影响，现以玉米为比较对象，分析仔猪价格对生猪价格的

---

① 这三个指标的数据均来自农业部发布的《月份全国畜产品和饲料价格情况》。

变化及其规律。为了比较直观地分析生猪价格、玉米价格和仔猪价格的变化及其规律，现将三者放在一起绘制其变化趋势（见图6-3）。

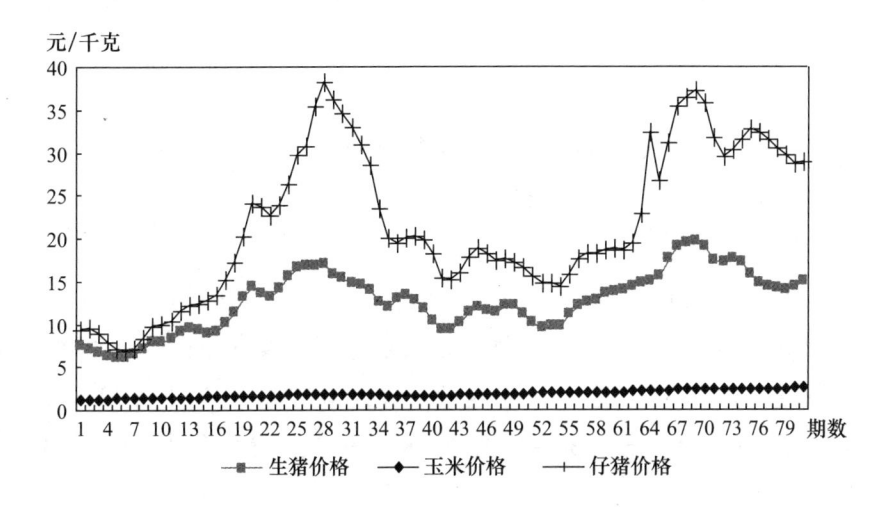

图6-3 生猪价格、玉米价格和仔猪价格变化趋势

从图6-3中我们可以看出以下四个特点：

第一，仔猪价格的波动与生猪价格的波动非常吻合，而玉米价格只是在缓慢地稳步上升，对生猪价格影响较小。说明在假定其他因素比较稳定的情况下，生猪价格的波动主要是受仔猪价格的影响。

第二，仔猪价格始终要比生猪价格要高，只有在极少月份两者有些接近，而且仔猪价格和生猪价格之间的差距呈现出不断拉大的趋势。

第三，仔猪价格和生猪价格都呈现出上升趋势，但似乎仔猪价格上升要更明显一些。

第四，仔猪价格的波幅比生猪价格的波幅大，生猪价格的波幅比玉米价格波幅大，而且就仔猪价格和生猪价格的波幅而言，在生猪价格上涨时，仔猪价格的上涨势头更为强劲；而在下跌时，一旦生猪价格回落，仔猪价格回落的速度更快。

对于上述特点,一个可能的综合解释是:玉米是我国四大主要粮食品种之一,受国家政策保护(国家有托市政策),价格波动相对不是很明显;对生猪价格,国家对与之紧密相连的猪肉价格的波动经常实施补贴、收储和放储等调控手段;而对于仔猪市场,国家的调控政策相对要少一些,所以,其价格波动幅度相对就要大一些。这四点特征综合起来,说明仔猪价格对生猪价格影响很明显,仔猪成本在生猪成本中所占比重有上升趋势。

(二)相关性分析

相关性分析是进行实证性分析的基础,只有相关程度显著,以下分析才有意义。相关系数反映了变量之间相互联系的密切程度,系数越高表明两者之间的关系越紧密。我国2006年1月至2012年9月的仔猪价格、玉米价格与生猪价格的相关分析结果见表6-5和图6-3。

表6-5　　　　仔猪价格、玉米价格与生猪价格的相关系数

	$\ln X_1$	$\ln X_2$	$\ln X_3$
$\ln X_1$	1	0.964271279007	0.781392494644
$\ln X_2$	0.964271279007	1	0.738376674537
$\ln X_3$	0.781392494644	0.738376674537	1

从相关系数的分析来看,玉米价格与生猪价格的相关系数只有0.781392494644,两者的相关性不是很强,而仔猪价格与生猪价格的相关系数为0.964271279007,两者存在极显著的正相关性。而且从图6-3可以看出,虽然仔猪价格波动的幅度要大于生猪,但两者波动的变化趋势非常吻合,而玉米价格与生猪价格变化趋势的吻合度并不明显。那么,到底是仔猪价格的波动带动生猪价格的波动,还是相反?有待下面进一步研究。

(三)单位根检验

由于仔猪价格与生猪价格均为时间序列,而经济变量时间序列

多为非平稳序列,因此,在进行协整分析之前,首先需要确定两变量单整的阶,只有两变量是同阶单整的,才可以进行下一步研究,因而要对变量进行单位根检验,以验证其平稳性。本书采用的方法为 ADF 检验方法,检验结果见表 6-6。

表 6-6　　　　　仔猪价格与生猪价格的 ADF 检验

变量	检验形式(C, T, K)	ADF 统计量	5%临界值	P 值
lnX_1	(C, N, 2)	-2.097098	-2.899115	0.2465
lnX_2	(C, T, 1)	-2.195788	-2.898623	0.2095
ΔlnX_1	(C, N, 2)	-6.259073	-2.898623	0.0000
ΔlnX_2	(C, T, 1)	-4.223932	-2.898623	0.0011

注:检验形式中的 C 和 T 表示带有常数项和趋势项,K 表示滞后阶数,滞后阶数的选择遵循 SIC 准则,Δ 表示差分形式。

通过检验发现,lnZZJG 和 lnSZJG 的水平序列都是不平稳的,但是,它们的一阶差分又都是平稳的,即它们均服从一阶单整,即 I~(1) 过程。换言之,它们均为不平稳序列,不能够用传统的计量经济学理论来构建模型,而需要用现代计量经济学的协整理论来分析两者之间长期的均衡关系。

(四)约翰森协整检验

lnZZJG 和 lnSZJG 的一阶差分序列已经是平稳序列,所以,这两个变量都是一阶单整序列,满足协整检验前提。因此,lnZZJG 与 lnSZJG 之间有可能存在长期稳定的均衡关系,这可以通过协整检验来确定。我们采用的方法为约翰森协整检验方法(见表 6-7)。

表 6-7　　　　　仔猪价格与生猪价格的约翰森协整检验

协整序列	H	特征值	迹统计量	5%的临界值	P 值
lnX_1 与 lnX_2	0	0.133092	18.22661	15.49471	0.0189
	1	0.086847	7.086475	3.841466	0.0781

表6-7给出了最大值统计量和迹统计量对应的 P 值，可见，在 5% 的显著性水平下均拒绝原假设，认为 ZZJG 和 SZJG 存在一个协整关系，即它们之间存在长期稳定的均衡关系。

据估计，经标准化的协整向量为（1.0000，-0.25225），协整关系的估计方程为：

$$\ln SZJG_t = 0.25225\ln ZZJG_t - 0.04524 \tag{6.1}$$
$$(7.6805)$$

括号中的数值为系数的 t 统计量。从式（6.1）可知，仔猪价格和生猪价格之间存在长期均衡关系，且有显著的正相关性。从长期来看，仔猪价格每波动 1%，生猪价格将同向波动 0.25225%。可见，长期内仔猪价格对生猪价格有显著性影响。

（五）格兰杰因果检验

协整检验表明，lnZZJG 与 lnSZJG 之间均有一个协整关系，但是，这种长期均衡关系究竟是 lnZZJG 的变动引起 lnSZJG 的变动，还是相反？这需要对 lnZZJG 与 lnSZJG 进行格兰杰因果关系检验，检验结果如表6-8所示。

表6-8　　　　仔猪价格与生猪价格的格兰杰因果检验

"零假设"	滞后阶数	F 统计量	P 值
$\ln X_2$ 不是格兰杰意义上 $\ln X_1$ 的因果关系	2	44.4326	2.E-13
$\ln X_1$ 不是格兰杰意义上 $\ln X_2$ 的因果关系	2	3.57737	0.0329

从表6-8的检验结果来看，lnSZJG 不是格兰杰意义上 lnZZJG 的因果关系假设，在滞后 2 期的概率小于 5%，说明 lnDJ 对 lnZZJG 具有格兰杰意义上的因果关系。同样，lnZJ 不是格兰杰的 lnSZJG 因果关系假设，在滞后 2 期的概率小于 5%。也就是说，lnZZJG 是 lnSZJG 的格兰杰因果，说明 lnSZJG 和 lnZZJG 之间存在双向的因果关系。对于这种双向因果关系，其实不难理解：因为当仔猪价格上升后，生猪养殖成本增加，自然要在生猪价格上有所体现；反之亦

然。而当生猪价格上涨，养殖者觉得有利可图，于是会扩大养殖规模，对仔猪需求增加，导致其价格上涨；反之亦然。

（六）脉冲响应函数分析

脉冲响应函数是描述一个内生变量对误差的反应，也即在扰动项上加一个标准差大小的新息冲击对内生变量的当前值和未来值的影响。图6-4和图6-5是模拟的脉冲响应路径曲线。实线是相应函数值，虚线是响应函数一倍标准差的置信带；纵轴表示因变量对解释变量的响应程度，横轴表示实验设定的响应期数（10期）。

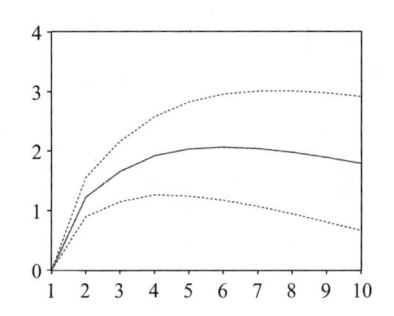

图6-4 仔猪价格对生猪价格的响应

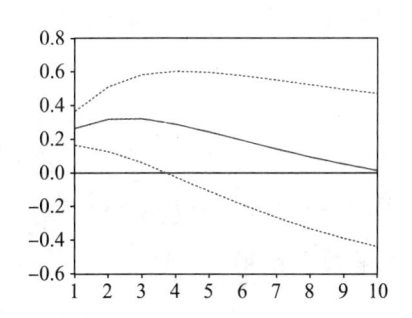

图6-5 生猪价格对仔猪价格的响应

从图6-4中可以看出，仔猪价格对生猪价格变化的响应存在一定的时滞。也就是说，在生猪价格开始上涨的初期，仔猪价格的上涨反应并不明显，而是滞后于生猪价格的反弹，这是因为，养殖者补栏增养，增加对仔猪的需求，进而对生猪价格的上涨做出反应需要一定的时间，但是，这个时间并不长，在第2期仔猪价格就表现出很明显的上涨态势，而且在以后的几期中继续上涨，这说明生猪价格上涨已经把养殖者补栏的积极性充分调动起来，但是，在随后的几期中，涨幅有所回落。

从图6-5中可以看出，与仔猪价格对生猪价格变化的响应存在一定的时滞相反，生猪价格对仔猪价格变化需要在当期做出响应。也就是说，仔猪价格上涨，立刻会在生猪价格上反映出来，这一点似乎与仔猪成本的传导规律相悖，因为按照生猪养殖成本的传导机制，由于生猪生产的周期较长，本期仔猪价格的上涨至少也应该在3—5个月之后才会传导到生猪的价格上，不应该在本期出栏的生猪价格上体现出来。但这种即期响应却与实际情况相符，因为生猪养殖户在发现仔猪价格下降之后，为了避免后期价格下降幅度过大而遭受太大损失，在价格还没出现大幅下降之前，就先适度降价，卖出生猪；而在生猪养殖户发现仔猪价格上涨之后，就可能会以此为理由涨价出售。但是，生猪价格对仔猪价格变化的响应在后期持续下降，到最后趋近于零。对此可能的解释是：当生猪价格由于仔猪价格而上涨时，如果生猪价格持续上涨较长时间，消费者可能会减少对猪肉的需求量，寻找其替代品，而更有可能的是国家会对过高的生猪价格和猪肉价格进行调控，使之上涨受到一定的抑制。

对比图6-3和图6-5可以发现，仔猪价格对生猪价格的响应程度要比生猪价格对仔猪价格的响应程度要快得多。这说明仔猪价格对市场反应的敏感程度要高得多，这也与前述图6-3所反映的情况完全吻合。

三 结论与建议

（一）结论

本书运用相关性分析、协整分析、格兰杰因果检验和脉冲响应函数分析等方法，对我国仔猪价格与生猪价格的关系进行了实证分析，得出如下结论：

（1）仔猪价格与生猪价格存在极显著的正相关关系，两者波动的变化趋势基本是一致的，但是，仔猪价格波动的幅度要大于生猪价格的波动，在生猪价格上涨时，仔猪价格的上涨势头更为强劲；而在生猪价格回落时，仔猪价格回落的速度更快，而且仔猪价格和生猪价格之间的差距有不断拉大的趋势。

（2）仔猪价格和生猪价格存在双向的因果关系，即仔猪价格的波动会引致生猪价格的波动，而且生猪价格的波动对仔猪价格也有一定的导向和拉动作用。

（3）从长期来看，玉米价格指数与生猪价格具有长期均衡关系，仔猪价格每波动1%，生猪价格将同向波动0.25225%，可见，长期内，仔猪价格对生猪价格有显著影响。

（4）从短期来看，生猪价格对仔猪价格的影响存在一定的时滞，但是，生猪价格对仔猪价格的影响大于仔猪价格对生猪价格的影响。

（二）建议

1. 调整生猪补贴时机，抑制生猪价格大幅波动

生猪补贴是国家调控生猪市场的重要手段，但是，现在国家补贴的时机往往不对，效果甚至相反。补贴政策往往是生猪价格走低的时候补贴还没有发放，等到生猪价格涨高的时候补贴才到位，这种调控原本希望抚平生猪价格剧烈的波幅，结果却往往事与愿违。比如，2007年国家对能繁母猪进行补贴，结果造成短期母猪养殖量急剧上升，供求不平衡的情况越来越严重，导致2009年生猪市场持续低迷直至亏损。生猪补贴重点要放在生猪市场价格过低、生猪养殖户盈利较少甚至出现亏损时实施，这样，可以坚定生猪养殖户信心，帮助生猪养殖户渡过难关，刺激大多数生猪养殖户恢复发展生猪生产。同时，调控不应以生猪生产价格为着力点，而应放在生猪消费价格上，因为生猪的养殖承担着农民增收的重要作用，生猪价格理应随着生产成本的上升而上涨。

2. 调整生猪补贴对象，要对仔猪进行适当补贴

当前，我国生猪的补贴对象主要是能繁母猪，但仅仅对能繁母

猪进行补贴是不够的，对能繁母猪的补贴主要是按照能繁母猪的头数进行的补贴，但每一只能繁母猪每次所能繁殖的仔猪数是不相同的，这样，补贴就存在一定的非公平性。而且仔猪也是支持生猪生产的重要形式，对稳定和发展生猪生产和满足市场同样发挥着重要作用。因此，应该在对能繁母猪进行适当补贴的基础上，对仔猪也要进行适当补贴。

第三节 生猪价格对我国 CPI 影响的实证分析

2007 年，我国的猪肉价格由于各种因素的影响大幅上升，同时将 CPI 推升到一个新的高度，猪的命运与 CPI 指数紧密联系到一起，于是公众认为"是猪肉拱高了 CPI"。那么，CPI 与猪肉价格关系到底有没有关系？如果有，又是什么关系？这里我们做进一步的实证分析。

一 CPI "猪周期"的简要立论

在具体分析 CPI 与猪肉价格关系之前，先结合有关数据和图形对两者的关系做一个大致了解。

（一）近年来 CPI 与猪肉价格关系的基本情况

自 2006 年下半年暴发"蓝耳病"后，2007 年年初开始，猪价迎来了历史性涨势，至 2008 年 2 月，鲜猪肉批发价曾创下每千克 22.88 元的历史新高。而在猪肉价格持续上涨的同时，CPI 也在节节攀升，2007 年 3 月至 2008 年 10 月，CPI 同比多次持续超过 3%，其中，有 12 个月的 CPI 同比增幅超过 6%，并在 2008 年 2 月达到 8.7% 的峰值。2007 年猪肉价格平均上涨了 50%，而 CPI 平均上涨了 4.8%。以猪肉价格占 CPI 权重为 3% 左右计算，当年猪价上涨对 CPI 的贡献率达到了 1.5%，而其他所有商品的贡献率不过 3.3%。猪肉价格在经历一年多的涨势之后，由于自身的规律，2008 年 5 月左右进入回调期,直至 2009 年 5 月左右,CPI 也出现了小幅回落。自 2009 年 6 月左右起,猪肉价格开始新一轮上涨,但在 2010 年上半年,猪肉价格回调,而 CPI 却在继续上涨。从 2010 年 7 月开始,猪肉价格和 CPI 双双呈上涨趋势,直至 2011 年 6 月,双双刷新三年来的最高纪录。但是,自 2011 年 9 月我国猪肉价格回落以来,猪价总体上进入了下跌阶段,而 2011 年的 CPI 总水平只比去年同期上涨 2.8%,1 月 CPI 4.5%,为 9 个月最高,但是,2 月 CPI 就大幅下跌到了 3.2%,下跌 1.3 个百分点。3 月和 4 月这一指数又有了小幅震荡上涨,随后,CPI 一路下跌,7 月降至 9 个月来的最低点为 1.8%,8 月为 2.0%,而 9 月数据为 1.9%。整体呈下跌趋势。正是由于生猪和猪肉价格大幅下跌,为 CPI 的回落做出了很大贡献。

(二) 近期 CPI 与猪肉价格关系的基本走势

为了更清晰和直观地了解 CPI 的走势和猪肉价格起伏,现利用 2011—2012 年 9 月有关 CPI 与猪肉价格的数据①,绘制两者的关系图(见图 6-6)。

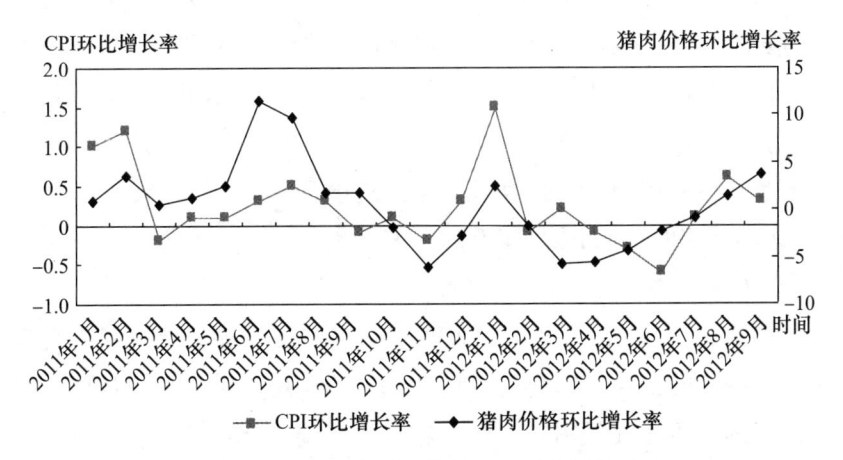

图 6-6 CPI 与猪肉价格环比增长率关系

---

① 资料来源与说明:CPI 和猪肉价格为环比增长率;CPI 环比增长率根据国家统计局网站的 CPI 计算而得,猪肉价格环比增长率根据农业部发布的《月份全国畜产品和饲料价格情况》中的有关数据计算而得。

从图 6-6 中可以看出，2011—2012 年 9 月，发现猪肉价格与 CPI 的走势曲线相似，猪肉价格与 CPI 保持明显协同，当猪肉价格上涨时，国内 CPI 指数的涨幅也相对较高；反之涨幅相对较小。

二　CPI"猪周期"的实证分析

（一）数据的选择及处理

基于研究目的，考虑到数据的可获得性，我们选择了 2008 年 1 月至 2012 年 9 月居民消费价格指数（CPI）和猪肉价格指数（PPI）。[①] 对于这两组数据均选择其环比数据而不是其同比数据。其理由是：

（1）同比的数字会受到上年基数的影响。一般情况下，这些基数比较稳定，但是，在金融危机期间，这些基数非常不稳定，特别是在 2008 年 9 月以后，因为国际金融危机造成大幅度变动。所以，我们在判断同比的数字时，要考虑基数的影响。

（2）相对于同比数据，环比数据对价格水平变动情况的反映更具有即时性。中央银行有关人士曾经表示，与消费者价格指数同比升幅相比，将 CPI 环比升幅数据用作中国制定货币政策的依据更加适宜。虽然环比数据反应迅速，但其问题在于，环比价格指数受季节性因素影响，呈现出一定的季节性规律，需要进行季节性调整。因此，为了消除其季节性因素的影响，我们对两组数据进行了季节性调整，然后用调整后的数据进行实证分析。

（二）CPI"猪周期"的实证分析

1. CPI 与猪肉价格的相关分析

在前文中，已大致了解了 CPI 与猪肉价格的关系，为了更直观地了解两者的关系，现利用 2008 年 1 月至 2012 年 9 月的数据，绘制两者的关系图（见图 6-7）。

[①] 居民消费价格指数来源于国家统计局网站，猪肉价格指数根据农业部发布的《月份全国畜产品和饲料价格情况》中的有关数据计算而得。

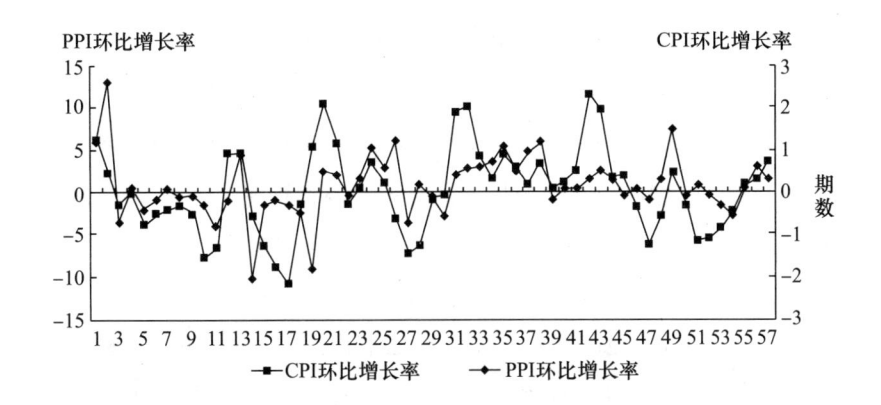

图 6-7 CPI 与 PPI 环比增长率关系

从图 6-7 中可以看出，即使从更长的时间段来考察两者的关系，也同样会发现，猪肉价格与 CPI 的走势曲线不会发生改变，与短期的走势基本一致。

2. 单位根检验

由于 CPI 与 PPI 均为时间序列，而经济变量时间序列多为非平稳序列，因此，在进行协整分析之前，首先需要确定两变量单整的阶，只有两变量是同阶单整的，才可以进行下一步，因而要对变量进行单位根检验，以验证其平稳性。我们采用的方法为 ADF 检验方法，检验结果见表 6-9。

表 6-9　　　　　　　　CPI 与 PPI 的 ADF 检验

变量	检验形式（C, T, K）	ADF 统计量	5%临界值	P 值
PPI	（C, N, 0）	-2.773487	-2.967357	0.0776
CPI	（C, T, 2）	-3.4235624	-3.65808	0.0679
ΔPPI	（C, N, 1）	-3.451947	-2.911730	0.0129
ΔCPI	（C, N, 1）	-6.430637	-2.911730	0.0000

注：检验形式中 C 和 T 表示带有常数项和趋势项，K 表示滞后阶数，滞后阶数的选择遵循 SIC 准则，Δ 表示差分形式。

通过检验发现，CPI 与 PPI 的水平序列是不平稳的，但它们的一阶差分又都是平稳的，即它们均服从一阶单整，即 I~(1) 过程。换言之，它们均为不平稳序列，不能够用传统的计量经济学理论来构建模型，需要用现代计量经济学的协整理论来分析两者之间长期的均衡关系。

3. 约翰森协整检验

CPI 与 PPI 的一阶差分序列已经是平稳序列，所以，这两个变量都是一阶单整序列，满足协整检验前提。因此，CPI 与 PPI 之间有可能存在长期稳定的均衡关系，这可以通过协整检验来确定。我们采用的方法为约翰森协整检验方法，检验结果见表 6-10。

表 6-10　　　　　CPI 与 PPI 的约翰森协整检验

协整序列	H	特征值	迹统计量	5% 的临界值	P 值
CPI 与 PPI	0	0.364380	37.74377	15.49471	0.0000
	1	0.179302	11.46080	3.841466	0.0007

表 6-10 给出了最大值统计量和迹统计量对应的 P 值，可见，在 5% 的显著性水平下均拒绝原假设，认为 CPI 与 PPI 存在两个协整关系，即它们之间存在长期稳定的均衡关系。

据估计，经标准化的协整向量为 (1.0000, -0.00028)，协整关系的估计方程为：

$$\ln CPI_t = 0.0292 \ln PPI_t - 0.00028 \quad (6.2)$$
$$(12.7169)$$

括号中的数值为系数的 t 统计量。从式 (6.2) 可知，PPI 和 CPI 之间存在长期均衡关系，且有显著的正相关性。从长期来看，猪肉价格每波动 1%，CPI 将同向波动 0.0292%。即如果猪肉价格上涨 10%，CPI 约上涨 0.3 个百分点，猪肉价格上涨 100%，CPI 约上涨 3 个百分点。关于这一点，可以从 2012 年 8 月和 9 月的有关数据进行验证。从环比来看，2012 年 8 月，肉禽及其制品价格上涨

1.0%，影响居民消费价格总水平上涨约 0.08 个百分点，其中，猪肉价格上涨 1.5%，影响居民消费价格总水平上涨约 0.05 个百分点；2012 年 9 月，肉禽及其制品价格上涨 1.9%，影响居民消费价格总水平上涨约 0.13 个百分点。其中，猪肉价格上涨 2.3%，影响居民消费价格总水平上涨约 0.07 个百分点。[①] 猪肉只是中国 CPI 商品篮子中的 262 个基本分类中的其中之一，由此可见，长期内猪肉价格对 CPI 有显著影响。

4. 格兰杰因果检验

协整检验表明，CPI 与 PPI 之间有两个协整关系，但是，这种长期均衡关系究竟是 CPI 的变动引起 PPI 的变动，还是相反？这需要对 CPI 与 PPI 进行格兰杰因果关系检验，检验结果如表 6 - 11 所示。

表 6 - 11　　　　CPI 与 PPI 的格兰杰因果关系检验

零假设	滞后阶数	F 统计量	P 值	结论
PPI 不是 CPI 的格兰杰因果	1	5.87776	0.01859	接受零假设
CPI 不是 PPI 的格兰杰因果	1	1.02714	0.031519	拒绝零假设

从表 6 - 11 的检验结果来看，CPI 不是 PPI 的格兰杰因果假设，在滞后 2 期的概率小于 5%，说明 CPI 对 PPI 具有格兰杰意义上的因果关系。同样，PPI 不是 CPI 的格兰杰因果假设，在滞后 2 期的概率小于 5%。也就是说，PPI 是 CPI 的格兰杰因果，说明 PPI 和 CPI 之间存在双向的因果关系。

5. 脉冲响应函数分析

脉冲响应函数是描述一个内生变量对误差的反应，也即在扰动项上加一个标准差大小的信息冲击对内生变量的当前值和未来值的影响。图 6 - 8 是模拟的脉冲响应路径曲线。实线是相应函数值，虚

---

① 数据来源于国家统计局网站。

线是响应函数1倍标准差的置信带;纵轴表示因变量对解释变量的响应程度,横轴表示实验设定的响应期数(共10期)。

(a) PPI对CPI的影响

(b) CPI对PPI的影响

(c) CPI对自身的影响

(d) PPI对自身的影响

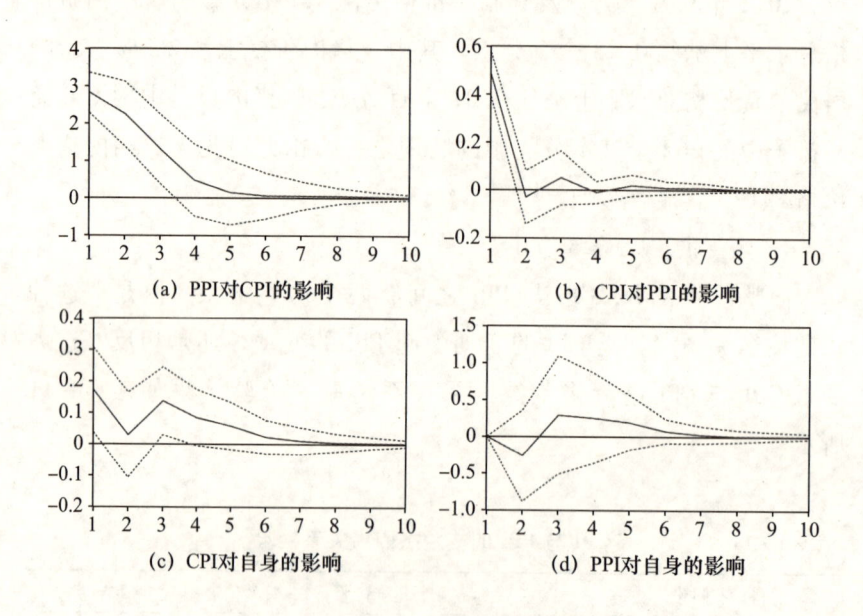

图6-8 CPI与PPI脉冲响应路径曲线

从图6-8 (a)来看,在上述四个脉冲响应函数图形中,PPI对CPI的影响是最大的,CPI对来自PPI一个标准差的冲击,在当期就做出很大的反应,达到了3%左右,但随后呈下降趋势。这与前述协整关系的估计方程中 $\ln PPI_t$ 的系数 0.0292 存在一致性。

从图6-8 (b)来看,相比PPI对CPI的影响,CPI对PPI的影响就要小得多,PPI对来自CPI一个标准差的冲击,在当期只是做出比较小的反应,只有0.5%左右,但随后也呈下降趋势。这说明,PPI对于CPI的影响要大于CPI对于PPI的影响。

从图6-8 (c)来看,CPI对自身一个标准差的冲击,在当期也只是做出比较小的反应,接近0.2%,但随后也呈下降趋势。从图6-8 (d)来看,PPI对自身一个标准差的冲击,在当期没有反应,具有一定的滞后性,在第2期出现了负反应,在第3期才开始出现较大的正向反应。这说明，对 CPI 的影响，来自 PPI 方面的影响要大于来自自身的影响。对 PPI 的影响，来自自身的影响要大于来自 CPI 方面的影响。

三 实证结论及其分析

（一）实证结论

我们运用图形分析、协整分析、格兰杰因果检验和脉冲响应函数分析等方法，对我国猪肉价格与 CPI 的关系进行了实证分析，得出如下结论：

（1）猪肉价格和 CPI 之间存在双向的因果关系，但 PPI 对于 CPI 的影响要大于 CPI 对于 PPI 的影响。

（2）从长期来看，猪肉价格指数与 CPI 具有长期均衡关系，猪肉价格每波动1%，CPI 将同向波动 0.0292%。即如果猪肉价格上涨10%，CPI 约上涨 0.3 个百分点，因此，从长期来看，这表明在现行的 CPI 核算体系下，稳定猪价，特别是稳定猪价的异常波动对于稳定 CPI 更具有重要作用。

（3）从短期来看，CPI 的波动，受 PPI 的影响要大于受自身的影响。而 PPI 的波动，受自身的影响要大于来自 CPI 的影响，但来自自身的影响具有一定的时滞性。

（二）实证结论分析

1. 为什么 CPI 的变化会影响猪肉价格

CPI 的变化也会带动猪肉价格变化的原因在于：物价水平的总体变化不仅会使饲料的价格（如玉米）变化，而且也会使劳动力成本发生变化，两个方面都会从成本角度导致猪肉价格的变化。尽管猪肉和 CPI 的影响是相互的，但总体来看，猪肉价格对于 CPI 的影响要大于 CPI 对于猪肉价格的影响。

2. 猪肉价格为什么对 CPI 有这么大的影响

猪肉价格之所以对 CPI 有这么大的影响力，是因为有以下三个

方面的原因:①

（1）猪肉价格在 CPI 中所占权重大，在构成 CPI 的所有规格品中，虽然食品在 CPI 中所占权重在不断下降，但直到 2012 年，仍占 CPI 指数的 26%，而猪肉价格在食品中所占比重，主流判断是在 10% 左右，按此计算，猪肉价格在整个 CPI 中的权重在 2.6% 左右，而且猪肉价格变化还会带动相关肉禽及其制品价格的波动。

（2）我国猪肉价格波动的幅度较大。猪肉价格不仅波动幅度比其他商品大，而且还存在一定的周期性，我国猪肉价格历来存在"赚一年、平一年、赔一年"的周期波动"怪圈"，猪肉价格之所以波动幅度较大，主要是因为猪肉的需求低弹性和供给不稳定引起的。在构成 CPI 的多个规格品中，多数商品的需求弹性比猪肉大，而对于其他一些商品如粮食、食用油等，虽然它们的需求弹性也较低，但它们不具有鲜活特性，可以通过库存（虽然猪肉也可以储存，但储存时间没有粮油长）来平抑供给，所以，其价格不会像猪肉一样大幅度波动。猪肉供给不稳定主要是因为：第一，生猪生长周期相对较长，即使当期价格发生了变化，但其供给不可能在短期内发生较大变化。第二，我国大部分生猪都是由农户在自家后院进行养殖，是一种小规模的商业运作模式，这些农户对猪肉价格变动极其敏感，他们极易跟风，加之生猪生长周期相对较长，所以，总是比市场慢一拍，结果造成了猪肉价格的大起大落。第三，生猪在生长过程中容易受到各种疫情影响，猪肉供给自然就不太稳定。

（3）猪肉的需求量大。猪肉是中国人最喜爱的肉类，俗话说："粮猪安天下"，即粮食生产和生猪生产稳定了，国家才能安定。猪肉同粮食一样，也是农业生产的基础，是关系老百姓日常生活的重要食品之一。"一年春作首，六畜猪为先。"自古以来，猪肉就是我国多数老百姓肉食的首选。由于中国老百姓，特别是收入相对较低

---

① 何蒲明、魏君英、马敬桂：《中国 CPI 之"猪价周期"的实证研究》，《经济问题》2013 年第 8 期。

的老百姓，收入的增加或生活的改善首先体现在吃的方面，因此，居民食品消费结构的变化导致猪肉消费增长。据统计，我国人均年猪肉消费量为40千克左右，占肉类消费总量的65%。另外，货币发行量以及经济增长的速度也会通过人们的名义收入的传导，通过猪肉价格反映出来。

3. 猪肉价格为什么受自身的影响大，而且还具有一定的时滞性

猪肉价格的变化之所以在第一期出现了时滞，而且来自自身的影响要比来自 CPI 方面的原因多一些，主要是因为，猪肉价格的变化不仅受到成本的影响，而且主要受到猪肉供给的影响。而生猪饲养成本，比如饲料价格和人工成本，他们传导到猪肉价格上需要一定的时间，加之生猪饲养存在一个较长的周期，所以，其供给变化对价格的影响也需要一定的时间。

四 政策建议

（一）提高政府对生猪市场调节的有效性，抑制生猪价格大幅波动

由于生猪生产面临市场、疫病双重风险，不能完全放任由市场进行调节，政府有必要进行适当调控。但在政府对猪肉市场进行调控时，不能用那种"被动的即景式的价格调控"，在出台调控政策时，要增强调控政策的前瞻性，要考虑调控所带来的时滞性影响，不要顺周期调控，而应更多地逆周期调整。同时，调控除中短期的补贴、收储和放储外，还应从中长期角度出发，做好各项服务工作，如应尽快建立畜产品价格的预警预报机制，科学地引导广大养殖户发展生产，探索建立畜牧业的市场和疫情风险补偿机制，大力支持生猪健康养殖支撑体系的建设，抑制由生猪供给大起大落导致的价格大幅度波动。

（二）要适时适度地调整 CPI 体系中猪肉价格的权重，使其反映实际情况

其实，猪肉价格的变化对人们实际生活的影响并没有像 CPI 所反映的那样夸张，比如，中国每年人均消费猪肉40千克，即使每千

克上涨 2 元，一年用于猪肉的支出也只增加了 80 元。但每次猪肉价格上涨，立刻会在 CPI 中得到体现，引起不必要的紧张。其原因就在于，在 CPI 权重中，食品所占比重最大，而在食品中，猪肉所占比重又最大，两者加权后，就导致了在构成 CPI 的很多不同消费品的价格中，猪肉价格是单个商品中占的比重最大的。所以，为了还两者关系的本来面目，猪肉价格在 CPI 中所占比重应该根据居民的恩格尔系数的变化，动态地进行适时适度的调整，使食品价格特别是猪肉价格，真正反映经济运行和城乡居民生活的真实状况。

（三）抓住机遇，尽快上市生猪期货，降低市场风险

我国生猪市场明显存在"跌两年、涨一年"的上下波动"规律"，生猪市场价格的频繁波动给整个行业带来了较大的市场风险，不利于整个行业的发展。对于猪肉市场，我们经常用储备手段，但现实说明效果不一定好。而上市生猪期货，就能从市场机制层面解决"猪贵伤民""猪贱伤农"问题，上市生猪期货这种金融手段既能帮助生猪养殖户和屠宰、加工企业有效地规避价格波动风险，锁定预期利润，又是实现农户和企业的规模化、专业化生产的好办法。其实，在 2003 年前后，不少专家学者认为，是推出生猪期货的良好时机，但是，由于瞻前顾后，考虑的问题太多，结果错失良机，一直等到现在还未上市。当前要抓紧时间解决生猪期货上市的有关技术问题，一旦时机成熟，迅速抓住机遇，推出生猪期货。

第七章　食品价格波动对经济发展的影响效应研究

第一节　食品价格波动经济效应的国际实例

21世纪以来，国际食品价格出现了较大幅度的波动，食品价格波动无疑会对国际社会经济形成一定的冲击，但也并不为我们所恐慌。市场力量和国际社会及各国政府的努力推动着市场的发展。

一　2008年世界粮食危机产生的原因

历史上历次粮食危机产生的主要原因是气候异常导致的各种自然灾害有所不同，这次产生的原因则包括国际能源价格上涨、生物燃料发展、粮食供给不足、投机炒作、发展中国家经济快速增长、城市化进程加快、全球气候变化等多重原因。而其中与之密切相关的是国际能源价格上涨这一因素。原因在于，国际能源价格上涨是许多国家寻找其他新型替代能源的重要驱动力。2000年，世界生物燃料乙醇的产量仅为180亿升，生物柴油的产量则不到10亿升，到2006年，前者产量达到了380亿升，后者产量达到了60亿升。据英国《卫报》报道，世界银行一份未公开的报告曾指出，生物能源推动粮价上涨的贡献率为75%（高铁生等，2009）。[①] 2011年，国

[①] 高铁生等：《世界粮食危机的深层原因、影响及启示》，《中国流通经济》2009年第8期。

际食品价格大涨创历史新高,虽然其具体原因与2008年粮食危机时有所不同,比如美元贬值成为2011年食品价格大涨的重要原因之一,但其主要影响因素差不多。而且粮食危机的本质是收入问题而不是价格问题(钟甫宁,2009)。[①] 由粮价上涨直接推动的全球食品价格上涨不能完全冲击通货膨胀,或者不能成为冲击通货膨胀的主要因素。世界银行的研究报告指出,在近20年的时间里,还没有非常明确的证据表明,全球食品价格的变化会在很大程度上引起全球通货膨胀的变化,原因在于非食品消费项目的价格变动较为平稳甚至有所下降。从世界及主要国家和地区的当前价格走势同样可以看到,食品价格上涨并未给通货膨胀带来较大压力(刘冰等,2007)。[②]

二 食品供给和价格具有较强的市场调节功能

2008年粮食危机与当时长期以来粮食增长速度放缓、发展中国家食品需求迅速增长,以及发达国家迅速发展生物能源增加了对粮食的非食品需求有着直接关系。因此,在食品价格上涨的刺激下,市场会通过扩大生产规模、增加供给的方式影响价格波动。随着2008年全球粮食危机的发生,外资的投资兴趣持续转移到亚洲、拉丁美洲和非洲,一些国家和机构为了确保粮食供应安全或者谋取投资收益,纷纷加大了投资力度,这些行为在一定程度上引发了"圈地"担忧。2011年国际食品价格的大涨以及2012年以后食品价格的走低也引起有关国家粮食政策的调整。国际市场价格的变化,可以通过增加粮食播种面积来增加产量,调整粮食及食物政策,来缓解粮食和食品供不应求的矛盾,从而使粮食价格特别是食品价格持续上涨的势头得以抑制。只是粮食等食品不像石油和矿产品,由于它的生产周期较长,它的调整需要较长时间才能完成,但市场调节食品供给和价格平衡的机制不会改变。

---

① 钟甫宁:《世界粮食危机引发的思考》,《农业经济问题》2009年第4期。
② 刘冰等:《近期全球食品价格的走势及对我国的影响》,《中国统计》2007年第8期。

第二节 食品价格波动对农业生产和农民收入的影响

前面的分析表明,食品价格增长率和 GDP 增长率具有一致变化趋势,它们之间存在长期稳定关系。限于篇幅和已有结论,关于食品价格与 GDP 的相关性就不再赘述。这里主要分析食品价格对农业生产和农民收入的影响。

一 研究设计

(一)模型设定

本节采用向量误差修正模型(VEC)进行分析。由于在前面第二章主要分析模型中已对该模型的基本原理做了阐述,这里就不再赘述。

(二)变量衡量

(1)食品价格。为食品价格指数同比数据,实际分析中以 FPI 表示。

(2)农业生产和农民收入。其中,农业生产为农业生产总值,实际分析中以 GAP 表示;农民收入为农村居民家庭人均收入,实际分析中以 AY 表示。

需要说明的是,为了消除变量数据的波动性,所有数据均采取变量增长率形式进行分析。因此,食品价格、农业生产和农民收入变量分别表示为 DFPI、DGAP、DAY。相应地,分别建立两个 VEC 模型展开分析,两个模型中的内生变量集分别设定为:

$X_t = (DFPI_t, DGAP_t)$

$X_t = (DFPI_t, DAY_t)$

(三)数据来源与处理

本书数据根据国家统计局网站并结合新浪网提供的数据整理而得,所有数据均为季度数据。其中,食品价格指数季度数据依据月度数据调整而得。在时间跨度的选择上，鉴于农业生产总值数据和农民收入数据的可获取性，在研究食品价格水平与农业生产的关系时，采取2003年第一季度至2014年第三季度的数据；在研究食品价格水平和农民收入的关系时，采用1997年第一季度至2014年第四季度的数据。

二 计量结果及分析

（一）食品价格与农业生产

在运用VEC模型之前，首先必须检验变量是否平稳。本书采取常用的迪克—富勒ADF检验方法，对农业生产总值增长率（DGAP）和食品价格增长率（DFPI）进行平稳性检验。检验结果如表7-1所示。

表7-1　农业生产和食品价格变量的单位根检验结果

变量	ADF检验统计量	符号比较	临界值	P值	结论
DGAP	-1.244583	>	-2.616203（10%）	0.1930	不平稳
DFPI	-1.901783	>	-2.607932（10%）	0.3281	不平稳
D(DGAP)	-8.316374	<	-3.581152（1%）	0.0000	平稳
D(DFPI)	-4.965621	<	-3.610453（1%）	0.0002	平稳

注：临界值括号中的数值为显著性水平。

根据表7-1可以看出，农业生产和食品价格增长率序列均为非平稳序列，但是，一阶差分后平稳序列，因此，农业生产和食品价格增长率序列均为I~(1)序列，具有相同的阶数，在此基础上，可以进行协整分析。

接着使用VAR模型确定最优滞后阶数。本书依据五种准则共同确定最优滞后阶数，具体为LR检验统计量、最终预测误差FPE、AIC信息准则、SC信息准则和HQ信息准则。VAR模型下各准则选择的最优滞后阶数如表7-2所示。

表 7 – 2　　　　　　VAR 模型下滞后阶数的选择结果

Lag	logL	LR	FPE	AIC	SC	HQ
0	-265.4455	NA	652.5408	12.15661	12.23771	12.18669
1	-236.3545	54.21506	208.6757	11.01611	11.25941	11.10634
2	-225.0781	19.98989	150.1427	10.68537	11.09087*	10.83575
3	-218.7621	10.62246	135.6111	10.58009	11.14779	10.79062
4	-211.0991	12.19113*	115.5317*	10.41359*	11.14349	10.68427*

注：*为各准则所选择的最优滞后阶数。

根据表 7 – 2 的结果，选择 4 阶滞后阶数的准则有 4 个，由于大部分准则选择 4 阶，因此我们认为，最优滞后阶数为 4 阶。由于误差修正模型变量是经过差分后的变量，因此，误差修正模型最优滞后阶数应为 3 阶。

在确定误差修正模型的滞后阶数之后，可以确定非稳定系统的协整个数。在约翰森（1985）的协整理论中，迹检验和最大特征值检验是两个主要的协整检验方法。

首先是迹检验，其假设为：

H_0：至多有 r 个协整关系；H_1：有 m 个协整关系（满秩）

迹检验统计量为：

$$LR_{tr}(r \mid m) = T \sum_{i=r+1}^{m} \log(1 - \lambda_i)$$

式中，T 是观测期总数；λ_i 是大小排第 i 的特征值。这里有必要指出的是，这并不是独立的一个检验，而是对应于 r 的不同取值的一系列检验。首先开始检验不存在任何协整关系的"零假设"，接着是最多一个协整关系，直到最多 m – 1 个协整关系，共进行 m 次检验，而备择假设是不变的。

其次是最大特征根检验，其假设为：

H_{0r}：有 r 个协整关系　　H_{1r}：至少有 r + 1 个协整关系

最大特征根检验统计量为：

$$LR_{max}(r \mid r+1) = -T\log(1 - \lambda_{i+1}) = LR_{tr}(r \mid m) - LR(r+1 \mid m),$$

$r = 0, 1, \cdots, m-1$

该检验从下往上进行,首先检验 H_{00},即不存在协整关系的假设,如果接受,就说明不存在协整关系;如果拒绝,则继续往上检验 H_{01},…,直到接受 H_{0r},表明共有 r 个协整关系。

由表 7-3 可以看出,在 5% 的显著性水平下,第一个原假设和第二个原假设均被拒绝,因此,食品价格增长率和农业生产增长率之间存在协整方程。也就是说,食品价格和农业生产之间存在长期稳定的关系。

表 7-3　　　　　　　　　　协整检验结果

迹检验			
协整方程的个数假设	特征值	迹统计量	5% 的临界值	P 值
0 个协整方程	0.42605	47.8217	15.49471	0
最多一个协整方程	0.412362	23.39234	3.841466	0
最大特征根检验				
协整方程的个数假设	特征值	最大特征根统计量	5% 的临界值	P 值
0 个协整方程	0.42605	24.42936	14.2646	0.0009
最多一个协整方程	0.412362	23.39234	3.841466	0

为刻画协整关系的具体特征,我们对向量误差修正模型的具体形式进行进一步估计。首先根据协整理论得出协整关系的正则化估计为:

$$ecm_{t-1} = DGAP_{t-1} - 0.55DFPI_{t-1} - 8.97 \qquad (7.1)$$

式 (7.1) 即为食品价格增长率与农业生产增长率两者间的长期稳定关系。通过该式可以看出,食品价格增长率对农业生产增长率的长期效应为 0.55。也就是说,食品价格增长率对农业生产增长率存在长期的正向影响。进一步地,为具体描述并比较食品价格增长率与农业生产增长率两者之间的长期效应及短期效应,我们把 VEC 模型估计结果表述如式 (7.2) 和式 (7.3):

$$\Delta DGAP_t = -0.97ecm_{t-1} + 0.3\Delta DGAP_{t-1} + 0.22\Delta DGAP_{t-2} + \\ 0.25\Delta DGAP_{t-3} + 0.3\Delta DFPI_{t-1} + 0.23\Delta DFPI_{t-2} - \\ 0.6\Delta DFPI_{t-3} + 0.03 \quad (7.2)$$

$$\Delta DFPI_t = 0.03ecm_{t-1} + 0.06\Delta DGAP_{t-1} - 0.14\Delta DGAP_{t-2} - \\ 0.06\Delta DGAP_{t-3} + 0.41\Delta DFPI_{t-1} + 0.18\Delta DFPI_{t-2} - \\ 0.05\Delta DFPI_{t-3} - 0.07 \quad (7.3)$$

根据式（7.2），食品价格增长率对农业生产增长率的短期效应为0.3。也就是说，食品价格变动当期就能对农业生产变动产生影响。与此同时，根据式（7.3）可以看出，农业生产变动当期也能引起食品价格的变动（0.06），相比于食品价格变动对农业生产变动的影响，农业生产对食品价格作用相对较弱。

在向量误差修正模型的基础上，我们用Wald统计量对回归系数进行约束检验。VEC模型下的格兰杰检验结果见表7-4。

表7-4　　　　　VEC模型下最优的格兰杰检验结果

被解释变量：D(DGAP)			
Excluded	χ^2	自由度	P
D（DFPI）	6.632861	3	0.0846

被解释变量：D(DFPI)			
Excluded	χ^2	自由度	P
D（DGAP）	5.37496	3	0.1463

从表7-4的格兰杰因果检验结果可以看到，食品价格变动能够引起农业生产总值的变动，其P值为0.0846；相反，农业生产总值的变动能够引起食品价格变动的概率相对较小，其P值为0.1463，不具有统计显著性，可以作为外生变量。这一格兰杰检验结果也基本上印证了VEC模型的检验结果，即食品价格对农业生产的影响力度更强而不是相反。

(二) 食品价格与农民收入

首先，我们对数据进行单位根检验，检验结果如表7-5所示。

表7-5　　农民收入和食品价格变量的单位根检验结果

变量	ADF 检验统计量	符号比较	临界值	P 值	结论
DAY	-2.300975	>	-2.589227（10）	0.1746	不平稳
DFPI	-1.40202	>	-2.592215（10）	0.5757	不平稳
D(DAY)	-9.242862	<	-3.528515（1）	0	平稳
D(DFPI)	-5.678114	<	-3.540198（1）	0	平稳

注：临界值括号中的数值为显著性水平。

根据表7-5可以看出，两个变量均为非平稳序列，但是，一阶差分为平稳序列，因此，农民收入和食品价格增长率序列均为 I~(1) 序列，具有相同的阶数，在此基础上可以进行协整分析。

其次，我们建立 VAR 模型确定最优滞后阶数。各准则选择的最优滞后阶数见表7-6。

表7-6　　VAR 模型下滞后阶数的选择结果

Lag	logL	LR	FPE	AIC	SC	HQ
0	-396.3263	NA	499.9899	11.89034	11.95615	11.91638
1	-315.296	154.8042	50.16362	9.590924	9.788359*	9.66905
2	-307.5176	14.39572*	44.8328	9.478138	9.807197	9.608348*
3	-303.4361	7.310235	44.76741	9.475704	9.936386	9.657997
4	-299.0389	7.613053	44.31665*	9.463847*	10.05615	9.698224

注：*为各准则所选择的最优滞后阶数。

通过表7-6的结果可以看到，五种准则所确定的最优滞后阶数中，2阶和4阶分别被两项准则确定为最优滞后阶数，对此学者的选择方法也不尽相同。本书以 AIC 准则为准确定最优滞后阶数为4阶。因此，VEC 模型滞后阶数为3阶。

根据约翰森（1985）协整理论，迹检验和最大特征值检验的结果如表7-7所示。

表7-7　　　　　　　　　　协整检验结果

迹检验				
协整方程的个数假设	特征值	迹统计量	5%的临界值	P值
0个协整方程	0.285095	25.7427	15.49471	0.001
最多1个协整方程	0.047451	3.257115	3.841466	0.0711
最大特征根检验				
协整方程的个数假设	特征值	最大特征根统计量	5%的临界值	P值
0个协整方程	0.285095	22.48559	14.2646	0.002
最多1个协整方程	0.047451	3.257115	3.841466	0.0711

通过表7-7可以看到，在5%的显著性水平下，迹检验和最大特征根检验的结果均表明，第一个原假设被拒绝，第二个原假设被接受，因此存在协整方程。所以，食品价格和农民收入之间存在长期稳定的关系。

接下来，进一步估计 VEC 模型的具体形式。根据协整理论得出协整关系的正则化估计为：

$$ecm_{t-1} = DAY_{t-1} - 1.4DFPI_{t-1} - 5.49 \qquad (7.4)$$

式（7.4）表明，食品价格增长率对农民收入增长率的长期效应为1.4。也就是说，食品价格增长率对农民收入增长率存在长期影响，且影响方向为正向，食品价格的变动能在较大程度上引起农民收入的变动。

同样，为进一步描述并比较食品价格增长率和农民收入增长率之间的长期效应和短期效应，我们把 VEC 模型估计结果表述如下：

$$\Delta DAY_t = -0.07ecm_{t-1} - 0.28\Delta DAY_{t-1} - 0.21\Delta DAY_{t-2} - 0.26\Delta DAY_{t-3} + 0.3\Delta DFPI_{t-1} + 0.07\Delta DFPI_{t-2} + 0.34\Delta DFPI_{t-3} + 0.06$$

$$(7.5)$$

$$\Delta FPI_t = 0.31ecm_{t-1} - 0.18\Delta DAY_{t-1} - 0.14\Delta DAY_{t-2} - 0.23\Delta DAY_{t-3} + 0.5\Delta DFPI_{t-1} + 0.4\Delta DFPI_{t-2} + 0.34\Delta DFPI_{t-3} + 0.06$$

$$(7.6)$$

式（7.5）的结果表明，食品价格增长率对农民收入增长率的短期效应为0.28，这说明，食品价格变动当期就能引起农民收入变动。同时，根据式（7.6）可以看出，农民收入变动当期也能引起食品价格的变动（0.18），相比于食品价格变动对农民收入变动的影响，农民收入对食品价格作用相对较弱。

在向量误差修正模型的基础上，我们用 Wald 统计量对回归系数进行约束检验。VEC 模型下的格兰杰检验结果见表 7-8。

表 7-8　　　　　　　VEC 模型下的格兰杰检验结果

被解释变量：D（DAY）			
Excluded	χ^2	自由度	P
D（DFPI）	1.083112	1	0.298
被解释变量：D（DFPI）			
Excluded	χ^2	自由度	P
D（DAY）	0.344999	1	0.557

从表 7-8 的格兰杰因果检验结果可以看出，食品价格变动不是引起农民收入变动的原因，其 P 值为 0.298，不具有统计显著性；农民收入变动也不是引起食品价格变动的格兰杰原因，其 P 值为 0.557，也不具有统计显著性。虽然如此，该检验结果依然说明，食品价格变动是农民收入变动格兰杰原因的可能性（70.2%）仍然大于农民收入变动是食品价格变动格兰杰原因的可能性（44.3%）。

三　小结

根据上述分析，我们得出结论：向量误差修正模型的分析表明，食品价格变动当期就能引起农业生产和农民收入的变动，不过，食品价格变动对农业生产和农民收入变动的长期影响更大；农业生产和农民收入对食品价格作用相对较弱。基于 VEC 模型的格兰杰检验结果同样印证了这一观点。

也就是说，无论是从短期还是长期来看，食品价格的波动都会引起农业生产和农民收入的波动。为了促进农业生产和农民收入的健康平稳发展，应对食品价格的变动予以充分的重视。

第三节 食品价格、城乡恩格尔系数差异对通货膨胀的冲击效应

一 引言

低通货膨胀和扩大内需是我国经济发展和宏观调控的重要目标。现实经济活动中，通货膨胀与总需求之间总是相互影响、相互制约的，如何促进两者之间的协调与平衡发展，一直是政府高度重视和努力探讨的问题。特别是随着我国经济发展水平和环境的变化，居民消费需求问题日益突出，成为影响和制约我国经济发展的重要因素。2008年国际金融危机以来的事实表明，扩大内需是减轻或避免我国经济受到重创的有力保证。随着近两年我国CPI指数的不断上涨，如何保持我国内需政策的有效实施，更是考验人们的智慧和理性。统计数据显示，2007年，我国居民消费价格比上年上涨4.8%，2010年出现一点回落，2011年7月，物价水平又达到了6.5%。食品价格上涨也居高不下，2007—2010年的食品价格平均上涨8.6%，2011年1—6月，同比上涨达到11.8%。从图7-1中可以看出，食品价格与CPI具有长期的同周期波动。一些学者也认为，食品价格影响了我国的通货膨胀水平。值得注意的是，食品消费是我国居民消费的一个重要组成部分，据数据统计计算，1978—2010年，我国城乡的平均恩格尔系数分别为47.6%和53.7%。虽然食品消费量增量占个人消费支出的弹性较大，但食品是必需品，也存在较大的刚性。这两个特性决定着食品价格上涨也必然影响着居民非食品类消费量占总消费支出比重的增减，即消费需求的增

减，消费需求的增减在一定程度上会影响通货膨胀水平。[①] 由于我国城乡地区存在差异，食品消费占消费总支出的比重也不一样，导致对城乡的非食品消费量占总支出比重的影响也不同，其影响通货膨胀的机制也不一样。数据显示，在CPI与食品价格高涨的年份中，农村居民恩格尔系数与城市居民恩格尔系数的变化趋势发生了一定的偏离（如图7-1中1994年的情况），为什么会出现这种状况？城乡居民恩格尔系数差异与通货膨胀之间有何种联系，是一个值得深入研究的问题。

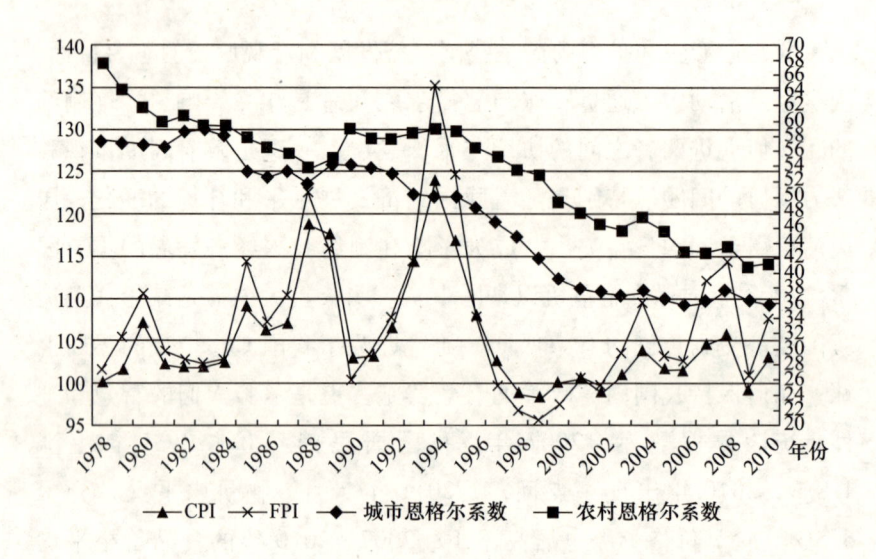

图7-1　通货膨胀、食品价格与城乡恩格尔系数

资料来源：根据历年《中国统计年鉴》计算整理而成。

许多国内外专家和学者在通货膨胀与食品类价格的关系方面做了大量的研究：卢锋和彭凯翔（2002）[②] 从粮价上涨角度验证了我

[①] 马敬桂、黄普：《食品价格、城乡恩格尔系数差异对通货膨胀的冲击效应分析》，《统计与决策》2014年第9期。

[②] 卢锋、彭凯翔：《中国粮价与通货膨胀关系（1987—1999）》，《经济学》（季刊）2002年第4期。

国粮价上涨和通货膨胀的因果关系，认为我国20世纪90年代中期名义粮价的剧烈波动是由于通货膨胀预期导致的社会大规模存粮造成的。塞金（2006）认为，传统的通货膨胀动态传导效应在减弱，特别是近年来很多国家出现能源价格和食品价格快速上涨以及货币大幅贬值现象，但通货膨胀率并未出现大幅波动。[1] 马敬桂等（2011）[2] 认为，货币供给冲击必然引起食品价格正向变动。王小宁（2009）[3] 认为，农产品价格上涨是通货膨胀的表现形式，且农产品价格上涨与通货膨胀之间并无内在的必然联系，进而预期到今后玉米、大豆和食用油价格上涨可能成为通货膨胀压力释放的突破口。

在通货膨胀与收入和消费的研究方面，楚尔鸣（1996）[4] 认为，通货膨胀的短期冲击影响着消费者行为的选择。李若建（1996）[5] 提出，通货膨胀对于低收入的人来说，负面影响更大。李素利（2009）[6] 提出，城镇居民内部收入差距产生了收入分配的结构效应，城镇高收入群体又成为推动通货膨胀的能量主体。万广华等（2001）[7] 通过实证检验，根据霍尔的分类方法，对我国居民的流动性约束问题进行了分析，认为1983年以来的流动性约束型消费者比重的上升是中国当前的低消费增长和需求不足的原因。李军（2003）[8] 的研究发现，高收入消费群体目前的平均消费倾向仍然较

---

[1] Sekine, T., "Time-Varying Exchange Rate Pass-through: Experiences of Some Industrial Countries", *BIS Working Paper*, 2006, No. 202.

[2] 马敬桂、李静、樊帆：《货币供给冲击对我国食品价格水平的动态影响研究》，《农业技术经济》2011年第4期。

[3] 王小宁：《农产品价格上涨与通货膨胀的关系》，《价格理论与实践》2009年第5期。

[4] 楚尔鸣：《通货膨胀的消费效应》，《湘潭大学学报》（哲学社科版）1996年第6期。

[5] 李若建：《通货膨胀对城镇居民收入的影响》，《统计与决策》1996年第6期。

[6] 李素利：《我国通货膨胀对收入的影响》，《知识经济》2009年第6期。

[7] 万广华、张茵、牛建高：《流动性约束、不确定性与中国居民消费》，《经济研究》2001年第11期。

[8] 李军：《收入差距对消费需求影响的定量分析》，《数量经济技术经济研究》2003年第9期。

高，收入差距还不是消费需求不振的主要原因。

综上所述，学者对通货膨胀与消费之间关系的分析，大多数学者认为，通货膨胀与食品价格上涨关系十分密切。在现实生活中，无论是食品价格上涨还是居民消费物价上涨，都与居民的消费水平息息相关，然而，这些学者在研究食品价格上涨对通货膨胀影响的同时，对 CPI 和食品价格对城乡居民食品消费支出占总支出的比重影响的分析却相对较少。特别是农村地区的消费水平，收入较低，大部分农村居民个人消费支出都与食品有关。城市居民的食品消费需求比重极少的现状远远形不成对通货膨胀的冲击，使食品价格能否有效调节通货膨胀问题产生了质疑。本书通过 SVAR 长期约束模型，分析通货膨胀、食品价格与城乡居民恩格尔系数差异之间的动态影响关系，解释城市和农村不同的通货膨胀形成机制，并得出相关结论。

二 SVAR 模型的建立

SVAR 是一种对 VAR 模型进行结构性分解方法。它是在 Efron（1986，1993）的 Plug–in 原理的小样本最优估计基础上，与 Blanchard 和 Quah（1989）提出的一种施加基于经济理论长期约束的结构化方法的结合。

（一）SVAR 模型的建立

假设本节拟估计的模型中存在四种在所有的领先期与滞后期彼此之间互不相关的冲击，即通货膨胀冲击（υ_t^{Dcpi}）、食品价格冲击（υ_t^{Dfpi}）、城市恩格尔系数冲击（υ_t^{Dcity}）和农村恩格尔系数冲击（υ_t^{Dvil}）。通货膨胀冲击表示居民消费价格的变化冲击，食品价格冲击表示为居民消费中食品必需品价格指数的变化冲击，城市恩格尔系数冲击表示为城市居民恩格尔系数的变化冲击，农村恩格尔系数冲击表示农村居民恩格尔系数的变化冲击。由第一部分的模型设定，进一步假设通货膨胀序列（$DCPI_t$）、食品价格序列（$DFPI_t$）、城市居民恩格尔系数序列（$DCITY_t$）、农村居民恩格尔系数序列（$DVIL_t$）同时受到通货膨胀冲击、食品价格冲击、城市居民恩格尔系数冲击、农村居民恩格尔系数冲击的影响。平稳过程 $DCPI_t$、$DFPI_t$、$DCITY_t$ 和 $DVIL_t$ 可以分别表示为移动平均过程，在4个移动平均过程中，$DCPI_t$、$DFPI_t$、$DCITY_t$ 和 $DVIL_t$ 分别表示当期与滞后各期通货膨胀冲击、食品价格冲击、城市居民恩格尔系数冲击、农村居民恩格尔系数冲击的线性组合，设定的模型为：

$$\begin{bmatrix} DCPI_t \\ DFPI_t \\ DCITY_t \\ DVIL_t \end{bmatrix} = \begin{bmatrix} S_{11}(L) & S_{12}(L) & S_{13}(L) & S_{14}(L) \\ S_{21}(L) & S_{22}(L) & S_{23}(L) & S_{24}(L) \\ S_{31}(L) & S_{32}(L) & S_{33}(L) & S_{34}(L) \\ S_{41}(L) & S_{42}(L) & S_{43}(L) & S_{44}(L) \end{bmatrix} \begin{bmatrix} v_t^{Dcpi} \\ v_t^{Dfpi} \\ v_t^{Dcity} \\ v_t^{Dvil} \end{bmatrix} \quad (7.7)$$

式（7.7）为4个变量的结构向量自回归模型，$S_{ij}(L)$ 是滞后算子多项式：

$$S_{ij}(L) = \sum_{k=0}^{\infty} S_{ij}^{(k)} L^k \quad (7.8)$$

式中，$S_{ij}^{(k)}$ 表示 $t-k$ 期的第 j 种冲击对 t 期的第 i 个变量的影响程度，并且有 $S_{ij}^{(0)} = S_{ij}(0)$。因此，$S_{ij}^{(k)}$ ($k = 0, 1, 2, \cdots$) 就是第 i 个变量对第 j 种冲击的响应函数。由于4种冲击在所有的领先期与滞后期彼此之间互不相关，$DCPI_t$ 的预测误差方差可以分解为各个时期的四种冲击的方差之和，而每种冲击的方差之和占 $DCPI_t$ 的总预测方差的比例反映了每种冲击对 $DCPI_t$ 变动的贡献。通过方差分解可以区分上述4种冲击对中国通货膨胀率波动的贡献率。

式（7.8）可以写成紧凑形式：

$$X_t = S(L) v_t = \sum_{k=0}^{\infty} S_{ij}^{(k)} L^k v_t \quad (7.9)$$

式中，$X_t = (DCPI_t, DFPI_t, DCITY_t, DVIL_t)'$，$v_t = (v_t^{Dcpi}, v_t^{Dfpi}, v_t^{Dcity}, v_t^{Dvil})'$，$S^{(k)} = (S_{ij}^{(k)})_{4 \times 4}$。并且，假定 v_t^{Dcpi}、v_t^{Dfpi}、v_t^{Dcity} 与 v_t^{Dvil} 是标准化的白噪声序列，因此有 $E(v_t v_t') = I_4$。

（二）长期约束的设定

为估计 $S(L)$ 与 v_t，首先需要通过最小二乘法（OLS）估计简化式 VAR 模型为 $X_t = \Phi(L)X_{t-1} + \varepsilon_t$，然后将简化式表示成无穷的 VAR($+\infty$) 形式 $X_t = C(L)\varepsilon_t$，再根据结构式，可以得到 $C(L)\varepsilon_t = S(L)\upsilon_t$。由于 $C(0) = I_4$，可以得到 $S(0)\upsilon_t = \varepsilon_t$，并且有：

$$E(\varepsilon_t\varepsilon'_t) = S(0)E(\upsilon_t\upsilon'_t)S'(0) = S(0)S'(0) \tag{7.10}$$

由式（7.10）可以得到关于 $S_{ij}(0)$（$i = 1, 2, 3, 4$；$j = 1, 2, 3, 4$）的 10 个方程，还需要另外 6 个方程才可以求解 $S_{ij}(0)$，为此，我们施加 6 个基于经济理论的长期约束。

长期的约束构建为：城市和农村居民的恩格尔系数具一定的内生性，但是，由于食品与农产品之间的紧密关系，农村的恩格尔系数变化与食品价格存在一定的长期影响，城市居民的消费支出主要反映在非食品的消费上，食品价格对其城市消费水平的长期影响几乎为零，即可认为城市恩格尔系数的冲击对食品价格增长率一阶差分的累积影响为零，这就构成了一个长期约束；即期的城市居民消费支出水平与长期的消费支出水平没有直接关系，同样与农村居民的恩格尔系数也没有长期关系，可以构建城乡之间的长期一阶差分的累积影响为零；城市和农村的居民食品消费支出占总支出的比重下降的内生性不强，外生性较大，受经济增长和通货膨胀的冲击明显，即城市和农村居民的恩格尔系数对自身的长期一阶差分的累积影响为零，这里即假设了 4 个长期约束关系。再由于恩格尔提出的食品价格上涨对高收入群体的影响较小，即食品价格对城市的恩格尔系数的长期的约束为零，即可假设为一个强有效的零约束条件。具体表示为：$S_{23}(L) = 0$、$S_{32}(L) = 0$、$S_{33}(L) = 0$、$S_{34}(L) = 0$、$S_{43}(L) = 0$、$S_{44}(L) = 0$。再根据 $C(L)\varepsilon_t = S(L)\upsilon_t$ 与 $S(0)\upsilon_t = \varepsilon_t$ 可得到 $S(L) = C(L)S(0)$，这样就可以得到关于 $S_{ij}(0)$（$i = 1, 2, 3, 4$；$j = 1, 2, 3, 4$）的 16 个方程。根据得到的 16 个方程可以解出 $S_{ij}(0)$，再利用 $S(0)\upsilon_t = \varepsilon_t$ 就可以得出 $\upsilon_t = (\upsilon_t^{Dcpi}, \upsilon_t^{Dfpi}, \upsilon_t^{Deity}, \upsilon_t^{Dvil})'$，通过上述分析，可以进一步估计城乡居民恩格尔系数对通货膨胀冲击的不同响应函数以及通货膨胀和食品价格对城乡居民恩格尔系数的不同冲击响应函数。

三 数据与模型分析

(一) 数据说明

经过前一节的模型设定,本书所需要分析的数据均来源于《中国统计年鉴》(1979—2010) 和《中国统计摘要 (2011)》,并进行了必要的计算和整理,主要变量解释如下:

(1) 通货膨胀率。居民消费物价指数是衡量通货膨胀的主要指标,本书选取居民消费物价指数为通货膨胀率,取对数,用 CPI 表示,其差分形式为 DCPI。

(2) 食品价格指数。食品价格指数反映不同时期食品价格水平的变化方向、趋势和程度的经济指标,取对数,用 FPI 表示,其差分形式为 DFPI。

(3) 城市恩格尔系数。城市恩格尔系数用来衡量城市居民的食品支出占总支出的比重和非食品消费支出水平的高低,取对数,用 CITY 表示,其差分形式为 DCITY。

(4) 农村恩格尔系数。农村恩格尔系数用来衡量农村居民的食品支出占总支出的比重和非食品消费支出水平的高低,取对数,用 VIL 表示,其差分形式为 DVIL。

(二) 单位根检验

运用 SVAR 模型,需要首先实证检验各变量是否具有单整性,本书使用 ADF 进行单位根检验,检验结果如表 7-9 所示。

由表 7-9 可以看出,通货膨胀率、食品价格、城市恩格尔系数、农村恩格尔系数的对数生成的数据为非平稳的,即 CPI ~ I(1)、FPI ~ I(1)、CITY ~ I(1) 和 VIL ~ I(1)。因此,通货膨胀序列 ($DCPI_t$)、食品价格序列 ($DFPI_t$)、城市恩格尔系数序列 ($DCITY_t$) 和农村恩格尔系数序列 ($DVIL_t$) 都是平稳序列,满足 SVAR 模型分析的条件,因此,它们所估计的动态系统具有较好的解释意义。

表7-9　　　　　　　　　数据平稳性检验结果

变量	模型选择	检查统计量	1%的临界值	5%的临界值	10%的临界值
CPI	(0, 0, 3)	0.142143	-2.64712	-1.95291	-1.61001
FPI	(0, 0, 2)	0.038564	-2.6443	-1.95247	-1.61021
CITY	(0, 0, 3)	-1.7283	-2.64712	-1.95291	-1.61001
VIL	(0, 0, 3)	-1.60799	-2.64712	-1.95291	-1.61001
DCPI	(c, t, 3)	-4.31855	-4.32398	-3.58062	-3.22533
DFPI	(c, t, 2)	-3.25055	-4.30982	-3.57424	-3.22173
DCITY	(c, t, 3)	-3.05265	-3.68919	-2.97185	-2.62512
DVIL	(0, 0, 2)	-2.31448	-2.64712	-1.95291	-1.61001

注：(1) 其中 c 表示含常数项，t 表示含趋势项，p 为滞后期；(2) 滞后期 p 的选择标准是以 AIC 和 SC 值最小为准则。

(三) 稳健型检验

通过建立6个长期约束条件，达到了恰好识别约束的条件，可以得到 SVAR 动态方程的结构参数以及显著性检验（见表7-10）。

表7-10　　　　　　　　　SVAR 结构参数估计

	v_t^{Dcpi}	v_t^{Dfpi}	v_t^{Dcity}	v_t^{Dvil}
$DCPI_t$	0.0063 (1.01)	0.0062 (0.71)	0.0355*** (7.75)	0.0171*** (3.75)
$DFPI_t$	0.0095*** (1.56)	0.0145** (1.69)	—	0.0218*** (7.75)
$DCITY_t$	0.0073 (7.75)	—	—	—
$DVIL_t$	0.0319*** (7.37)	0.0458*** (7.75)	—	—

注：括号内数字为 t 统计量，*、**、*** 表示 t 统计量分别在10%、5%、1%的显著性水平下显著。

从表7-10的结构参数来看，大多数的参数估计值都在1%的显著性水平下显著,可以说明本书所设计的约束条件是有效的。

(四) 脉冲响应分析

通过 SVAR 可以得到通货膨胀率、食品价格增长率、城市恩格尔系数和农村恩格尔系数各个冲击响应函数,为了保证动态系统的稳定性,重复抽样 100 次,可以得到如下分析结果:图 7-2 为根据 SVAR 模型估计得到的通货膨胀率对一个标准差的食品价格冲击的响应函数,图 7-3 为食品价格对一个标准差的通货膨胀的反向冲击的响应函数。从图 7-2 可以发现,食品价格率的一个标准差的冲击对通货膨胀的影响当期呈现一个当期正的冲击,说明食品价格的不断提高,对当期的通货膨胀影响很大,然后在第 2 年后慢慢上升,最后趋于零,食品价格冲击对通货膨胀的影响滞后期为 1 年,并对通货膨胀的冲击力度很强,同时说明食品价格对通货膨胀的影响是短期的,是可以调节的。

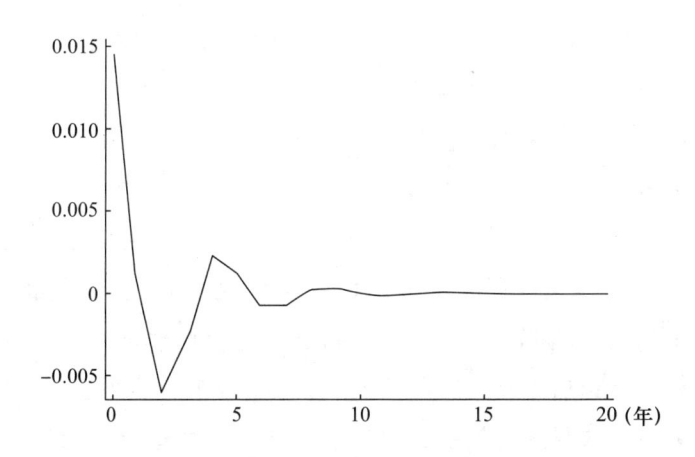

图 7-2 食品价格对通货膨胀冲击的响应函数

从图 7-3 同样可以发现通货膨胀率的一个标准差的冲击对食品价格的影响是比较大的,然后在第 4 年对食品价格的影响形成一个较小的波峰,然后慢慢地趋于零,但食品价格的反向冲击的滞后期间为半年,虽然强度很大,但持续时间较短,通货膨胀与食品价格

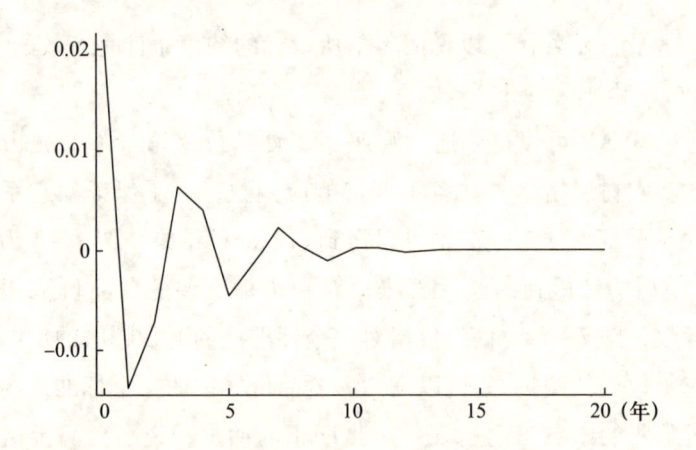

172 / 我国食品价格波动周期及平抑机制研究

图 7-3 通货膨胀对食品价格冲击的响应函数

的关系可以表示为：食品价格上涨 —— 反向 ——→通货膨胀，这些结论都与一些学者的观点一致，在此不再引证。

图 7-4 为根据 SVAR 模型估计得到的通货膨胀率对一个标准差的城市恩格尔系数冲击的响应函数，图 7-5 为通货膨胀率对一个标准差的农村恩格尔系数冲击的响应函数。从图 7-4 可以发现，城市恩格尔系数的一个标准差的冲击对当期的通货膨胀影响是一个正冲击，对当期的通货膨胀影响一个标准差的冲击较大，然后逐渐下降，在第 3 年冲击就明显增强，并在第 5 年达到一个小的正波峰，但几乎趋于零，即城市恩格尔系数冲击对通货膨胀的影响滞后期为 1 年，说明城市居民收入低会对通货膨胀造成不利的冲击。从图 7-5 可以发现，农村恩格尔系数的一个标准差的冲击对当期的通货膨胀影响一个标准差的冲击影响也较大，在第 3 年冲击就明显增强，并在第 5 年达到一个小的正波峰，但几乎趋于零，即农村恩格尔系数冲击对通货膨胀的影响滞后期为 1 年，可以得出城市恩格尔系数和农村恩格尔系数对通货膨胀影响的滞后期间的变化方向是一致的。特别与图 7-2 的食品价格对通货膨胀的冲击响应图，可以看出两个图的冲击响应函数变化周期基本相同，食品价格对通货膨胀的

冲击影响主要是通过城乡居民食品消费支出占总消费支出的比重来体现，并且城乡恩格尔系数对通货膨胀的冲击均为短期，是可以调节的。从表7－10中可以看出，在城乡消费水平的影响下，食品价格对通货膨胀的影响系数不显著，而城乡居民的消费支出占总支出比重对通货膨胀的影响显著，可以说明食品价格对通货膨胀的影响主要体现在居民消费支出占总支出比重对通货膨胀的影响上。

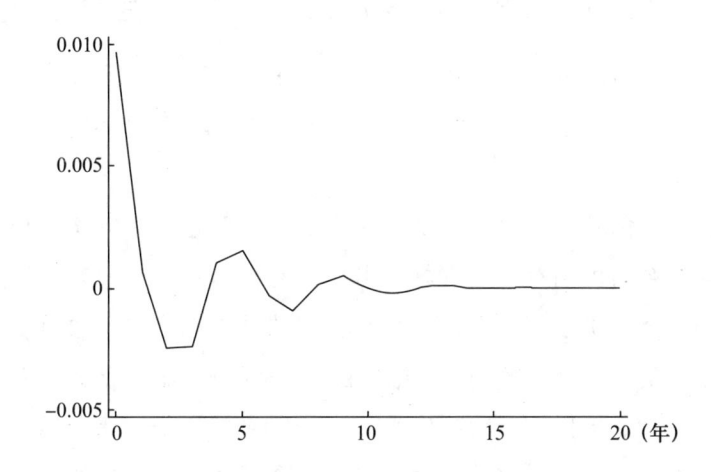

图7－4 城市恩格尔系数对通货膨胀冲击的响应函数

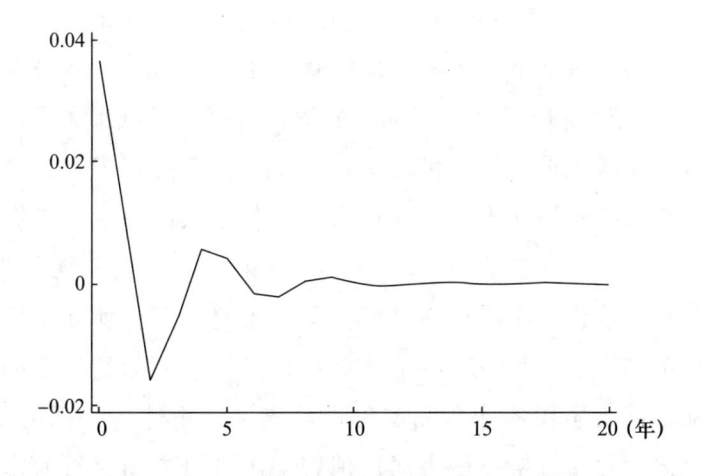

图7－5 农村恩格尔系数对通货影胀冲击的响应函数

从图 7-2 至图 7-5 的分析结果可以发现，食品价格冲击对通货膨胀的影响是最大的，然而通货膨胀对食品价格也存在反向冲击。城市恩格尔系数对通货膨胀的冲击响应函数与农村恩格尔系数对通货膨胀的冲击响应函数的波动一致，但是，农村恩格尔系数对通货膨胀的冲击要大于城市恩格尔系数对通货膨胀的冲击，说明农村居民消费支出占总支出的比重对通货膨胀的正冲击要比城市居民消费支出占总支出比重的冲击要大。上述分析可以表示为：城乡居民消费支出占总支出比重高 $\xrightarrow{\text{食品价格上涨}}$ 通货膨胀，但从冲击的标准差来看，农村消费支出占总支出比重的影响强度比城市要强一些。

在分析食品价格对通货膨胀的冲击后，再分析通货膨胀和食品价格对城乡居民消费支出占总支出比重的影响有利于问题的深入探讨。图 7-6 为根据 SVAR 模型估计得到的城市恩格尔系数对一个标准差的通货膨胀冲击的响应函数，图 7-7 为城市恩格尔系数对一个标准差的食品价格冲击的响应函数。发现通货膨胀的一个标准差的冲击对城市恩格尔系数的当期影响是一个正冲击，冲击的标准差为 0.25 左右，对当期的通货膨胀影响形成一个较大的冲击，然后逐渐下降，在第 4 年的时期冲击就明显上涨，达到一个小的正波峰，然后在第 5 年的时期下降为零，即通货膨胀冲击对城市恩格尔系数的影响滞后期为 1—5 年，说明高通货膨胀率会对城市居民非食品支出占总支出比重造成不利的冲击。从图 7-7 可以发现，食品价格的一个标准差的冲击对当期城市恩格尔系数的一个冲击影响也较大，影响的标准差为 0.005 左右。在第 3 年冲击就明显增强，并在第 6 年达到一个小的正波峰，但几乎趋于零，即食品价格冲击对城市恩格尔系数的影响滞后期为 1—5 年，可以得出食品价格的上涨对城市居民的非食品支出占总支出比重造成负面的影响。可以得出，食品价格对城市居民消费支出占总支出比重的影响要小于通货膨胀对城市居民消费支出占总支出比重的影响，即可表示为：通货膨胀→城市居民消费支出占总支出比重高，然而通货膨胀对城市居民的恩格尔系数的影响是不显著的（见表7-8），食品价格对城市居民食品消费比重产生微弱的影响。从而只能表示为：食品价格上涨$\xrightarrow{弱}$城市居民食品消费支出占总支出比重高。

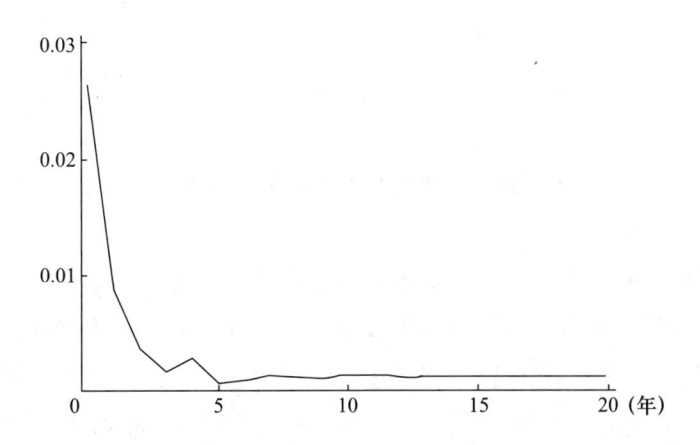

图7-6 通货膨胀对城市恩格尔系数冲击的响应函数

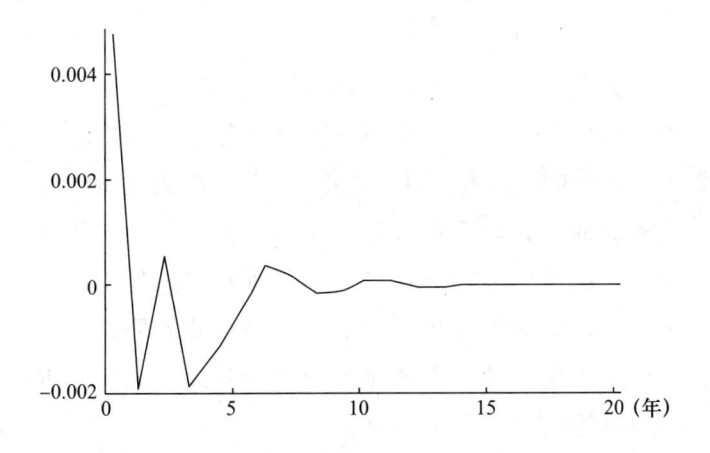

图7-7 食品价格对城市恩格尔系数冲击的响应函数

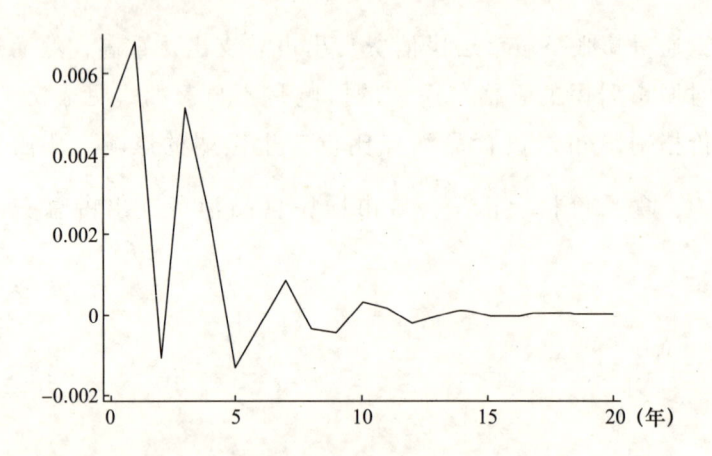

图 7-8　通货膨胀对农村恩格尔系数冲击的响应函数

图 7-8 为农村恩格尔系数对一个标准差的通货膨胀冲击的响应函数，图 7-9 为农村恩格尔系数对一个标准差的食品价格冲击的响应函数。从图 7-8 可以发现，通货膨胀的一个标准差的冲击对农村恩格尔系数的当期影响是一个正冲击，影响的标准差为 0.007 左右。在第 3—4 年冲击就明显增强，形成一个正的冲击，并在第 6 年达到一个小的正波峰，但几乎趋于零，可以认为通货膨胀冲击对农村恩格尔系数的影响滞后期为 1—5 年，得出食品价格的上涨对农村居民食品消费占总支出比重造成正面的冲击。图 7-9 可以发现，食品价格的一个标准差的冲击对当期农村恩格尔系数的影响也较大，冲击的标准差为 0.03 左右，对当期的通货膨胀影响形成一个较大的冲击，然后在第 2 年和第 3 年间，冲击较平稳，达到一个小的正波峰，慢慢下降趋于零，即通货膨胀冲击对农村恩格尔系数的影响滞后期为 1—3 年，说明高通货膨胀率也会对农村居民的非食品支出占总支出的比重造成不利的冲击。分析得出食品价格对农村居民消费支出占总支出比重的影响要大于通货膨胀对农村居民消费支出占总支出比重的影响，即可表示为：食品价格上涨 $\xrightarrow{强}$ 农村居民消费支出占总支出比重上升。

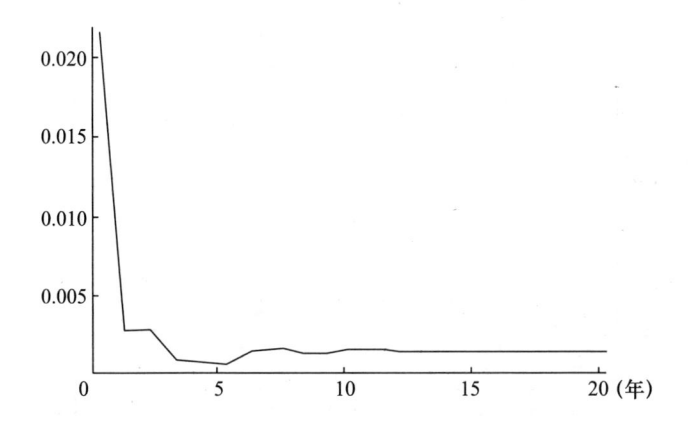

图7-9　食品价格对农村恩格尔系数冲击的响应函数

(五) 方差分解

通过上述脉冲响应分析，下面图7-10至图7-13是通货膨胀和食品价格分别对城乡恩格尔系数的冲击的方差分解图，对比图7-10与图7-11可以看出，通货膨胀对城市恩格尔系数的方差比重比同期食品价格对城市恩格尔系数的方差比重大很多，进一步说明，食品价格对城市居民食品消费支出占总支出比重的影响小于

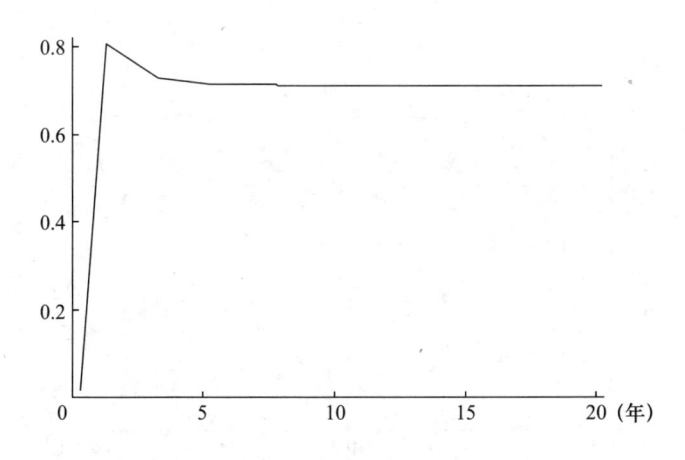

图7-10　通货膨胀对城市恩格尔系数冲击的方差分解

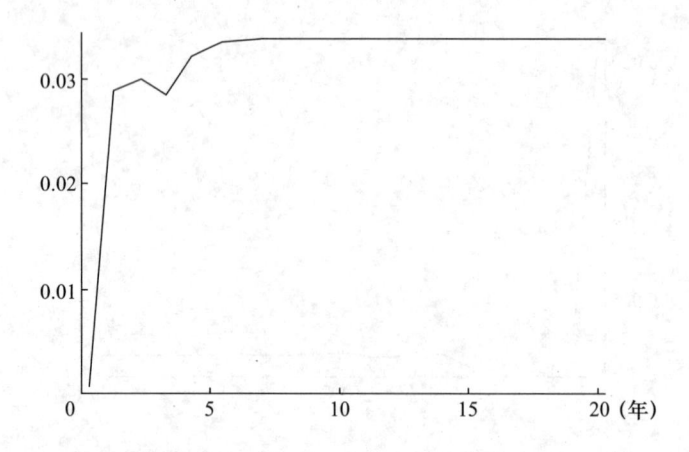

图 7-11　食品价格对城市恩格尔系数冲击的方差分解

通货膨胀对城市居民食品消费支出占总支出比重的影响。通过对比图 7-12 与图 7-13 可以看出，食品价格对农村恩格尔系数的方差比重比同期通货膨胀对农村恩格尔系数的方差比重大很多，同样，进一步说明，食品价格对农村居民食品消费支出占总支出比重的影响大于通货膨胀对农村居民食品消费支出占总支出比重的影响。通过方差分解分析，从动态角度更进一步证实了上述脉冲响应分析的结论。

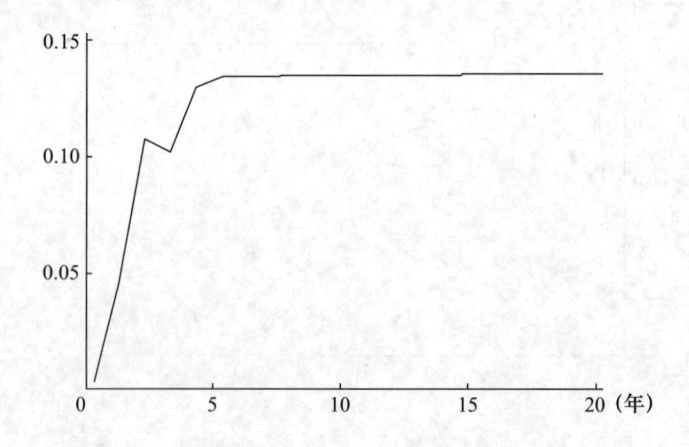

图 7-12　通货膨胀对农村恩格尔系数冲击的方差分解

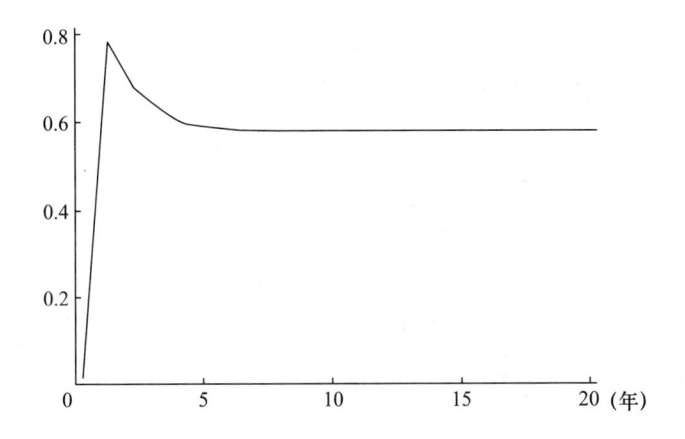

图 7-13　食品价格对农村恩格尔系数冲击的方差分解

四　结论

通过上述 SVAR 估计与脉冲响应分析，本书可以得出以下几点结论：食品价格冲击对通货膨胀的正向冲击效应比较大，但城市恩格尔系数对通货膨胀的冲击响应函数与农村恩格尔系数对通货膨胀的冲击响应函数的波动一致，食品价格对通货膨胀的结构影响参数不显著，说明食品价格对通货膨胀的冲击影响主要是通过城乡居民消费支出占总支出比重来反映的；农村恩格尔系数对通货膨胀的正冲击大于城市恩格尔系数对通货膨胀的冲击，说明在食品价格高涨的情况下，农村居民非食品消费支出占总支出比重对通货膨胀的负面冲击要显著大于城市居民非食品消费支出占总支出比重对通货膨胀的负面冲击；通货膨胀对城市恩格尔系数的正冲击大于食品价格对城市恩格尔系数的冲击，说明通货膨胀对城市居民非食品消费支出占总支出比重的负面影响要大于食品价格对城市居民非食品消费支出占总支出比重的负面影响；食品价格对农村恩格尔系数的正冲击大于通货膨胀对农村恩格尔系数的冲击，说明食品价格对农村居民食品消费支出占总支出比重的正面影响要大于通货膨胀对农村居民食品消费支出占总支出比重的正面影响。

在食品价格上涨的冲击影响下，食品价格上涨对农村居民非食品消费支出的负面影响最大,食品价格上涨对农村居民食品消费支出占总消费支出比重的正面贡献比例也不断上升,食品价格对城市居民食品消费支出占总消费支出比重的冲击微弱,这也同时验证了著名统计学家恩格尔的论断(食品价格上涨对低收入群体影响最大)。针对我国食品价格和通货膨胀率相互冲击的情况下,食品价格对通货膨胀造成巨大压力,然而,通过脉冲和方差分析得出这种压力主要是通过农村居民食品消费支出占总支出比重来反映的。结合文中分析,由于农村居民的食品消费支出占总支出的比重受食品价格的影响较大,城市居民的食品消费支出占总支出的比重受通货膨胀的影响不显著,即可形成两种不同的传导机制,机制Ⅰ:食品价格上涨 $\xrightarrow{弱}$ 城市食品消费支出占总支出比重上升(高城市恩格尔系数)$\xrightarrow{食品价格上涨}$ 通货膨胀→食品价格上涨;机制Ⅱ:食品价格上涨 $\xrightarrow{强}$ 农村食品消费支出占总支出比重上升(高农村恩格尔系数)$\xrightarrow{食品价格上涨}$ 通货膨胀→食品价格上涨。然而,在机制Ⅰ中食品价格对城市食品消费支出占总支出比重的下降影响微弱,说明城市的食品消费支出占总支出的比重水平不受食品价格的影响,城市消费支出存在刚性,通过调控食品价格,不能有效治理通货膨胀。而在机制Ⅱ中,农村居民的非食品支出占总支出的比重受到食品冲击后下降,又会形成新的通货膨胀压力,接着食品价格上涨,农村居民非食品消费支出水平会出现循环下降的局面。对比机制Ⅰ和机制Ⅱ,可以得出食品价格的高低与农村地区居民的食品消费支出存在很强的循环机制,而这种机制在城市居民的消费支出中并不存在。如果降低食品价格的上涨率;相反,其对农村非食品消费支出的影响是微乎其微的,但可以拉动农村居民非食品消费支出水平,并不存在通货膨胀的冲击。因此,本书建议在抑制通货膨胀的宏观调控手段中,食品价格对通货膨胀的冲击反映在城乡地区是不同的,调节食品价格只能治理好农村地区的通货膨胀压力,并不能有效地治理城市地区的通货膨胀压力,城市地区的通货膨胀冲击还存在其他因素的影响，需要具体地区具体分析。食品价格并不能影响城市居民的消费结构，从而不会形成城市居民在食品消费方面的压力，通货膨胀的成因可能是房价、投资等方面形成的冲击，在调控食品价格的同时，应注重城市地区的高房价、高投资行为的调控，方能防止严重通货膨胀的发生。

第八章 食品价格波动对居民消费行为影响研究

第一节 食品价格波动对居民消费行为影响

食品是生活必需品，食品价格波动必然会影响到居民的消费行为。因此，必须对食品价格波动和居民消费行为的影响进行研究。

一 变量选择与数据来源

（一）被解释变量

（1）当期居民消费行为变量。考虑到数据的可得性，我们用居民家庭人均现金消费支出的当期值作为反映居民当期消费行为的代理变量。

（2）居民消费心理预期变量。用以衡量预期的变量在经济分析中很难刻画，一般用某个变量的上一期值作为将来预期的替代指标。但是，仅仅用某个变量的上一期值并不能反映预期的长期过程。为此，我们用居民家庭人均现金消费支出移动平均值来刻画居民消费心理预期行为。居民家庭人均现金消费支出移动平均值公式表示如下：

$$y_t = \mu_t - \theta_1 \mu_t - 1 - \theta_2 \mu_t - 2 - \cdots - \theta_q \mu_t - q$$

（二）解释变量

（1）食品价格波动的即期效应。用以考察食品价格波动对居民消费行为的即期效应，用食品类居民消费价格指数的即期值进行刻画。

（2）食品价格波动的滞后效应。用以考察食品价格波动对居民消费行为的滞后效应,由于采用季度数据,我们用食品类居民消费价格指数的滞后 3 期进行刻画。

(三) 控制变量

为了检验模型实证结论的稳健性,以及考察其他与食品价格相关但确实影响消费者行为的因素,我们选择以下两个主要因素作为控制变量引入到模型中:

(1) 确定性因素。主要包括经济增长水平、国际食品价格、国际原油价格和时间季节性因素。这些控制变量既影响居民的消费行为,也与食品价格相关。

(2) 随机因素。所谓随机因素是指未能事先预见和无规律可循的因素,它既影响生产中的投入产出,又会改变消费者的预期。本书所涉及的随机因素主要是指经济危机事件。

二 实证分析模型

根据研究内容需要,我们设定的计量模型如下:

模型 1:食品价格波动对居民消费行为的即期效应和滞后效应:

$$Con\_exp_t = c + a_0 Food\_rate_t + a_1 L\_Food\_rate_t + \sum \beta_i X_{it} + \varepsilon_t$$

模型 2:食品价格波动对居民消费心理预期的影响:

$$MA\_Con\_exp_t = c + a_0 Food\_rate_t + a_1 gdp\_rate_t \times E\_acc_t + \sum \beta_i X_{it} + \varepsilon_t$$

在上述计量模型中,下标 t 代表样本时间,c 是常数项,表示所有不随时间变化影响居民消费行为固定效应;ε_t 表示服从标准正态分布的随机干扰项;Con_exp 表示当期居民消费行为变量;MA_Con_exp 为居民消费心理预期变量;Food_rate 和 L_Food_rate 分别表示当期食品价格和滞后期食品价格。X 为一系列控制变量,主要包括经济增长水平(gdp_rate)、国际原油价格(oil_rate)、国际食品价格(Infood_rate)、经济危机事件(E_acc)以及时间季度变量(T_Season)。

本书数据来源于国家统计局、农业部和国际货币基金组织《国际金融统计》。以上所涉及的变量的统计性描述如表 8-1 所示。

表 8 – 1　　　　　　　　　　变量的统计描述

定义	符号	样本数	均值	标准差	最小值	最大值
城镇消费支出	Con_exp	73	4.06	5.38	-5.33	18.02
农村消费支出	Con_exp	73	4.85	5.33	-26.33	13.83
食品价格即期效应	Food_rate	73	3.88	10.81	-15.86	77.47
食品价格滞后效应	L_food_rate	33	7.14	14.05	-1.00	77.47
经济危机事件	E_acc	44	1.94	3.21	-2.25	13.83
经济增长水平	gdp_rate	61	2.97	5.71	-4.70	12.20
国际原油价格	oil_rate	71	3.88	11.13	-52.56	41.35
国际食品价格	Infood_rate	64	1.77	4.53	-6.71	10.90

注：小数点保留两位有效数值。

三　实证分析结果

（一）食品价格波动与居民当期消费行为

我们首先分析食品价格波动对城镇居民消费支出的影响，实证检验结果见表 8 – 2。从表 8 – 2 可以看出，模型整体拟合较好，并且通过了 F 统计量检验。我们发现，食品价格当期值系数不显著，这表明当期食品价格波动并不能引致城镇居民当期消费支出变化。虽然食品价格构成居民的生活成本，直接影响居民的实际生活，但是，居民消费行为对食品价格波动的反应可能具有滞后性，因此，我们进一步考察食品价格滞后值对居民当期消费行为的影响。表 8 – 2 的检验结果显示，食品价格滞后值系数显著为正值。这个结果表明，尽管当期食品价格波动不能立即引致城镇居民消费行为变化，但是，当城镇居民感受到食品价格波动对他们实际生活产生冲击时，他们会对食品价格波动产生反应。并且，由食品价格滞后值系数显著为正值表明，前期食品价格和当期消费支出之间具有正相关关系，前期食品价格上涨引致当期消费支出的增加。这表明食品价格可以作为市场供求关系的反映，并表现出扩散性的"蛛网效应"。具体原因可能是，居民对通货膨胀的感知首先是通过食品价格变动体现出来的，食品价格上涨引致居民对通货膨胀预期，因此，前期食品价格的上涨会引致居民当期消费支出的增加。前期食品价格上涨会使消费者产生价格普遍上涨的通货膨胀预期，因此会在未来价格上涨前及时增加当期的消费支出，以平滑未来价格上涨带来的生活成本的增加，间接地规避通货膨胀可能对未来生活带来的负面影响。[①]

表8-2　　　　　　食品价格波动与居民即期消费行为

变量	城镇居民消费支出		农村居民消费支出	
食品价格当期值 (Food_rate)	-0.035 (0.036)	—	-0.021 (0.077)	—
食品价格滞后值 (L_Food_rate)	—	0.051** (0.027)	—	0.074** (0.038)
国际原油价格 (oil_rate)	-0.074** (0.034)	-0.088** (0.026)	-0.085 (0.071)	-0.021 (0.038)
国际食品价格 (INFood_rate)	0.029 (0.075)	-0.185 (0.159)	-0.094 (0.159)	0.255 (0.228)
经济增长水平 (gdp_rate)	0.119* (0.070)	-0.013 (0.142)	-0.250 (0.148)	-0.298 (0.203)
时间季度变量 (T_Season)	0.249*** (0.021)	0.183** (0.058)	0.026 (0.044)	0.215** (0.084)
常数项 (Constant)	-6.090*** (0.824)	-2.383 (2.878)	4.302** (1.737)	-5.143 (4.107)
拟合优度(R^2)	0.7815	0.6789	0.0898	0.3385
调整拟合优度(AD_R^2)	0.7617	0.6195	0.0071	0.2160
F统计量值	39.35	11.42	1.09	2.76
样本数	61	33	61	33

注：***、**和*分别表示1%、5%和10%的显著性水平，括号内数值为标准差。

[①] 马敬桂、李静：《食品价格波动对居民消费行为影响研究》，《统计与决策》2015年第22期。

接下来，我们考察食品价格变动对农村居民消费行为的影响。表8-2的实证结果显示，尽管实证检验的拟合优度较差，但是，通过了F统计量检验。并且我们发现，当期食品价格波动对农村居民消费支出的影响不显著，但是，前期食品价格波动对农村居民当期消费支出具有显著的正效应。这表明，食品价格波动对农村居民消费行为的影响也表现出扩散性的"蛛网效应"，前期食品价格的微弱上涨可以刺激农村居民的当期消费。

最后，我们分析控制变量对城乡居民消费行为的影响，表8-2实证结果显示，控制变量中，国际原油价格对城镇居民当期消费支出影响显著，但是，对农村居民当期消费支出影响不显著；国际食品价格和经济增长水平也不能立即对城乡居民的消费行为产生作用，但是，季节性因素对城乡居民，特别是城镇居民的当期消费行为影响显著。

（二）食品价格波动与居民消费心理预期

居民的消费心理预期体现了居民对长期经济社会形势的态度，是从消费者的角度对经济社会形势的主观判断。以上分析表明，食品价格波动不仅仅影响居民的实际生活，更主要的是它改变了居民的心理预期，从而影响了居民的消费行为。接下来，我们实证分析食品价格波动对城乡居民消费心理预期的影响。表8-3的实证结果显示，当我们控制国际原油价格、国际食品价格、经济增长水平以及经济危机事件等影响因素之后，食品价格当期值系数在5%的显著性水平下为负值。这表明，食品价格的持续上涨引发居民对未来经济社会形势持悲观态度，从而表现出当期食品价格波动与居民消费心理预期之间的负相关关系。居民的消费行为不仅仅依赖于收入水平，还要依赖于消费者对宏观经济形势的判断，自然环境的改变等因素对消费心理的影响。当直接影响居民实际生活的食品价格持续上涨时，一方面，中低收入居民家庭心理压力加大，对未来生活表示担忧，在很大程度上加重了中低收入居民家庭的心理负担；另一方面，食品价格的持续上涨也导致居民对未来经济社会形势持悲观态度，直接引发居民消费信心的下降。由于食品价格持续上涨引发的通货膨胀会使居民的实际收入减少，在收入不变的前提下，居民会对未来的经济形势产生悲观预期，减少未来长期的消费支出。因此，就短期而言，前期食品价格的上涨会带来居民消费支出的增加，但是，长期持续的价格上涨会使居民购买力受到损害，同时也破坏了整个市场的消费秩序，使居民对未来的经济社会形势产生悲观预期，消费支出减少。

表8-3　　　　　食品价格波动与居民消费心理预期

变量	城镇居民消费心理预期		农村居民消费心理预期	
食品价格当期值 （Food_rate）	-0.290** (0.144)	-0.445*** (0.120)	-0.144** (0.049)	-0.214*** (0.054)
国际原油价格 （oil_rate）	-0.026 (0.018)	-0.015 (0.014)	-0.012 (0.007)	-0.008 (0.007)
国际食品价格 （INFood_rate）	-0.184* (0.107)	-0.168** (0.091)	-0.082* (0.047)	-0.082** (0.041)
经济增长水平和经济危机交互项 （gdp_rate × E_acc）	0.027** (0.012)	—	0.014** (0.004)	—
经济危机事件 （E_acc）	—	0.457*** (0.115)	—	0.219*** (0.052)
常数项 （Constant）	6.864*** (0.396)	7.040*** (0.348)	3.009*** (0.167)	3.136*** (0.158)
拟合优度 R^2	0.3927	0.5666	0.4909	0.5997
调整拟合优度 AD_R^2	0.2192	0.4583	0.3637	0.4996
F统计量值	2.26	5.23	3.86	5.99
样本数	19	21	21	21

注：***、**和*分别表示1%、5%和10%的显著性水平，括号内数值为标准差。

进一步地，我们考察控制变量对城乡居民消费心理预期的影响。表8-3的实证结果显示，国际原油价格的变动并不改变我国城乡居民消费心理预期，这可能是政府稳定政策的作用，使国际原油的波动并不对我国的长期经济增长产生显著的冲击，或者国际原油价格的变动并不能传递直接负面信息，因此，国际原油价格的变动不能显著性地影响我国居民的消费行为。但是，国际食品价格的波动却能够显著性地影响我国城乡居民的消费行为，国际食品价格的持续上涨不利于我国居民消费支出的长期增长。需要特别注意的是，经济危机事件系数以及经济增长水平和经济危机交互项系数都显著为正值。这一现象表明，随机事件的发生并不如我们主观想象的那样，必然引致居民悲观的消费心理预期，接下来，我们将对此现象进行进一步深入的分析，具体见表8-4。

表8-4 随机因素冲击、食品价格波动与居民消费心理预期

变量	城镇居民消费心理预期		农村居民消费心理预期	
自然灾害事件×食品价格即期效应的交互项（Food_rate×G_acc）	0.072* (0.040)	—	0.035 (0.041)	—
经济危机事件×食品价格即期效应的交互项（Food_rate×E_acc）	—	0.046** (0.024)	—	0.046** (0.024)
国际原油价格（oil_rate）	-0.007 (0.019)	-0.003 (0.081)	-0.011 (0.019)	-0.001 (0.020)
国际食品价格（INFood_rate）	-0.265** (0.081)	-0.274 (0.081)	-0.258** (0.083)	-0.271*** (0.081)
经济增长水平（gdp_rate）	0.628*** (0.138)	0.619*** (0.139)	0.153 (0.143)	0.107 (0.139)
时间季度变量（T_Season）	0.179*** (0.026)	0.180*** (0.026)	0.096*** (0.027)	0.090*** (0.026)
常数项（Constant）	-9.499*** (1.826)	-9.476*** (1.818)	-3.443** (1.887)	-2.927 (1.820)
拟合优度（R^2）	0.6992	0.7011	0.3738	0.4158
调整拟合优度（AD_R^2）	0.6596	0.6618	0.2914	0.3389
F统计量值	17.67	17.83	4.54	5.41
样本数	44	44	44	44

注：***、**和*分别表示1%、5%和10%的显著性水平，括号内数值为标准差。

（三）食品价格波动与居民消费心理预期

随机事件的发生，往往伴随着食品价格的上涨。因为随机事件，如自然灾害或经济危机事件，会使食品有效供给减少或者需求增加，从而导致食品价格上涨。但是，表 8-4 的实证结果显示，随机事件冲击和食品价格上涨交互作用，并不会使居民产生悲观的消费心理预期。具体而言，经济危机事件和食品价格的交互作用对城镇和农村居民消费心理预期均为显著的正向影响；尽管自然灾害事件和食品价格的交互作用对农村居民消费心理预期的正向影响不显著，但是，对城镇居民消费心理预期具有显著的正向影响。以上实证结果表明，随机事件的发生尽管会引发食品价格的剧烈波动，但并不必然引发居民悲观的消费心理预期。比如，卢晶亮等（2014）[①]通过研究汶川地震前后农户消费的变化情况发现，农户消费水平在震后保持较快增长，2009 年 7 月相对于震前 2007 年同期增长 30%，其消费弹性远高于农户其他正常收入的消费弹性。其内在可能原因在于：

首先，面对随机事件的发生，人们一般对国家宏观调控政策以及政府和社会的救济行为具有积极态度。尽管从自身的生活需要和安全需要出发会对随机事件的发生产生谨慎的心理，暂时放弃积极消费。但是，政府稳定性的作用和社会保障体系的重新构建不仅可以缓解居民的流动性约束，同时给予居民安全的保障心理，从长期来看，随机事件的发生并不能改变居民的消费惯性。

其次，尽管随机事件的不确定性是影响居民消费行为的关键因素，但是，居民持久性收入的增多是应对非预期冲击的一个主要方面。当出现重大随机事件后，政府将制定相关政策，比如，提高社会保障基金和提供更多非农就业机会等都显著提高居民的持久性收入。

[①] 卢晶亮、冯帅章、艾春荣：《自然灾害及政府救助对农户收入与消费的影响：来自汶川大地震的经验》，《经济学》（季刊）2014 年第 2 期。

最后，随机事件虽然会伴随食品价格的上涨，但是，随机事件是偶然小概率事件，并不必然使居民产生未来会发生通货膨胀的悲观预期。居民会认为，随机事件的发生导致的当期食品价格的上涨并不会持续很长时间，当经济秩序恢复正常后，食品价格也会经过短暂的波动后恢复平稳。因此，从长期来看，当面临随机因素冲击时，食品价格并不会持续上涨，反而会回落，居民对未来消费支出也会产生积极、乐观的预期。

四　小结

（1）食品价格增长率和GDP增长率也具有一致变化趋势，它们之间存在长期稳定关系。目前，食品价格上涨主要是受国际市场及国内一些结构性问题的影响，但总的来说，是正常的和可控的。

（2）食品价格对CPI变动反应较敏感，CPI是食品价格变动的一个冲击因素，但是，食品价格对CPI的作用不明显。食品价格本身具有调节作用，当系统内变量之间在短期内出现正向非均衡状态时（正的偏离误差），即CPI对食品价格正向冲击时，DFPI会反向修正，且修正幅度较大、效果明显。

（3）食品价格波动不仅仅影响了居民的实际生活，更主要的是它改变了居民的心理预期，从而影响了居民的消费行为。

第一，食品价格可以作为市场供求关系的反映，但是，居民消费行为对食品价格波动的反应具有滞后性，并表现出扩散性的"蛛网效应"，前期食品价格的微弱上涨可以刺激居民的当期消费。

第二，尽管食品价格的微弱上涨可以刺激居民的当期消费，但是，食品价格的持续上涨也会导致居民对未来经济社会形势持悲观态度，直接引发居民的消费信心下降。同时，食品价格持续上涨引发通货膨胀会使居民的实际收入减少，在名义收入不变的前提下，居民减少未来长期的消费支出。因此，就短期而言，前期食品价格的微弱上涨会带来居民消费支出的增加，但是，长期持续的价格上涨会使居民购买力受到损害，同时也破坏了整个市场的消费秩序，使居民对未来的经济社会形势产生悲观预期，消费支出减少。

第三，随机事件的发生，如自然灾害或经济危机事件，会使食品有效供给减少或者需求增加，往往伴随着食品价格的剧烈波动，但由于国家宏观调控政策以及政府和社会救济行为，随机事件的发生并不必然引发居民悲观的消费心理预期。因此，国家宏观调控政策以及政府和社会的救济行为对提高居民消费心理预期和维持消费稳定增长起到重要作用。

根据前述研究结论，我们可以得出如下政策启示：

首先，从生产、流通等诸多环节多管齐下，稳定食品产品的生产和供给，可以防止食品价格长期持续的上涨使居民购买力受到损害，但同时也破坏了整个市场的消费秩序，使居民对未来的经济社会形势产生悲观预期。与此同时，建立食品供求与价格的短期调控机制和应急预案，以避免食品价格的暴涨暴跌，稳定居民消费的心理预期。

其次，进一步完善社会补偿机制，加大对低收入群体的价格补贴、转移支付的力度，确保居民，特别是低收入群体在食品价格大幅波动时能满足基本生活需要。由于居民持久性收入的增多是应对非预期冲击的一个主要方面，当出现重大随机事件后，政府将制定相关政策，比如，提高社会保障基金和提供更多非农就业机会等都能显著提高居民的持久性收入。重视随机事件造成食品价格剧烈波动对居民消费的冲击，应通过各种有效手段稳定食品价格波动使人们对国家宏观调控政策以及政府救济行为具有积极态度。同时，加强政府稳定性的作用，进一步完善社会保障体系，以缓解居民的流动性约束，可以给予居民安全的保障心理。

第二节 食品价格波动对居民消费预期判断的调查分析

一 相关理论

个人的消费行为不仅仅受限于当期的收入约束，更多地考虑未来的终身预期收入（Hall，1978）。① 当特定个人受到外部不确定性因素冲击时，其终身收入预期将会发生改变，此时，特定个人将调整当期消费行为以适配新的终身收入预算约束。但是，对于个人来说，并不是最先考虑未来的收入预期，而是先对外部环境及其引起这种冲击的诱因进行判断，然后才产生并确定未来收入预期。因此，尽管最终的预期将影响个人消费行为，但是，真正起作用的是引起预期行为之前的各种主观判断。

食品作为人们基本的生活必需品，食品价格波动直接影响居民的实际生活，对于居民来说，最先感知的不是一般价格水平，而是各类食品价格的波动。同时，食品价格的另一个显著特点是容易受到外部随机因素的冲击而产生较大幅度的波动，比如，国内外自然灾害事件等。因此，食品价格波动容易引起居民的注意。当食品价格持续上涨时，居民不仅会对食品价格持续上涨是否引起通货膨胀，进而对整个经济环境形势进行判断，同时也会对导致食品价格持续上涨的诱因进行主观判断。正是这些判断组合形成居民的最终预期，从而引致居民的消费意愿或者消费行为发生改变。因此，从这个意义上讲，影响消费行为发生改变的不仅仅是个人预期行为本身，也是引起预期行为发生之前的各种主观判断。②

经典消费理论把决策行为中的心理因素纳入个人消费行为中，不仅丰富了消费理论，而且提高了其适用范围和解释能力。但是，关于不确定条件下个人对外部环境的主观判断对消费行为影响的文献并不多。就所能够检索的文献来看，霍尔（Hall，1978）③ 是最早提出不确定条件下的个人消费行为的理论模型。他研究指出，当

---

① Hall, R. E.; "Stochastic Implications of Life Cycle – permanent Income Hypothesis: Theory and Evidence", *Journal of Political Economy*, 1978, 86, pp. 971 – 987.
② 李静：《食品价格波动与居民消费预期判断》，《农业经济学刊》2015 年第 1 期。
③ Hall, R. E.; "Stochastic Implications of Life Cycle – permanent Income Hypothesis: Theory and Evidence", *Journal of Political Economy*, 1978, 86, pp. 971 – 987.

个人面临外部不确定时，个人对外部环境的主观判断使消费是个随机游走的过程。Kahneman 和 Tversky（1979）[1] 进一步指出，个人选择行为具有确定性效应、孤立效应和反射效应等一系列消费意愿组合，个人的消费意愿并不符合期望效用理论原则。这表明任何因素引起个人对外部环境的主观判断都可能改变其心理预期，从而左右其消费意愿。不仅如此，个人不仅对外部环境进行判断，也对引起事件发生的诱因进行判断。但是，对于个人来说，只有当外部事件发生时，才会对外部环境形势及其引致事件发生的诱因进行判断，最主要的是个人的消费意愿将内在地决定其消费行为。Ajzen（1991）[2] 在其计划行为理论中就指出，消费者意愿直接决定了消费主体如何采取消费行为以及采取特定消费行为可能性的大小。纽伯里等（Newberry et al.，2003）[3] 也指出，消费行为与消费意愿直接相关，认为消费意愿是衡量消费者是否会产生购买行为的重要指标。这些研究都表明，居民消费行为不完全依赖于收入水平或者消费能力，更取决于其消费意愿的心理变化。国内学者李志兰和江林（2014）[4] 研究指出，家庭是一个动态的消费主体，每个生命周期阶段中的家庭及其消费意向、消费结构和水平都具有独特的特点。作为消费心理的集中表现和消费行为的前奏，家庭消费意愿的强弱直接决定着家庭未来消费行为的指向和强度，包括消费什么、何时消费以及在哪里消费等。

近年来，学者也对影响消费意愿的成因进行了相应的研究，例

---

[1] Kahneman, D. and Tversky, A., "Prospect Theory: An Analysis of Decision Under Risk", *Econometrica*, 1979, 47: 263–291.

[2] Ajzen, I., "The Theory of Planned Behavior", *Organizational Behavior and Human Decision Processes*, 1991, 50, pp. 179–211.

[3] Newberry C. Robert, Bruce R. Klemz and Christo Boshoff, "Managerial Implications of Predicting Purchase Behavior from Purchase Intentions: A Retail Patronage Case Study", *Journal of Services Marketing*, 2003, 17, pp. 609–620.

[4] 李志兰、江林：《家庭生命周期对我国居民消费意愿的影响研究》，《上海经济研究》2014年第2期。

如，威尔基和阿尔德（Wilkie and Alder，2001）[1]研究认为，家庭消费一个很重要的特征就是代际影响和代际传承，因而代际影响和代际传承可能是影响家庭当期消费意愿的成因。江林和马椿荣（2009）[2]把消费意愿操作转化为消费时间、消费数量和消费努力程度三个维度，他们认为，消费意愿不足是导致我国居民消费需求低迷的关键心理成因，而消费意愿不足又是由一系列深层次心理因素引起的。贺京同和那艺（2009）[3]认为，消费者的心理安全是决定其消费意愿的重要因素，而公共福利支出又是影响心理安全的重要因素，并通过检验发现，当公共福利支出满足居民心理安全需求的能力下降时，居民的消费增长对收入增长的反应系数显著变小，进一步指出，通过对政府支出的内部结构进行调整以维持居民的心理安全可以达到提升居民消费意愿、刺激居民消费增长的目的。由于外部环境的改变是影响消费性心理预期的诱因，因此，何平等（2010）[4]认为，家庭进行消费或储蓄的行为受消费欲望和积累财富欲望的支配，但是，家庭财富占有的欲望与消费的欲望强弱变化将受到外在的生存环境的影响。杨继生和司书耀（2011）[5]基于中国农村经济的结构特征和居民决策行为，考察了政策环境效应对居民消费意愿的影响。他们研究指出，政策环境因素对消费意愿的影响是突变性的，并且具有记忆能力。当收入增长的政策环境效应处于上升趋势时，消费意愿政策环境效应的上升相对滞后，而当收入增长的政策环境效应处于下降趋势时，消费意愿政策环境效应的下降

---

[1] Moore, E. S., W. L. Wilkie and J. A. Alder, "Lighting the Torch: How Do Intergenerational Influences Development?", *Advances in Consumer Research*, 2001, 28, pp. 287–293.

[2] 江林、马椿荣：《我国最终消费率偏低的心理成因实证分析》，《中国流通经济》2009年第3期。

[3] 贺京同、那艺：《调整政府支出结构、提升居民消费意愿：一个财政政策视角的分析》，《南开学报》（哲学社会科学版）2009年第2期。

[4] 何平、高杰、张锐：《家庭欲望、脆弱性与收入——消费关系研究》，《经济研究》2010年第10期。

[5] 杨继生、司书耀：《政策环境变迁与农村居民收入和消费意愿的动态变化》，《中国农村经济》2011年第7期。

相对超前。

二 基本理论分析和样本说明

(一) 理论机制

个人的当期消费意愿不仅仅受到当期收入的影响，更主要受限于未来的不确定性，因此，未来所有不确定性因素都可能引发个人对外界环境的主观判断。接下来，我们借鉴不确定条件下的消费模型进行刻画。

我们假定个体的效用函数为二次型：

$$E(U) = E\left[\sum_{t=1}^{T}\left(C_t - \frac{a}{2}C_t^2\right)\right], \ a > 0 \qquad (8.1)$$

式中，$E(U)$ 为个人终身期望效用，C_t 为 t 期消费，a 为常数。对于特定个人来说，由于未来不确定性，如果个人预测收入约束条件发生变化，则个人将平滑当期消费和未来消费，从而使终身效用最大。假定利率为 0，因此，特定个人的预算约束为：

$$\sum_{t=1}^{T} C_t \leq A_0 + \sum_{t=1}^{T} Y_t \qquad (8.2)$$

式中，A_0 为个人拥有的初始财富，Y_t 为第 t 期的收入。借助欧拉方程方法，求解如上优化问题，我们得出如下关系：

$$C_1 = E_1(C_t) \qquad (8.3)$$

对特定个人来说，其期望的终身消费将等于其期望的终身收入，因此，将约束式（8.2）取等号并对等式两边同时取期望值，则得出个人终身消费和终身期望收入之间的关系式：

$$\sum_{t=1}^{T} E_1(C_t) = A_0 + \sum_{t=1}^{T} E_1[Y_t] \qquad (8.4)$$

进一步地，将式（8.3）代入式（8.2），我们得出如下关系式：

$$C_1 = \frac{1}{T}\left(A_0 + \sum_{t=1}^{T} E_1[Y_t]\right) \qquad (8.5)$$

根据式（8.5）可以看出，个人的当期消费取决于其期望的终身收入，因此，如果特定个人因外界冲击，使其预期收入约束条件发生改变，将促使其改变当期消费决策。接下来，我们对此进行分析。

为简化分析，我们仅考察特定个人两个阶段的预期情况，令第一阶段预期收入为 $E_1(Y_t)$，第二阶段预期收入为 $E_2(Y_t)$。令特定个人预期收入改变源于当外部事件发生时，个人对外部环境形势及其引起事件发生的诱因的主观判断，即：

$$E_2(Y_t) - E_1(Y_t) = \Gamma\{X: X_{1t}, X_{2t}, X_{3t}, \cdots, X_{nt}\} \tag{8.6}$$

式中，X 为一系列引致特定个人主观判断的因素集合，既有确定性因素，也有随机因素，对这些因素的主观判断集合构成了个人的最终预期。需要说明的是，这些外部因素也可能是个人预期本身，但是，主要是个人对外部环境形势判断及其引起事件发生的诱因判断。如果 $X=0$，则 $E_1(Y_t) = E_2(Y_t)$；如果 $X \neq 0$，则 $E_1(Y_t) \neq E_2(Y_t)$。也就是说，当任何一件事件发生并引致特定个人主观判断时，个人期望收入将会改变。

进一步地，我们同样借助欧拉方程分析方法，通过联立式（8.1）和式（8.2），我们得出个人第 2 期的最优消费支出的关系式：

$$C_2 = \frac{1}{T-1}\left(A_1 + \sum_{t=2}^{T} E_2[Y_t]\right) \tag{8.7}$$

由于 $A_1 = A_0 + Y_1 - C_1$，将该式代入式（8.7）并对式（8.7）进行变形，我们得出如下关系式：

$$C_2 = \frac{1}{T-1}\left\{A_0 + Y_1 - C_1 + \sum_{t=2}^{T} E_1[Y_t] + \sum_{t=2}^{T}\left[E_2(Y_t) - E_1(Y_t)\right]\right\} \tag{8.8}$$

结合式（8.5）、式（8.6）和式（8.8），本章得到的重要结论是：

$$\Delta C = C_2 - C_1 = \frac{1}{T-1} \sum_{t=2}^{T} \Gamma\{X: X_{1t}, X_{2t}, X_{3t}, \cdots, X_{nt}\} \tag{8.9}$$

由式（8.9）可以看出，当外部事件发生时，个人对外部环境形势及其引起事件发生的诱因的各种主观判断集合，使个人平滑当期消费和未来消费以使终身效用最大化。这个结论表明，个人消费意愿或者消费行为的改变尽管表现在个人最终预期的改变上，但是，真正起作用的是引起预期行为之前的各种主观判断。

(二) 实证模型和样本说明

借助上述理论分析，我们建立研究的实证模型。食品价格与居民实际生活息息相关，因此，居民不仅对食品价格持续上涨是否引起通货膨胀，进而对整个经济环境形势进行判断，也对导致食品价格持续上涨的诱因进行判断。基于上述理论分析，我们把式（8.9）转变为如下线性形式，

$$\Delta C_i(X/p) = a + a_1 X_{1i} + a_2 X_{2i} + a_3 X_{3i} + \cdots + a_n X_{ni} + \varepsilon_i \quad (8.10)$$

式中，i 为特定个体，p 为食品价格，X 为居民各种主观判断事件。该式表明，当面对食品价格上涨时，居民的各种主观判断对消费行为的影响。基于研究需要及数据的可得性，我们所考察居民主观判断的事件包括：①外部形势的判断，主要包括食品价格是否持续上涨、食品价格上涨是否引发通货膨胀、政府是否采取干预政策以及政策实施效果和收入是否增加；②诱因判断，主要包括供求关系、游资炒作和生产成本。由于居民的个体特征差异可能引发消费意愿差异，因此，我们还考察居民的个体特征，主要包括年龄、性别和收入。

我们令 $Y = \Delta C$，如果消费意愿下降，即 $\Delta C < 0$，则 $Y = 1$；相反，如果消费意愿增加或者不变，即 $\Delta C \geq 0$，则 $Y = 0$。根据如上设定，则式（8.10）所考察的因变量为两值选择变量。由于 Probit 模型可以有效地克服线性离散模型的偏效应问题（Woodridge, 2003），因此，我们借此 Probit 模型进行实证分析。通过简单的转换，式（8.10）相应的条件概率为：

$$P(Y_i = 1) = \Phi(C + \alpha_1 X_{1i} + \alpha_2 X_{2i} + \alpha_3 X_{3i} + \cdots + \alpha_n X_{ni} + \varepsilon_i) \quad (8.11)$$

实证数据来自课题组于 2013 年 1—3 月一项针对湖北省荆州市居民对食品价格波动反映情况的调查。我们利用调查问卷及随机抽样的方法（随机选择在两个主城区人口比较集中的地域，每个地域各选择 1 家超市、1 家农贸市场、1 个休闲广场）进行，总共发放 420 份问卷，剔除其中回答前后矛盾及不完整问卷之后，收回 350

份有效问卷。

我们把调查的样本根据湖北省荆州市城镇居民平均月收入水平分为低收入群体、中等收入群体和高收入群体。划分标准为：低收入群体的平均月收入水平为2000元以下，中等收入群体的平均月收入水平为2000—4000元，高收入群体的平均月收入水平为4000元以上。该调查的食品种类为粮食、蔬菜、猪肉、鸡蛋、食用油、水果、水产品和奶制品等。调查的内容和变量设定具体为：居民的个体特征：①收入水平，2000元以下＝0，2000元以上＝1；②性别，男＝1，女＝0；③年龄，35岁以下＝1，35岁以上＝0。

居民对食品价格波动的关注情况、主观感受：①关注＝1，不关注＝0；②有影响＝1，没影响＝0。

食品价格波动对居民的影响方式：心理预期＝1，实际生活＝0；

居民对食品价格波动的选择：①增加收入＝1，其他（剔除政府干预项）＝0；②政府干预＝1，其他（剔除增加收入项）＝0。

食品价格上涨的主要原因：①供求关系＝1，其他（剔除游资炒作和生产成本项）＝0；②游资炒作＝1，其他（剔除供求关系和生产成本项）＝0；③生产成本＝1，其他（剔除游资炒作和供求关系项）＝0。

食品价格预测：①继续上涨＝1，平稳波动＝0；②引发通货膨胀＝1，不会引发通货膨胀＝0。

居民对政府稳定食品价格政策的主观评价：满意＝1，不满意＝0。

问卷的主要具体形式及变量统计描述见表8－5。

表8－5 变量的统计描述

选项	变量	变量定义	均值	标准差	样本数
消费行为	消费与否	不愿意消费＝1；愿意消费＝0	0.720	0.449	350
个体特征	性别	男＝1；女＝0	0.273	0.446	350
	年龄	35岁以下＝1；35岁以上＝0	0.298	0.458	350
	收入	2000元以下＝0；2000元以上＝1	0.646	0.478	350

续表

选项	变量	变量定义	均值	标准差	样本数
影响方式	心理或实际生活	心理预期=1；实际生活=0	0.110	0.314	350
预期判断	收入增加	增加收入=1；其他=0	0.212	0.409	350
	政府干预	政府干预=1；其他=0	0.630	0.483	350
	通货膨胀	通货膨胀=1；其他=0	0.935	0.246	350
	食品价格上涨	继续上涨=1；平稳波动=0	0.520	0.500	350
诱因判断	供求关系	供求关系=1；其他=0	0.185	0.388	350
	游资炒作	游资炒作=1；其他=0	0.453	0.498	350
	生产成本	生产成本=1；其他=0	0.800	0.400	350
政策评价	满意与否	满意=1；不满意=0	0.012	0.110	350

三 居民消费意愿的实证分析结果

（一）个体特征与居民消费意愿差异

我们首先考察面对食品价格上涨，居民的个体特征差异与居民消费意愿差异之间的关系。借助于 Probit 模型，我们得到相应的条件概率为：

$$P(Y_i = 1/Z) = \Phi(C + \alpha_1 Gender_i + \alpha_2 Age_i + \alpha_3 Income_i + \alpha_4 X_i + \varepsilon_i)$$

式中，Z 为考察的系列解释变量，$\Phi(Z)$ 为标准正态分布的分布函数。Y_i 为居民的消费意愿，$Y_i = 1$ 表示不愿意消费，$Y_i = 0$ 表示愿意消费。解释变量为表征个体特征的变量，主要包括：性别差异（$Gender$），其中，$Gender = 1$ 表示男性，$Gender = 0$ 表示女性；年龄差异（Age），其中，$Age = 1$ 表示年龄小于 35 岁，$Age = 0$ 表示年龄大于 35 岁；收入差异（$Income$），其中，$Income = 1$ 表示收入大于 2000 元，$Income = 0$ 表示收入小于 2000 元。同时，我们在模型中还引入如上解释变量的交互项（X），用以考察它们之间的交互作用，主要有性别×年龄的交互项以及性别×收入的交互项，如表 8-6 所示。

表 8-6　　　　　　　　　个体特征与消费意愿

解释变量	被解释变量：居民消费减少的概率				
	(1)	(2)	(3)	(4)	边际效应
性别差异（男=1；女=0）	-0.403** (0.162)	-0.1666 (0.195)	-0.413** (0.200)	-0.160 (0.235)	-0.141** (0.058)
年龄差异（小于35=1，大于35=0）	-0.048 (0.165)	0.210 (0.200)	—	0.196 (0.204)	—
收入差异（大于2000=1；小于2000=0）	-0.098 (0.157)	—	-0.100 (0.185)	-0.063 (0.189)	—
性别×年龄（男且35岁以下=1；其他=0）	—	-0.781** (0.357)	—	-0.772** (0.360)	-0.293** (0.139)
性别×收入（男且收入3000元以上=1；其他=0）	—	—	0.029 (0.340)	0.031 (0.345)	—
常数项	0.751*** (0.121)	0.641*** (0.105)	0.737*** (0.112)	0.668*** (0.132)	—
控制个体效应	√	√	√	√	√
LR χ^2	6.54	10.97	6.46	11.19	—
Pseudo R^2	0.0170	0.0285	0.0168	0.0290	—
样本数	350	350	350	350	—

注：***、**分别表示1%和5%的显著性水平，括号内数值为标准差。

表 8-6 为 Probit 模型实证的结果。由表 8-6 第（1）列显示，当引入居民的性别、年龄和收入三个表征居民个体特征的变量后，我们发现，仅性别变量系数在5%的显著性水平下显著，而年龄和收入变量的系数不显著。通过求解 Probit 模型的边际效应，得出性别变量的边际效应为-0.141，这表明，男性居民和女性居民面对食品价格的上涨具有不同的消费意愿，女性居民相比男性居民更倾向于减少消费可能性。但是，我们发现，面对食品价格上涨，不同年龄段的居民和不同收入层次的居民并没有表现出不同显著的消费意愿。

尽管如此,当在表 8-6 第(2)列中引入性别和年龄交互项之后,我们发现,性别×年龄交互项系数显著为负值,这表明,虽然整体年龄差异面对食品价格上涨没有表现出消费意愿的不同,但是,这种差异主要体现在年龄在 35 岁的男性和女性差异上。进一步地,通过求解 Probit 模型的边际效应,我们得出 35 岁以上的女性居民比其他男性或女性居民减少消费支出的可能性高出 29.3%。由于不同收入阶层的恩格尔系数(家庭食品支出占消费总支出的比重)不同,因此,食品价格波动对不同收入阶层的影响方式和影响程度也不同,尽管实证结果显示,收入差异系数并不显著,但是,其系数为负值,这表明低收入群体(2000 元以下)比高收入群体(2000 元以上)面对食品价格上涨更倾向于减少消费支出。

(二)食品价格上涨的外部形势判断与居民消费意愿

接下来,我们考察居民面对食品价格上涨对外部形势的主观判断对消费意愿的影响,借助于 Probit 模型,我们得到相应的条件概率为:

$$P(Y_i = 1/Z) = \Phi(C + \alpha_1 EIA_i + \alpha_2 EGI_i + \alpha_3 EPI_i + \alpha_4 EIF_i + \alpha_5 X_i + \varepsilon_i)$$

式中,Z 为一系列表征对外部形势判断的解释变量,主要包括:收入增加(EIA),其中,$EIA = 1$ 表示收入将增加,$EIA = 0$ 表示其他情况;政府干预(EGI),其中,$EGI = 1$ 表示政府干预,$EGI = 0$ 表示其他情况;食品价格持续上涨(EPI),其中,$EPI = 1$ 表示食品价格持续上涨,$EPI = 0$ 表示其他情况;通货膨胀(EIF),其中,$EIF = 1$ 表示食品价格上涨将引发通货膨胀,$EIF = 0$ 表示其他情况;X 为解释变量的交互项,主要有政府干预×食品价格的交互项和政府干预×通货膨胀的交互项,用以考察政府稳定食品价格波动和通货膨胀的政策效果。$\Phi(Z)$ 为标准正态分布的分布函数。

表 8-7 第(1)列考察了居民对收入判断、对政府干预的判断

以及对食品价格是否持续上涨的判断对消费意愿影响的实证结果。检验结果显示，收入增加的系数显著为负值，这表明，当居民判断将来收入增加时，即使食品价格上涨，也并不会引致居民消费支出的减少。我们在前文的实证分析中指出，居民的当期收入差异不是居民消费差异的原因，这说明，居民未来收入的变化是居民改变其消费行为的诱因，面对食品价格上涨，居民更多地考虑将来的收入，而不是当前的食品价格波动幅度。

表 8 - 7　　　　　　　　　外部环境判断与消费意愿

解释变量	被解释变量：居民消费减少的概率			
	(1)	(2)	(3)	边际效应
收入增加（判断收入将增加 = 1；其他 = 0）	-0.860*** (0.193)	-0.816*** (0.192)	-0.632*** (0.179)	-0.295*** (0.069)
政府干预（判断政府干预得力 = 1；其他 = 0）	-1.317*** (0.210)			-0.338*** (0.041)
价格上涨（判断食品价格持续上涨 = 1；其他 = 0）	0.557*** (0.164)		1.114*** (0.273)	0.167** (0.048)
通货膨胀（判断食品价格引致通货膨胀 = 1；其他 = 0）	—	1.117*** (0.347)		0.413** (0.128)
政府干预 × 食品价格（判断干预食品价格得力 = 1；其他 = 0）	—	—	-0.903** (0.283)	-0.308** (0.096)
政府干预 × 通货膨胀（判断干预通货膨胀得力 = 1；其他 = 0）	—	-1.287*** (0.214)	—	-0.355*** (0.047)
常数项	1.476*** (0.209)	0.602** (0.302)	0.514*** (0.111)	
控制个体效应	√	√	√	√
LR χ^2	67.73	56.27	30.27	—
Pseudo R^2	0.1757	0.1462	0.0785	—
样本数	350	350	350	

注：***、** 分别表示 1% 和 5% 的显著性水平，括号内数值为标准差。

政府干预变量的系数显著为负值，这表明，面对食品价格上涨，如果居民判断政府将采取措施稳定食品价格上涨，此时居民将不倾向减少当期消费。相反，如果居民认为政府将不采取措施稳定食品价格波动，居民将减少当期消费支出。由求解 Probit 模型的边际效应的值可以看出，认为政府采取干预政策的居民比不认为政府采取干预政策的居民大约高于 33.8% 的概率不减少消费。

面对食品价格上涨，居民将对食品价格是一次性上涨还是持续上涨进行判断，从而形成预期。由表 8-7 的检验结果显示，食品价格变量系数显著为正，这表明，如果居民判断食品价格将持续上涨，居民将减少当期消费。由于食品价格的持续上涨导致居民对未来经济社会形势持有悲观态度，直接引发居民的消费信心下降，从而将减少当期消费支出。同时，食品价格持续上涨引发对通货膨胀的判断，使居民对未来的经济社会形势产生悲观情绪。因此，我们进一步分析面对食品价格的上涨，居民通货膨胀判断对消费意愿的影响。由表 8-7 第（2）列显示，通货膨胀变量系数也显著为正，这进一步佐证了当居民面对食品价格持续上涨引发通货膨胀判断时，直接使居民的消费意愿显著下降。

以上实证检验表明，如果居民判断食品价格将持续上涨，或者认为食品价格上涨将引发预期通货膨胀，此时居民将倾向于减少当期消费支出。但是，如果居民判断政府将采取干预政策时，此时居民将不会因为食品价格上涨或者通货膨胀减少当期消费。为检验如上结论的稳健性，我们在表 8-7 第（2）列和第（3）列引入政府干预×食品价格变量的交互项以及政府干预×通货膨胀变量的交互项。实证结果显示，它们的交互项系数都显著为负值，并且各自边际效应分别为 -0.308 和 -0.355。这表明，如果居民判断政府将采取稳定政策并且干预效果得力的话，居民将不会因为食品价格上涨而减少当期消费支出。

（三）食品价格上涨诱因的主观判断与居民消费意愿

下面我们考察引致食品价格上涨诱因的主观判断对消费意愿的影响，借助于 Probit 模型，我们得到相应的条件概率为：

$$P(Y_i = 1/Z) = \Phi(C + \alpha_1 COST_i + \alpha_2 SAD_i + \alpha_3 HYPE_i + \alpha_4 X_i + \varepsilon_i)$$

式中，Z 为一系列居民主观判断食品价格上涨诱因的解释变量，主要包括：生产成本（$COST$），其中，$COST=1$ 表示判断生产成本是食品价格上涨的诱因，$COST=0$ 表示其他原因（剔除供求关系和游资炒作项）；供求关系（SAD），其中，$SAD=1$ 表示判断供求关系是食品价格上涨的诱因，$SAD=0$ 表示其他原因（剔除生产成本和游资炒作项）；游资炒作（$HYPE$），其中，$HYPE=1$ 表示判断游资炒作是食品价格上涨的诱因，$HYPE=0$ 表示其他原因（剔除生产成本和供求关系项）；X 为表示政府干预情况的变量，用以体现政府调节生产成本和政府调节供求关系的政策效果。同样，$\Phi(Z)$ 为标准正态分布的分布函数。

由表8-8第（1）列显示，生产成本变量系数和供求关系变量系数显著为正值，其边际效应分别为0.105和0.113，但是，游资炒作变量系数不显著。这表明，当居民主观认为，食品价格上涨是由于生产成本提高或者供求关系紧张造成时，居民倾向于减少当期消费，但是，居民认为食品价格上涨是由于游资炒作引起时，居民并不会改变其当期消费行为。以上实证结果的可能原因：如果居民认为食品价格上涨是由于生产成本或者供求引起时，居民将预测食品价格会持续上涨，当不确定政府是否采取干预政策时，此时居民倾向于减少当期消费支出。但是，游资炒作是生产商的短利行为，不会引致食品价格持续上涨，因此，居民不会因为厂商的游资炒作行为而改变其当期消费支出。

以上分析表明，当居民判断是由于生产成本或者供求关系引起食品价格上涨时，居民将形成食品价格持续上涨的预期，如果居民不确定政府是否采取干预政策时，居民将倾向于减少当期消费支出。但是，如果居民认为政府将采取干预政策，此时居民会采取什么样的消费行为呢？为进一步分析，我们在第（2）列和第（3）列引入政府干预×生产成本交互项以及政府干预×供求关系的交互项。检验结果显示，政府干预×生产成本交互项系数以及政府干预×供求关系的交互项系数都显著为负值，它们的边际效应分别

为 -0.291 和 -0.331。这个结果表明,如果居民判断政府将对生产成本和供求关系进行调节的话,居民也将不会因为生产成本和供求原因引致食品价格上涨而减少当期消费支出。

表 8-8　　食品价格上涨诱因主观判断与消费行为

解释变量	被解释变量:居民消费减少的概率			
	(1)	(2)	(3)	边际效应
生产成本(认为生产成本增加造成=1;其他=0)	0.300* (0.182)	0.301* (0.183)	0.958*** (0.241)	0.105* (0.066)
供求关系(认为供求关系造成=1;其他=0)	0.366** (0.205)	0.938** (0.375)	0.314* (0.211)	0.113** (0.058)
游资炒作(认为游资炒作造成=1;其他=0)	0.102 (0.150)	—	—	0.0340 (0.050)
政府干预×生产成本(预期干预生产成本得力=1;其他=0)	—	—	-0.924*** (0.205)	-0.291*** (0.059)
政府干预×供求关系(预期干预供求关系得力=1;其他=0)	—	-0.886** (0.431)	—	-0.331** (0.164)
常数项	0.238 (0.181)	0.285* (0.168)	0.294 (0.168)	—
控制个体效应	√	√	√	√
LR χ^2	67.73	9.88	27.85	—
Pseudo R^2	0.1757	0.0256	0.0723	—
样本数	350	350	350	—

注: ***、**和*分别表示1%、5%和10%的显著性水平,括号内数值为标准差。

四　小结

本章首先分析个人对外部环境的主观判断对消费愿意影响的机制,研究结果表明,个人的消费决策不仅仅受限于当期收入约束,当面临外部事件冲击时,也会受到对外部环境判断的影响,不同的主观判断会形成不同最终预期。因此,使消费意愿发生改变的不仅仅是个人预期行为本身,真正起作用的是引起预期行为之前的各种主观判断。

由于食品价格和居民的实际生活息息相关，因此，食品价格波动容易引起居民的注意。当食品价格持续上涨时，居民不仅对食品价格持续上涨是否引起通货膨胀，进而对整个经济环境形势进行判断，同时也对导致食品价格持续上涨的诱因进行主观判断。借助一项针对居民对食品价格波动反映情况的调查数据的实证分析，得出如下三点主要结论：

第一，面对食品价格上涨，居民的性别差异会导致其消费意愿也具有显著的差异，女性居民相比男性居民更倾向于减少消费。同时研究发现，虽然整体年龄差异面对食品价格上涨没有表现出消费意愿的不同，但是，这种差异主要体现在年龄在35岁的男性和女性差异上。通过求解Probit模型的边际效应，得出35岁以上的女性居民比其他男性或女性居民减少消费支出的可能性高出29.3%。

第二，食品价格上涨引致居民对未来形势判断。研究结果表明，居民的当期收入差异不是居民消费差异的原因，但是，居民未来收入的变化是居民改变其消费行为的诱因。当居民判断未来收入增加时，即使食品价格上涨，也并不会引致居民当期消费意愿的下降；食品价格的持续上涨导致居民对未来经济社会形势持有悲观态度，直接引发对通货膨胀的预期和消费信心下降，但是，居民对政府的干预政策具有积极的态度，如果居民主观认为政府将采取稳定政策，居民将不会因为食品价格持续上涨而减少当期消费支出。

第三，当出现食品价格持续上涨时，居民对食品价格上涨诱因进行主观判断。研究结果表明，当居民主观认为食品价格上涨是由于生产成本提高或者供求关系紧张造成时，居民倾向于减少当期消费，但是，当居民认为食品价格上涨是由游资炒作引起时，居民并不改变其当期消费行为。同时，如果居民判断政府将对生产成本和供求关系进行调节的话，居民也将不会因为生产成本和供求原因引致的食品价格上涨而减少当期消费支出。

根据前述研究结论我们得出如下三点政策启示。

第一，对外部环境形势各种主观判断是确定个人最终预期的基础，因此，营造稳定的社会经济环境是个体能够形成正确预期的关键。就食品价格波动对居民消费意愿影响来讲，需要建立食品市场良好的运行环境，缓和食品供需关系以及防止生产成本过度扭曲。并且实施建立食品供给长效机制，进一步完善食品流通和市场体制建设，做好食品价格预期管理措施应对食品价格波动的无规律特征。

第二，研究表明，居民持久性收入的增多是应对非预期冲击的一个主要方面，因此，提高社会保障基金和提供更多非农就业机会等都显著提高居民的持久性收入，特别对靠短期工作获得收入的个人来说，应通过培训和就业政策提供稳定的就业机会使其获得长期稳定收入。

第三，政府应采取有效手段稳定食品价格波动使人们对国家调控政策具有积极态度。由于食品价格波动容易受到随机因素冲击出现大幅度波动且不具有规律性的属性特征，因此，政府应实施"相机抉择"的灵活稳定政策以使微观个体预期和政策效果一致起来，同时政府要增强政策的信用度和持续性，实现微观个体对外部环境合理判断以形成良好的最终预期。

第九章 食品价格波动的平抑机制及建设

价格波动是市场经济条件下的必然现象。食品价格波动，既有食品供给自身方面的数量、质量、结构、价格等方面的因素，也受外部环境、市场的影响，但更多的是市场经济条件下经济规律和市场机制运行的客观表现和反映。我们不能违背客观规律，人为地限制价格波动，扭曲市场和价格，也不能完全放手不管，任其大起大落，造成资源的严重浪费，影响经济的正常运行。实行市场化改革以来，我国食品价格呈显著上升趋势且波动较大，并表现出一定的周期性。价格的大起大落有损于生产者和消费者的利益，不利于食品产品生产结构的合理调整。科学认识食品价格波动属性和规律，建立起结构合理的价格波动平抑机制体系，保持经济的稳定和发展至关重要。所谓价格波动平抑机制，是指在市场自行调节和政府有效作用下，减波削峰，使价格波动保持在可预期和合理范围内平稳运行的机制。它是市场机制的决定作用和政府宏观调控作用相结合的价格形成、决定、实现机制体系。由于影响食品价格波动作用的机制很多，这里主要就保持食品价格稳定发展、构建食品价格波动的平抑机制体系框架及建设进行分析。

第一节 充分的市场供求竞争机制是食品价格的决定机制

供求机制是调节市场供给与需求矛盾，使之趋于均衡的机制。

供求机制是市场机制的主体。供求运动是市场内部矛盾运动的核心。供求关系在不断变动中取得相对平衡，是供求机制作用的实现形式。

食品价格市场是市场化程度很高的市场，是一个充分竞争的市场。食品价格的稳定从根本上讲取决于食品供求的平衡。根据对我国自1996年第一季度以来食品价格增长率趋势属性分析，我国食品价格除个别年份出现异常凸点外，整体上平稳波动，我国食品价格增长率为确定性趋势过程，且增长总体上是沿着确定的均衡增长路径波动。同时，食品价格的波动不仅具有季节性波动特点，而且具有一定的周期性。

食品价格的波动及其周期性表现正是食品供给市场供求机制发挥作用的表现及实现形式。由于市场作用可以抚平外在随机因素对食品价格所产生的波动，因此，当食品价格受到外在随机因素冲击发生突变时，我们不应立即采取相应的调控措施，而应该充分利用市场的调节作用。只有当市场力量不足以抚平外在冲击所产生的突变而发生较长时间严重偏离时，我们才可以考虑采取相应的政策调节措施。近些年来，我国食品价格虽然有一定波动但却一直运行在相对合理的区间且供给越来越充分，其主要原因就是我们充分发挥市场供求机制的决定作用，让资源得到合理流动和配置，从而实现了市场供给的相对稳定。

当前，我国食品供给面临的主要矛盾不是总量不足，而是发展不平衡、不充分的结构性问题。要大力实施供给侧结构性改革，积极促进产品结构调整，以提升发展中高端优质产品为重点，积极鼓励引导优质增量，满足日益增加的中高收入阶层个性化和差异化的消费需求；不断优化现有存量，保障大众市场需求；积极主动地减少低质产品供给，淘汰过剩产能，节约保护资源。要充分发挥市场配置资源的决定性作用和价格调节作用，主要农产品（食品）实行市场定价、价补分离的基本原则，不断增加有效供给，减少无效供给，使价格真正成为市场供求调节的中心，形成合理的食品价格形成机制和价格体系。要正确认识和处理好供给创造需求与需求拉动供给的关系，需要在供给端和需求端两端发力，用新的供给创造，引领新的需求，形成合理的消费结构，以扩大需求拉动和增加供给，增强经济发展动能。改革开放以来，我国经济快速发展的过程就是市场化不断提高的过程，什么时候我国市场配置资源作用发挥得好，我国经济取得的成就就大。实践证明，通过对市场价格的直接干预来控制食品（农产品）的价格并非上策，它在长期内是无效的，而且过度干预还将为以后价格的快速上涨埋下隐患。在我们这样一个人多地少、水土资源短缺、农业资源约束性很强的大国，食品价格具有上涨的趋势，建立起与我国资源短缺和国情相适应的具有较高价格水平的食品价格体系是市场发挥决定性作用的必然结果。

第二节　合理的价格形成机制是食品价格稳定的基础

价格机制是市场机制中的基本机制。所谓价格机制，是指在竞争过程中，与供求相互联系、相互制约的市场价格的形成和运行机制。价格机制是市场机制中最敏感、最有效的调节机制，在市场机制中居于核心地位。

市场机制要发挥调节作用，只有通过价格机制才能顺利实现。价格机制的作用主要有：第一，价格机制调节生产。这主要体现在推动生产商品的劳动生产率的提高和资源耗费的节约；调节资源在社会各个生产部门的分配，协调社会各生产部门按比例发展。第二，价格机制调节消费。价格总水平的上升或下降调节市场的消费需求的规模；商品比价体系的变动，调节市场的消费需求方向和需求结构的变化。第三，价格机制是宏观经济的重要调控手段。一方面，价格总水平的变动是国家进行宏观经济调控的根据；另一方面，价格机制又推动社会总供给与总需求的平衡。

　　食品主要源于农业。农业的发展水平和状况直接决定并影响食品的供给。农业是人类社会的基础产业，由于农业的特殊性，实施农业保护支持政策，保障食物安全是国际社会通行的做法。美国实行以市场调节为主、政府干预为辅的价格调控机制；欧盟实行价格目标管理方式，日本实行农产品价格支持保护政策。改革开放40年来，我国食品的主体部分农产品价格改革的历史，就是农产品定价权于市场的过程。20世纪80年代，通过有计划地调整和放开部分食品价格，引入市场调节，实行调放结合，以放为主的价格改革。为了使在价格改革过程中职工的基本食品消费支出在价格变动时得到适当补偿，国家实施了不同形式的物价补贴，食品价格机制开始由计划机制向市场机制转换，传统的食品计划价格体制开始被打破。90年代，按照积极理顺价格关系、建立起以市场形成价格为主的价格机制的要求，主要食品价格全面放开，食品价格市场化，价格管理依法实施。同时，实施"米袋子"和"菜篮子"负责制，建立粮食、食糖等重要商品储备制度和价格调节基金，平抑市场价格波动，食品价格市场形成机制体制基本形成。进入21世纪后，我国经济的市场化和国际化步伐加快，农业支持政策力度加大，粮食等主要农产品（食品）实行最低收购价、临时收储价、目标价及价补分离的市场化改革不断深化。适应世界贸易组织相关规则要求，我国农业支持"黄箱"政策逐步调整改进，"绿箱"政策不断增强和扩大，食品供给和价格管理的政策及措施更加市场化，更加趋于合理规范。特别是2015年《中共中央国务院关于推进价格机制改革的若干意见》明确提出，要"完善农产品价格形成机制。统筹利用国际国内两个市场，注重发挥市场形成价格作用，农产品价格主要由市场决定"。农产品价格由市场决定已经成为社会共识和国家的政策措施。

　　农产品价格由市场决定，不是说政府就放手不管了，而是说政府不直接管农产品定价了。对于农产品的市场价格、农民的收入和农业的持续发展，政府主要通过制定、调整政策来实施影响。政府通过"市场定价、价补分离"模式（农产品价格由市场决定，价格不再承担补贴农民的功能，如果农产品市场价格过低，政府采取适当的政策，直接补贴农民，保障农民的收益），这样，既可以发挥市场的决定作用，又可以起到保护农业、保护农民收入的效果。同时，也符合世界贸易组织规则的要求。我国现在实行的有些农产品价格保护政策出发点是好的，希望起到保护农业和农民收入的作用，但实际结果却不尽如人意，甚至误导和扭曲了市场。比如，粮食的最低收购价客观上将粮食价格锁定在一定的价格水平，价格的涨跌幅度受到限制，不仅农民从中获得的收益有限，而且掩盖了农产品的真实价值，抑制了农产品价格。真正获利最大的是消费者而不是生产者。实行价补分离后，至于在实践中如何确立不同品种的补贴标准、通过什么方式进行补贴，这需要在实践中探索完善。但市场定价、价补分离无疑是市场化条件下食品价格形成机制的最佳选择和发展方向，也是建立科学的食品价格形成机制的重要举措。因此，必须改革我国的农业补贴政策，逐步从价格补贴转向以收入支持补贴为核心，从间接补贴转向直接补贴。只有价格形成机制的科学与完善，才有稳定的供给保障及价格的平稳。

第三节　灵活的货币流通机制是食品价格稳定的关键

在现代纸币流通的条件下，商品价格的高低，既取决于商品价值的大小，又取决于币值的大小。如果流通中货币发行量超过商品流通的实际需求量，单位货币所代表的价值就要减少，货币就会贬值，物价就会上涨。

价格是价值的货币表现，价格问题从根本上讲是一个货币问题。研究表明，真正引起食品价格呈周期性变动的内生因素主要体现在货币冲击、产出冲击和价格冲击。货币供给、产出及 CPI 与食品价格存在长期稳定关系。现阶段，货币政策的最终目标仍应关注包括农产品价格在内的整体 CPI 变化，保持一个合理的经济和货币增长。基于我国快速工业化和城镇化对食品价格波动的趋势性推动，首先应通过实施更有效的信贷政策，加大农业投入，提升农业生产率，增强食品供给能力，来增加商品的有效供给。

货币政策是总量政策，管住货币供给总闸门是关键。随着我国经济"三去一降一补"的深入实施和效果显现，我国经济调结构、去杠杆、防风险以及农业生产和食品业高质量发展需要适宜的流动性环境，需要货币政策保持连续性、稳健性和中性。面对当前国际国内的经济金融环境，深化农业供给侧结构性改革，需要进一步完善流动性管理，增强货币政策的前瞻性、灵活性，保持流动性总体平稳，加大对农村、农产品及食品行业生产的资金投入和支持。现阶段，农业农村成为我国现代化强国建设的"短板"，成为吸纳社会资金和投资的重要洼地，具有极大的投资和发展空间，制约我国农业及食品生产高质量发展的资金不足还需加大定向投入和资金融通。

尽管现阶段通过货币和汇率等宏观措施来控制我国物价上涨的效果并没有产生显著的影响。因为物价上涨主要是食品价格的快速上升，是相对价格的变动，也即结构性的上涨。但是，由于我国的货币供给和食品价格具有长期均衡稳定关系，货币供给冲击会引起食品价格正向变动。因此，必须保持货币的合理增长和稳定，通过货币的调节来影响和保持食品价格的相对稳定。

同时研究表明，美国的长期实际有效汇率对食品价格冲击显著。因此，要提高汇率机制的弹性，增强货币政策的独立性。货币升值对抑制通货膨胀能起到一定的作用，但有时滞；升息能够抑制通货膨胀，但其效果弱于升值，原因在于非弹性的汇率制度。因此，要逐步增强汇率机制的弹性，提高货币政策的独立性，使货币政策真正成为应对外部冲击对食品价格波动的第一道防线。

第四节 主要食品储备机制是食品价格稳定的重要调节机制

食品生产特别是食用农产品生产具有季节性且生产周期较长的特点，而食品消费则是常年的、持续的，这就产生了食品储备问题。所谓食品储备机制，是指政府为保障食品供给和价格稳定，建立起主要食品的调节性库存，并通过吞吐库存来平衡和稳定市场价格的一种市场机制。当主要食品的市场供给出现较大缺口、价格暴涨时，政府适时投放储备商品，增加市场供给，平抑市场价格；反之，当供大于求、价格下滑时，政府则适时入市收购，转入储备，增加市场需求，遏制价格过度下滑。目前，我国已相继建立起粮、油、肉、蛋、菜等主要食品的储备制度，这对保障国家食品供给安全，促进农业生产，保护农民利益，保障市场供应，平抑市场价格，应付突发事件和重大自然灾害，发挥了极其重要的作用。无论是2008年国际粮食危机、2011年国际食品价格大涨均没有引起我国粮食及食品价格大波动，还是国内某些年份或某些地区遭受严重自然灾害造成生产减产，以及一些季节性的食品供求变化较大也没有引起我国食品价格的大起大落的波动，这都与我国粮食供给不断增加以及我国主要食品储备吞吐调节能力强有着直接的关系。

第一，改革我国食品储备特别是粮食收储制度，建立健全主要由市场决定价格和政府政策性收储市场化方式相结合的机制，鼓励市场多主体收粮、藏粮，努力减少政策性库存增量，加快发展我国粮食信息引导权和电子交易平台，建立具有国际影响力的交易中心和粮食指数。

第二，要健全和发挥期货市场功能。与现货市场相比，期货市场对调控的反应更为超前和灵敏，能弥补现货市场信息传递的滞后性和不完全性，宏观调控部门可以通过主要食品期货市场发现价格变化，根据期货价格的变化及时调整政策，及早防范；储备部门可以利用期货信息，合理安排储备数量，现货市场也可以根据期货市场的变化及时做出调节反应。

第三，必要的物资储备是调节平抑物价的基础。要依据食品价格波动的周期性特点，科学预测，精心施策，通过吞吐库存，实行逆周期操作来调节和稳定市场价格。要构建起对主要食品储备的计划与市场调节之间的协调配合机制，合理发挥私人储备和商业储备在储备保障体系中的积极作用，避免价格的大起大落。

第四，加强国际食品市场的话语权，进一步发挥主要食品储备调节国际食品价格冲击的作用。我国是人口大国，也是食品生产和消费大国，随着经济全球化的加深，国内市场越来越受到国际市场食品价格波动的冲击，因此，必须拓宽我们的国际视野，密切关注和跟踪国际市场行情，及时调整我们的储备规模，充分发挥主要食品储备调节国内国际市场之间的"蓄水池"和"稳定器"作用，享有我们应有的话语权和影响力。

第五节 完善的价格预警机制是食品价格稳定的重要预防机制

"预警"一词，在《汉语大词典》中被解释为事先察觉可能发生某种情况的感觉，即预测未来可能发生的危机和灾难，并预先对其进行准备和预防。预警机制是指"预先发布警告的制度"。价格预警机制是政府为了维护物价的稳定而制定的一项价格监测和预警制度，其目的在于维护市场价格的稳定，把握最佳调控时机、降低干预成本。只要我们的监测指标体系科学，方法得当，能及时发现、捕捉并动态跟踪价格变化的一些先兆、迹象或信号，及时发出预警，就可以有从容的时间和条件采取预防措施，避免市场价格出现大起大落的现象。

关于对价格的监测和预警制度，我国政府和有关部门颁布和实施了《价格法》《价格监测规定》《价格异常波动监测预警制度》《市场价格异常波动预警和应急监测工作实施办法》《防止生猪价格过度下跌调控预案（暂行）》等一系列法规制度。同时，许多学者对我国粮食、生猪、蔬菜、农产品价格等也进行了深入研究，建立了各种预警指标和分析模型，取得了许多有价值的成果。至今广为流传的猪粮比价指标就是其中之一。应该说，我国价格监测预警研究还是比较有成就的，价格监测制度体系也是比较完整的。但是，现实中，我国食品价格波动在有些时期也确实存在波幅过大、影响市场价格稳定和消费者不安的情形。这既说明食品价格有自身波动的规律，保持食品价格稳定不是一件很容易的事；也反映出我们还有许多工作需要不断的改进和完善。

第一，要建立健全对食品价格监测预警工作的监督和报告制度。价格监测是价格分析的前提，也是防止价格异常波动的基础工作。从中央主管部门到地方各级政府部门都要切实负责，把任务落实到人，做到数据采集的准确、真实、可靠。要建立价格异常波动紧急报告制度。重点监测和完善对有关国计民生的主要食品，如成品粮、肉禽蛋奶、蔬菜、水果、水产品、食用油、调味品等重要商品价格监测报告制度，对可能引起市场价格异常波动的倾向性、苗头性问题，要及时进行预警预报。

第二，建立比较完善的食品价格预警指标体系。我们知道，食品价格变化不仅与市场供求关系有关，同时与生产成本大小、消费者预期和国家收入分配政策也密切相关。因此，在对其价格进行监测预警时，既要关注市场供求关系和生产成本的变化，还要关注舆情与消费者心理预期。目前，我国现行的一些产品预警指标主要不足之处在于：一是先行性指标不足。应将不同产品的期货价格指标纳入指标体系，因为期货市场具有显著的价格发现功能，期货价格对现货价格具有明显的传导作用。二是应充分考虑国际食品市场价格对国内市场价格的影响及传导作用，将国际食品价格指数纳入我们的指标体系当中。三是要综合考虑主要食品价格如粮食、生猪、蔬菜等预警指标体系的相关性和联动性,形成各种指标体系相互印证,综合判断。通过建立完善食品价格监测预警指标体系,使我们随时了解市场的变化动态,科学分析和判断,并及时通过各种电子信息平台和媒体向社会发布信息和政策来引导。

第三,制订相应的工作预案和平抑价格的方法。监测预警的目的在于避免或减少食品价格的大幅波动对经济发展和社会生活造成大的不利影响。为以防万一,我们必须事先做好相应的工作预案,一旦问题发生,我们能够沉着应对,科学施策,有条不紊地开展工作。这包括按规定和要求及时上报情况、实施紧急干预、进行舆论引导等。比如运用公告、调查、告诫、劝阻等方式,开展协商对话,促进行业自律,引导和规范市场价格行为。启用价格调节基金和重要商品储备平抑价格。如果价格异常波动造成严重后果的,可以依据《价格法》等有关规定,实行价格临时干预措施和紧急措施,对各种价格违法、哄抬物价、扰乱市场秩序的行为予以打击。

第六节 健全的风险防范机制是食品价格稳定的重要保障机制

风险是指遇到破坏或损失的机会或危险。风险防范机制是指对某一行动可能产生的损失或危险,有意识地通过计划、预案、跟踪观察、调控等一系列活动来防范、消除或减少风险损失的发生。

由于食品主要源于农业。农业风险是农业生产的一个重要特性。农业风险,按照成因可分为自然风险、市场风险、政策风险、制度风险、技术风险、安全风险等。食品生产及价格也面临同样的风险,既有内在原因也有外部影响。研究表明,国内自然灾害事件对我国食品价格波动具有显著的直接正向冲击效应和显著的间接负向冲击效应,并从整体上引发食品价格上涨;国外自然灾害事件和经济危机事件不具有直接冲击效应，但经济危机事件可以通过影响国内经济和价格水平间接地引发食品价格上涨。同时，在国际农产品的全球化、金融化深入发展的今天，农产品（食品）价格不但与农产品供求关系密切相关，而且还受制于国际投机资本作用下的农产品衍生交易价格的变化。并且这种外部因素对我国食品价格还将继续在很大程度上发挥影响作用。

因此，一是我们要加强农业防灾减灾和病虫害防治，建立起以农业气象灾害防御机制为主的气候灾害防御体系和以预防为主的农业主要病虫害监测预警预报与绿色防控系统，加强农业（食品）生产基础建设，降低农产品（食品）市场的自然风险；二是要加强对国际国内食品供给市场情况的研究，增强对食品价格波动的前瞻性研判，避免或减轻外部冲击影响造成的市场风险。三是要制定价格风险管理控制体系总体思路，细化各个环节风险点，建立风险控制平台，保障风险信息畅通，明确各部门风险管理职责，强化各级各部门责任追究。在我国食品市场特别是粮食市场，由于政府历来高度重视，虽然风险系数不高但关切度和影响极大，一刻也不能松懈，要始终牢牢把饭碗端在自己手上，因为我国人口众多，一旦粮食出了大问题，谁也帮不了我们。同时，积极加强农业保险制度建设，充分发挥政府在农业保险中的引领和推动作用，积极支持和鼓励各种保险机构开展农业保险，充分发挥农业保险在农业生产和经营中的保障作用，降低食品生产风险及不确定性，保障食品价格的稳定。

第七节　理性消费预期是食品价格稳定的重要因素

消费者的消费行为都是在一定心理活动支配下进行的，消费预期反映了消费者对未来经济发展趋势的看法，是对经济变量未来值的预测、主观期待和愿望。消费预期决定着居民消费决策的制定和实施，并直接影响着居民的消费需求和消费行为。有研究表明，食品价格波动不仅仅影响居民的实际生活，更重要的是它改变了居民的心理预期，从而影响了居民的消费行为。

一般来说，食品价格的微弱上涨可以刺激居民的当期消费，但是，食品价格的持续上涨也导致居民对未来经济社会形势持有悲观态度，直接引发居民的消费信心下降。当直接影响居民实际生活的食品价格持续上涨时，一方面，中低收入居民家庭心理压力加大，对未来生活表示担忧，在很大程度上加重了中低收入居民家庭的心理负担；另一方面，食品价格的持续上涨也导致居民对未来经济社会形势持有悲观态度，直接引发居民的消费信心的下降。由于食品价格持续上涨引发的通货膨胀会使居民的实际收入减少，在收入不变的前提下，居民会对未来的经济形势产生悲观预期，减少未来长期的消费支出。因此，一方面，要加强消费心理预期对经济运行和消费行为影响的研究，帮助居民建立理性消费预期，合理引导消费者行为；另一方面，要提高政府和社会应对重大随机事件的处置能力，通过政府实施"相机抉择"的灵活稳定政策以使微观个体预期和政府政策效果一致起来，实现微观个体对外部环境合理判断以形成良好最终预期，避免食品价格的暴涨暴跌，保持市场价格和经济的平稳运行。

参考文献

1. 白暴力：《价值价格通论》，经济科学出版社2006年版。
2. 孙成芳：《后凯恩斯价格理论及其新进展研究》，博士学位论文，东北财经大学，2012年。
3. 刘树杰：《价格机制、价格形成机制及供求与价格的关系》，《中国物价》2013年第7期。
4. 裴小革：《劳动价值论及相关理论的演变和比较》，《劳动经济研究》2016年第2期。
5. 柯炳生、唐仁健：《农产品价格上涨、通货膨胀与宏观调控》，《中国农村经济》1995年第7期。
6. 卢锋、彭凯翔：《中国粮价与通货膨胀关系（1987—1999）》，《经济学》（季刊）2002年第4期。
7. 刘冰、马岩、王金萍：《近期全球食品价格的走势及对我国的影响》，《中国统计》2007年第8期。
8. 程国强、胡冰川、徐雪高：《新一轮农产品价格上涨的影响分析》，《管理世界》2008年第1期。
9. 黄季焜：《食品价格、通货膨胀和对策》，《中国金融》2008年第12期。
10. 方勇、吴剑飞：《中国的通货膨胀：外部冲击抑或货币超发——基于贝叶斯向量自回归样本外预测模型的实证》，《国际金融研究》2009年第4期。
11. 王少平、胡进：《中国GDP的趋势周期分解与随机冲击的持久效应》，《经济研究》2009年第4期。

12. 肖六亿:《食品价格与 CPI 关系的实证分析》,《湖北师范学院学报》(哲学社会科学版) 2009 年第 4 期。
13. 马龙、刘澜飙:《货币供给冲击是影响我国农产品价格上涨的重要原因吗?》,《经济学动态》2010 年第 9 期。
14. 张文朗、罗得恩:《中国食品价格上涨因素及其对总体通货膨胀的影响》,《金融研究》2010 年第 9 期。
15. 谭本艳:《我国食品价格波动的驱动力分析——基于 Gonzalo - Granger 分解的分析》,《价格月刊》2010 年第 11 期。
16. 张利庠、张喜才:《外部冲击对我国农产品价格波动的影响研究——基于农业产业链视角》,《管理世界》2011 年第 1 期。
17. 马敬桂、李静、樊帆:《货币供给冲击对我国食品价格水平的动态影响研究》,《农业技术经济》2011 年第 4 期。
18. 罗锋:《外部冲击对我国农产品价格波动的影响——基于 SVAR 模型的实证研究》,《农业技术经济》2011 年第 10 期。
19. 李静、熊航:《我国食品价格变动的属性特征——基于 1996—2010 年季度数据实证分析》,《经济管理》2011 年第 9 期。
20. 王振霞:《我国食品价格波动原因及价格稳定机制研究》,《财贸经济》2011 年第 9 期。
21. 范德军:《五大因素使食品价格持续上涨》,《上海证券报》2011 年 2 月 14 日。
22. 罗鸿铭、陈宝、刘娜:《当前食品价格过快上涨的原因及对策》,《价格月刊》2011 年第 11 期。
23. 王锐、陈倬:《国内外食品价格关联性研究》,《价格月刊》2011 年第 8 期。
24. 王耀德、王忠诚:《当前国内城市食品价格波动实证研究——基于因子分析模型的探讨食品价格波动差异》,《价格理论与实践》2011 年第 12 期。
25. 武志:《需求冲击下食品价格上涨及启示》,《中国金融》2011 年第 20 期。

26. 马敬桂、黄普、朱信凯:《不同价格指数与 CPI 的相关性分析》,《统计与决策》2011 年第 21 期。

27. 王孝松、谢申祥:《国际农产品价格如何影响了中国农产品价格?》,《经济研究》2012 年第 3 期。

28. 李静、黎东升、楠玉:《我国食品价格波动属性及平抑机制选择》,《农业技术经济》2012 年第 7 期。

29. 刘啸尘、王贵宝:《我国食品价格指数波动分析》,《商业时代》2012 年第 8 期。

30. 王少芬、赵昕东:《国际农产品价格波动对国内农产品价格的影响分析》,《宏观经济研究》2012 年第 9 期。

31. 苏梽芳、胡日东:《我国食品价格惯性变化特征及启示》,《宏观经济管理》2012 年第 11 期。

32. 李静、楠玉:《我国食品价格波动冲击路径的随机因素分析》,《经济经纬》2013 年第 2 期。

33. 楠玉、李静:《国内外因素冲击与我国食品价格波动》,《国际商务》(对外经贸大学学报)2013 年第 5 期。

34. 黄爱兰:《基于 VECM 的食品价格和 CPI 之间关系研究》,《西南民族大学学报》(人文社会科学版)2013 年第 6 期。

35. 侯成琪、龚六堂:《食品价格、核心通货膨胀与货币政策目标》,《经济研究》2013 年第 11 期。

36. 王小叶:《我国食品价格波动原因探讨》,《北方经济》2013 年第 14 期。

37. 李文星:《不同阶段食品价格与非食品价格的传导机制——基于两轮食品通货膨胀高峰的经验研究》,《厦门理工学院学报》2014 年第 2 期。

38. 黎东升、李静、马敬桂:《国内外随机事件对中国食品价格波动影响研究》,《农业经济问题》2014 年第 3 期。

39. 赵昕东、王小叶:《什么决定中国食品价格变动:供给抑或需求》,《财经研究》2014 年第 11 期。

40. 杨继生、徐娟：《从田间到市场：谁托起了食品的价格?》，《经济学》（季刊）2015 年第 3 期。
41. 赵云峰：《食品价格变动机制及其区域差异分析》，《统计与决策》2015 年第 18 期。
42. 刘树成主编：《中国经济周期研究报告》，社会科学文献出版社 2006 年版。
43. 贾俊雪：《中国经济周期波动特征及原因研究》，中国金融出版社 2008 年版。
44. 农业部农村经济研究中心分析小组：《通货膨胀、农产品价格上涨与市场调控》，《农业技术经济》2011 年第 3 期。
45. 顾国达、方晨靓：《中国农产品价格波动特征分析——基于国际市场因素影响下的局面转移模型》，《中国农村经济》2010 年第 6 期。
46. 方晨靓、顾国达：《农产品价格波动国际传导机制研究——一个非对称性视角的文献综述》，《华中农业大学学报》（社会科学版）2012 年第 6 期。
47. 庄岩：《中国农产品价格波动特征的实证研究——基于广义误差分布的 ARCH 类模型》，《统计与信息论坛》2012 年第 6 期。
48. 陈宇峰、薛萧繁、徐振宇：《国际油价波动对国内农产品价格的冲击传导机制：基于 LSTAR 模型》，《中国农村经济》2012 年第 9 期。
49. 李正辉、路芸、何融：《农产品价格周期性波动研究——基于小波分析》，《调研世界》2013 年第 5 期。
50. 方燕等：《中国农产品价格波动与调控机制研究》，经济科学出版社 2013 年版。
51. 陈杰：《转型时期我国经济周期波动特征及影响因素研究》，中国经济出版社 2013 年版。
52. 高铁梅等：《经济周期波动分析与预测方法》（第 2 版），清华大学出版社 2015 年版。

53. 王小鲁：《中国粮食市场的波动与政府干预》，《经济学》（季刊）2001 年第 1 期。
54. 黄季焜、杨军、仇焕广、徐志刚：《本轮粮食价格的大起大落：主要原因及未来走势》，《管理世界》2009 年第 1 期。
55. 丁守海：《国际粮价波动对我国粮价的影响分析》，《经济科学》2009 年第 2 期。
56. 罗锋、牛宝俊：《我国粮食价格波动的主要影响因素与影响程度》，《华南农业大学学报》（社会科学版）2010 年第 2 期。
57. 罗万纯、刘锐：《中国粮食价格波动分析：基于 ARCH 类模型》，《中国农村经济》2010 年第 4 期。
58. 李新侦：《我国粮食价格与关系研究》，《经济理论与经济管理》2011 年第 1 期。
59. 钟甫宁：《关于当前粮食安全形势判断和政策建议》，《农业经济与管理》2011 年第 1 期。
60. 刘建昌：《全球粮食价格飙升对我国的影响及对策》，《国际贸易》2011 年第 3 期。
61. 程国强：《中国粮食调控：目标、机制与政策》，中国发展出版社 2012 年版。
62. 龚芳、高帆：《中国粮食价格波动趋势及内在机理：基于双重价格的比较分析》，《经济学家》2012 年第 2 期。
63. 娄峰、张涛：《中国粮食价格变化的传导机制研究——基于动态随机一般均衡（DSGE）模型的实证分析》，《数量经济技术经济研究》2012 年第 7 期。
64. 马敬桂、黄普：《粮食产量、价格对 CPI 的冲击效应及地区差异分析》，《农业技术经济》2013 年第 6 期。
65. 朱信凯、夏薇：《论新常态下的粮食安全：中国粮食真的过剩了吗?》，《华中农业大学学报》（社会科学版）2015 年第 6 期。
66. 张立中、潘建伟：《农产品价格波动与调控机制研究》，人民日报出版社 2016 年版。

67. 付莲莲、朱红根：《基于 GED—GARCH 模型的中国粮食价格波动特征研究》，《统计与决策》2016 年第 1 期。

68. 韩磊：《中国粮食价格波动规律及周期性特征》，《开发研究》2016 年第 6 期。

69. 吴彩容、罗锋：《4 大国际粮食品种长期价格波动及影响因素比较分析——基于 ARCH 类模型研究》，《世界农业》2016 年第 11 期。

70. 李秉龙、何秋红：《中国猪肉价格短期波动及其原因分析》，《农业经济问题》2007 年第 10 期。

71. 毛学峰、曾寅初：《基于时间序列分解的生猪价格周期识别》，《中国农村经济》2008 年第 12 期。

72. 王明利、李威夷：《生猪价格的趋势周期分解和随机冲击效应测定》，《农业技术经济》2010 年第 12 期。

73. 何忠伟、刘芳、王琛：《中国生猪价格波动与调控机制研究》，中国农业出版社 2013 年版。

74. 刘清泉：《我国生猪价格形成与传导机制研究》，博士学位论文，湖南农业大学，2013 年。

75. 何蒲明、魏君英、马敬桂：《中国 CPI 之"猪价周期"的实证研究》，《经济问题》2013 年第 8 期。

76. 魏君英、何蒲明、马敬桂：《仔猪价格与生猪价格波动关系的实证研究》，《饲料工业》2013 年第 21 期。

77. 董晓霞：《中国生猪价格与猪肉价格非对称传导效应及其原因分析——基于近 20 年的时间序列数据》，《中国农村观察》2015 年第 4 期。

78. 黎东升、刘小乐：《我国生猪价格波动新特征——基于 H—P 和 B—P 滤波法的实证分析》，《农村经济》2015 年第 6 期。

79. 贺京同、那艺：《调整政府支出结构、提升居民消费意愿：一个财政政策视角的分析》，《南开学报》（哲学社会科学版）2009 年第 2 期。

80. 何平、高杰、张锐:《家庭欲望、脆弱性与收入—消费关系研究》,《经济研究》2010 年第 10 期。
81. 杨继生、司书耀:《政策环境变迁与农村居民收入和消费意愿的动态变化》,《中国农村经济》2011 年第 7 期。
82. 同海梅、陆迁、董志丽:《城镇居民对食品价格上涨的承受力研究——以天津市海滨新区为例》,《消费经济》2013 年第 5 期。
83. 苏梽芳、王海成、郭敏:《食品价格上涨对中国居民主观幸福感的影响》,《中国人口科学》2013 年第 6 期。
84. 赵昕东、汪勇:《食品价格上涨对不同收入等级城镇居民消费行为与福利的影响》,《中国软科学》2013 年第 8 期。
85. 乔时、王振霞:《食品价格波动、通货膨胀和低收入群体福利关系研究》,《价格理论与实践》2013 年第 12 期。
86. 黄春燕、蒋乃华:《食品价格上涨、生活水平下降与政策方案选择》,《农业经济问题》2013 年第 12 期。
87. 陈晓毅:《食品价格波动对城镇不同收入群体消费结构影响研究——基于 ARDL 模型》,《价格理论与实践》2014 年第 4 期。
88. 马敬桂、黄普:《食品价格、城乡恩格尔系数差异对通货膨胀的冲击效应分析》,《统计与决策》2014 年第 9 期。
89. 李静:《价格波动与居民消费预期判断》,《农业经济学刊》2015 年第 1 期。
90. 张五六、赵昕东:《食品通货膨胀周期中城镇居民食品消费结构动态及福利损失研究》,《现代财经》(天津财经大学学报) 2015 年第 2 期。
91. 杨天宇、张品一:《食品价格上涨对我国城镇各阶层居民社会福利的不同影响》,《产经评论》2015 年第 3 期。
92. 蔡丽婷:《食品价格波动对不同收入群体消费影响研究——基于福建省城镇居民收入消费现状的分析》,《价格理论与实践》2015 年第 2 期。
93. 张丹:《食品价格变动对城乡居民消费行为的影响——基于

2012 年中国社会核算矩阵分析》,《财经科学》2015 年第 10 期。

94. 马敬桂、李静:《食品价格波动对居民消费行为影响研究》,《统计与决策》2015 年第 22 期。

95. 齐雁:《食品价格波动对城镇居民福利的影响》,《中国管理信息化》2015 年第 24 期。

96. 宋淑平:《反思食品价格的监测预警》,《中国统计》2007 年第 10 期。

97. 文武汉:《建立稳定食品价格长效机制势在必行》,《中国物价》2012 年第 1 期。

98. 侯石安:《农业补贴的国际比较研究》,中国财政经济出版社 2013 年版。

99. 张群群:《政治经济学视角下食品价格上涨中政府与市场角色分析》,《商业经济研究》2015 年第 1 期。

100. Pindyck, R., Rotemberg, J., "The Excess Movement of Commodity Prices", *Economic Journal*, 1990 (9), pp. 51–64.

101. Antony, J., "A Class of Changing Elasticity of Substitution Production Functions", *Journal of Economics*, 2010, 100, pp. 165–183.

102. Nakamura, Emi and Jon Steinsson, "Monetary Non–Neutrality in a Multi–Sector Menu Cost Model", *Quarterly Journal of Economics*, 2010, 125 (3), pp. 961–1013.

103. Bordo, M., "The Effects of Monetary Change on Relative Commodity Prices and The Role of Long–term Contracts", *Journal of Political Economy*, 1980, pp. 1088–1109.

104. Lapp, J. S., "Relative Agricultural Prices and Monetary Policy American", *Journal of Agricultural Economics*, 1990, pp. 622–630.

105. Benson, T., Mugarura, S., Wanda, K., "Impacts in Uganda of Rising Global Food Prices: The Role of Diversified Staples and Limited Price Transmission", *Agricultural Economics*, 2008, 39

(S1), pp. 513 – 524.

106. Headey, D., "Rethinking the Global Food Crisis: The Role of Trade Shocks", *Food Policy*, 2011, 36 (2), pp. 136 – 146.

107. Kahneman, D. and Tversky, A., "Prospect Theory: An Analysis of Decision Under Risk", *Econometrica*, 1979, 47, pp. 263 – 291.

108. Ajzen, I., "The Theory of Planned Behavior", *Organizational Behavior and Human Decision Processes*, 1991 (50), pp. 179 – 211.

109. Newberry C. Robert, Bruce R. Klemz and Christo Boshoff, "Managerial Implications of Predicting Purchase Behavior from Purchase Intentions: A Retail Patronage Case Study", *Journal of Services Marketing*, 2003 (17), pp. 609 – 620.

110. Beveridge, S., Nelson, C. R., A New Approach to Decomposition of Economic Time Series into Permanent and Transitory Components with Particular Attention to Measurement of the "Business Cycle", *Journal of Monetary Economics*, 1981, 7 (2), pp. 151 – 174.

111. Morley, J. F., Brignull, H. R., Weyers, J. J. et al., "The threshold for Polyglutamine – Expansion Protein Aggregation and Cellular Toxicity is Dynamic and Influenced Byaging in Caenorhabditis Elegans", *Proceedings of the National Academy of Sciences*, 2002, 99 (16), pp. 10417 – 10422.

112. Coase, R. H. and Fowler, R. F., "The Pig – cycle in Great Britain: An Explanation", *Economica*, 1937, 4 (13), pp. 55 – 82.

113. Hayes, D. J. and Schmitz, A., "Hog Cycles and Counter Cyclical Production Response", *American Journal of Agricultural Economics*, 1987, 69 (4), pp. 762 – 770.